复旦大学美国研究中心

中美新型大国关系协同创新中心

中美关系战略报告 2014

Strategic Report on Sino-U.S. Relations in 2014

吴心伯◎主编

时事出版社

图书在版编目（CIP）数据

中美关系战略报告．2014/吴心伯主编．—北京：
时事出版社，2015.6
ISBN 978-7-80232-842-6

Ⅰ．①中…　Ⅱ．①吴…　Ⅲ．①中美关系—研究
报告—研究—2014　Ⅳ．①D822.371.2

中国版本图书馆 CIP 数据核字（2015）第 089203 号

出 版 发 行：时事出版社
地　　　址：北京市海淀区万寿寺甲 2 号
邮　　　编：100081
发 行 热 线：（010）88547590　88547591
读者服务部：（010）88547595
传　　　真：（010）88547592
电 子 邮 箱：shishichubanshe@sina.com
网　　　址：www.shishishe.com
印　　　刷：北京市昌平百善印刷厂

开本：787×1092　1/16　印张：19.75　字数：234 千字
2015 年 6 月第 1 版　2015 年 6 月第 1 次印刷
定价：75.00 元

前 言

2014年，中美关系先抑后扬，构建中美新型大国关系的努力在曲折中前行。中国积极开展大国外交，美国继续推进亚太再平衡，在新的形势下，中美关系出现了新的特点，这些特点构成了中美关系的新常态，《中美关系战略报告2014》对此做了剖析，并从政治、经济、安全、人文社会交流等方面深度分析了本年度双边关系的发展，对2015年的中美关系作了展望。

参加本年度报告编写的人员及分工情况如下：第一章，吴心伯（复旦大学美国研究中心教授、主任）；第二章：宋国友（复旦大学美国研究中心教授、副主任）；第三章，张芳（解放军南京政治学院上海校区外军教研室副教授）；第四章：信强（复旦大学美国研究中心教授、副主任）；第五章及大事记：潘亚玲（复旦大学美国研究中心副教授）。

《中美关系战略报告2013》出版后，得到学术界同行的肯定，这鼓励我们把这项有意义的工作继续下去，并不断完善。我们期待着大家对《中美关系战略报告2014》的批评与建议。

吴心伯

2015年4月13日

目　录

一、报告部分

第一章　中美关系的新常态 …………………… 吴心伯（3）

第二章　新常态下的中美经贸关系 ……………… 宋国友（19）

第三章　中美军事关系 ………………………… 张　芳（35）

第四章　中美海权博弈 ………………………… 信　强（54）

第五章　中美人文交流 ………………………… 潘亚玲（78）

二、大事记部分

2014 年中美关系大事记 …………………………………（99）

1 月…………………………………………………………（99）

2 月…………………………………………………………（109）

3 月…………………………………………………………（122）

4 月…………………………………………………………（138）

5 月…………………………………………………………（155）

6 月…………………………………………………………（179）

7 月…………………………………………………………（200）

8 月…………………………………………………………（227）

9 月…………………………………………………………（238）

10 月 ………………………………………………………（259）

11 月 ………………………………………………………（272）

12 月 ………………………………………………………（294）

一、报告部分

第一章　中美关系的新常态

吴心伯

2014 年，中国继续推进大国外交，谋求与美国构建新型大国关系，美国继续推进亚太再平衡战略，以交往、合作与制约、平衡两手应对中国力量和影响力的上升。中美关系总体呈现的特点是：摩擦加剧，合作加强，中国对双边关系的引领作用增大。这些特点将在相当长的一段时期内存在于中美互动中，因此我们可以说它们构成了中美关系的新常态。那么，2014 年中美关系新常态的具体表现是什么？为何这些特征构成了中美关系的新常态？基于这一新常态，2015 年双边关系的发展态势为何？

一、摩擦加剧

2014 年，中美之间的摩擦点主要集中在两方面：一是中国与邻国的海上争端；二是网络安全问题。

2012 年以来，中国在东海和南海以更加积极和坚定的姿态维护其主权和海洋权益，美国则基于地缘政治和同盟政治的考虑积极介入中国与邻国的海上争端，中美在西太平洋的摩擦面扩大，摩擦力度加剧。

2013 年 12 月，中国宣布设立东海防空识别区，美国联合其在本地区的盟友对华施压未果。2014 年初，奥巴马政府得出结论，中方下一步将在南海设立防空识别区。[①] 为了阻止中方采取其预期的这一行动，美方官员在 2014 年初密集表态表达美方的反对立场，并公开质疑中方在南海的九段线权利主张，国务卿克里在 2 月访华期间也就此向中方施压，美国国防部长哈格尔则在 5 月份于新加坡举行的“香格里拉对话会”的演讲中在南海问题上大肆攻击中方。另一方面，美国在南海争端中积极地支持菲律宾和越南。在 2014 年 3 月中菲仁爱礁对峙期间，美国的海空力量试图策应菲律宾。奥巴马在 4 月访问菲律宾期间表示，支持菲将南海问题提交国际海洋法庭。5 月初，中国“海洋石油 981”钻井平台开始在西沙中建岛附近海域进行钻探作业，遭到越南强力干扰和反对，中越在南海激烈对峙，中越关系趋紧。在此情况下，美国力挺越南。美国助理国务卿丹尼尔·拉塞尔（Daniel R. Russel）访问越南，表示对越方的支持。美国国务院发言人指责中方挑衅。美国国务卿克里与越南副总理兼外长范平明通话，为越方撑腰打气。克里还在第 6 轮中美战略与经济对话中向中方施压，要求中方从西沙海域撤走“海洋石油 981”钻井平台。美国侦察机则飞越“海洋石油 981”钻井平台，向中方示威。美国参议院也通过决议，要求中国将“海洋石油 981”钻井平台和护航船只撤离南海海域，恢复南海原状。美国国务院负责亚太事务的助理国务卿帮办迈克尔·福克斯（Michael Fuchs）则借出席美国战略与国际问题研究中心举行的“南海局势与美国政策”研讨会之机，提出对南海争端各方冻结南海特定行动的 3 项建议，包括各方不再夺取岛礁与

① 2014 年 4 月笔者访问华盛顿时与美国国家安全委员会官员的谈话。

设立前哨站、不改变地形地貌现状与限制针对他国的单边行动等，[①] 这一举动表明美国已不满足于为菲律宾和越南在南海与中国的博弈摇旗呐喊，而要直接介入，为南海问题定规则。

在中日钓鱼岛争端问题上，奥巴马政府也加大了对日本的支持力度。2014 年 4 月奥巴马在访问日本之前和在日期间，公开表示钓鱼岛适用于《美日安保条约》，这是美国总统首次公开作此表态。虽然这并不是美方第一次阐明这一立场，而且奥巴马这一表态也有换取日方在太平洋伙伴关系协定谈判上对美做出让步的考虑，但首次由美国总统作此表态，表明美国在钓鱼岛争端中“挺日”的决心在增大。

美国积极插手东海和南海争端使得这些问题更加复杂化。美国一直声称对有关国家在东海和南海的主权争端不持立场。但是在钓鱼岛问题上，美方承认日本的行政管辖权，并强调该岛屿适用于《美日安保条约》，这样美国就采取了原则上中立而实际上支持日本的立场。在南海问题上，美国也是依据《美菲安保条约》积极地支持菲律宾，从地缘政治需要出发支持并非美国盟友但被视为其安全伙伴的越南。美国以履行同盟义务、关心南海航行自由以及该地区和平稳定的借口深度介入南海问题，使得这些由来已久的争端变得不仅仅是中国和邻国的海上纠葛，也成为中美在西太平洋战略角逐的焦点。不仅如此，由于得到美国的支持，日本、菲律宾、越南等在这些争端中采取更加强硬甚至挑衅性的立场，使得这些争端更加激烈、更难以得到管控，发生冲突的风险大大上升。

---

① Keynote Address by Michael Fuchs at Center for Strategic and International Studies, July 11, 2014, http://csis.org/multimedia/audio-recent-trends-south-china-sea-and-us-policy-day-2-keynote-address-and-opening-remar.

近年来，美方不断指责中国对美开展网络间谍活动，窃取美国军事和商业机密。2013 年伊始，美国朝野加大了在网络安全问题上对华施压的力度。美国曼迪昂特（Mandiant）网络公司发布报告，指责中国军方支持对美国企业的大范围网络攻击，《纽约时报》也就此进行炒作。随后，美国总统国家安全事务顾问多尼隆在公开讲话中高调指责中国政府，要求中方正视这一问题的紧迫性及其所构成的风险，调查并停止来自中国的网络攻击黑客，并为建立网络空间可接受的行为规范而开展建设性的双边直接对话。美国财政部长雅各布·卢、国务卿克里和参联会主席邓普西在 3—4 月先后访华期间，均就网络安全问题对华施压。[①] 正当奥巴马政府准备对华采取进一步的强硬行动之际，突如其来的斯诺登事件暴露了美国自身长期对他国实施网络窃密和监控的种种行为，打乱了美国对华施压的计划，也大大削弱了美国在网络安全问题上指责中方的道义优势，此后美国对华施压一度有所收敛。2013 年 7 月，在中美战略与经济对话框架下举行的中美网络工作组第一次会议上，中方建议双方采取务实行动，就网络空间国际规则加强对话，并加强两国互联网应急中心的协调与合作。12 月，中美网络工作组召开了会间会。应该说，中美网络工作组的成立为处理双方共同关心的网络安全问题、推动中美在网络空间的合作提供了一个良好的沟通平台。但 2014 年 5 月，美国司法部以侵入美国企业电脑系统为由起诉 5 名中国军官，中方则以停止中美网络工作组活动作出回应。美国起诉中国军官之举使中美在网络安全问题上的摩擦升级为对抗，给中美在网络安全问题上的对话与合作投下了阴影。

网络空间是 21 世纪人类社会发展的“新边疆”，对网络空

---

① 吴心伯主编：《中美关系战略报告 2013》，时事出版社，2014 年版，第 13 页。

间的有效利用关系到一个国家的发展利益和安全利益。由于目前并不存在普遍适用的网络空间规则，一些网络能力发达的国家都在利用网络空间积极谋取各自的国家利益，如斯诺登所揭秘的，美方利用其强大的网络能力，对外国政要、企业、个人进行大规模、有组织的网络窃密和监听、监控活动，这是极不道德的。但是美方辩称，出于国家安全目的的网络间谍活动是可以理解的和可以接受的，而出于商业目的的网络窃密活动则是不合法的和不可接受的，美方声称自己从不利用网络从事商业窃密活动。而在中方看来，美方对网络间谍活动的这种区分是站不住脚的，其关于从不利用网络从事商业窃密活动的说法也是不可信的。美方在网络安全问题上对中方施压的真正目的是主导网络空间游戏规则，确保美国的网络优势地位。中美在网络安全问题上摩擦加剧，一方面表明美国对中国网络空间能力的增长感到极度不安，急于打压和限制中国对网络空间的利用；另一方面也暴露了奥巴马政府在对华政策上缺乏良好的协调，以司法部为代表的部门基于美国国内政治考虑起诉中国军官，既不可能达到将其指控的这些中国军人“绳之以法”的目的，又使中美在网络问题上的互动走向对抗，损害了中美关系，是 2014 年美国对华外交上的一大败笔。

2014 年中美在西太平洋海上争端和网络安全问题上摩擦加剧，揭示了新形势下中美关系发展的一个新特征。随着中国力量和自信心的增强、大国外交的推进，中国将更加积极而坚定地维护和拓展其国家利益。美国基于其一贯的霸权思维，担心中国的行为将损害美国及其盟友的利益，削弱美国主导的地区秩序，挑战其优势地位，因而寻求牵制甚至遏制中国。在此情况下，中美之间的摩擦势必会加剧，在一些具体问题上的对抗也不可避免。

二 合作加强

2014年中美关系的另一个突出特点是两国间良性互动增强、合作扩大，正是这些亮点给中美关系注入了正能量。

首先是习近平主席与奥巴马总统在北京成功举行的会晤。2013年6月中美元首在加州安纳伯格庄园的会晤开创了中美元首互动的新模式，为中美构建新型大国关系提供了重要的推动作用，因此分析家们普遍关注2014年两国能否延续这一互动模式。奥巴马在参加完亚太经合组织北京峰会后对中国进行国事访问，中心内容是与习近平主席的会晤。习奥会既包括在中南海的“瀛台夜话”（非正式的会见、散步、晚宴和茶叙），也包括在人民大会堂的正式会谈，“瀛台夜话”“主要围绕治国理政进行交流，而正式会谈则主要讨论双边关系与国际问题。两国领导人在两天10多个小时的互动中深度对话，双方都形容会晤是“建设性的”、“坦诚的”、“真诚的”、“深入的”、“富有成果的”。奥巴马还表示，“瀛台夜话”“进一步加深了我对中国的情况以及中国政府和领导人执政理念的了解。我更加理解中国人民为何珍惜国家统一和稳定”。[①] 习奥会确认

---

① “习近平同美国总统奥巴马共同会见记者”，2014年11月12日，外交部网站：http://www.fmprc.gov.cn/mfa_chn/ziliao_611306/zt_611380/dnzt_611382/fzshyjxghd_669568/zxxx_669570/t1210045.shtml；The White House Office of the Press Secretary，“Remarks by President Obama and President Xi Jinping in Joint Press Conference”，November 12，2014，Beijing，China. http://www.whitehouse.gov/the-press-office/2014/11/12/remarks-president-obama-and-president-xi-jinping-joint-press-conference；“习近平同美国总统奥巴马在中南海会晤，强调要以积水成渊、积土成山的精神推进中美新型大国关系建设”，2014年11月12日，外交部网站：http://www.fmprc.gov.cn/mfa_chn/ziliao_611306/zt_611380/dnzt_611382/fzshyjxghd_669568/zxxx_669570/t1209863.shtml。

了推动中美关系进一步发展的意愿和目标，明确了两国关系发展的路线图，增进了相互理解，有助于减少误判和互疑。应该说，在奥巴马执政进入收官阶段、开始考虑其外交遗产的背景下，这次成功会晤有助于推动他在余下的两年内在对华关系上采取更加积极有所作为的姿态。正如他在与习近平主席共同会见记者时所称，今天中美双方为了两国和世界的福祉取得了重要的进展，当双方继续发展这一重要关系时，更多的进展是可能的，“我相信我们将能够这么做”。[①]

其次是两军关系的发展。基于两国领导人关于发展中美新型军事关系的共识，2014 年两军关系在高层及各级别交往、机制性对话和磋商、中青年军官交流、联演联训等方面展开，并取得一系列重要进展。例如，2014 年 2 月，由美国主导的东南亚地区最大规模的年度联合军事演习“金色眼镜蛇”在泰国举行，中国参加了此次联合演习中的人道主义救援行动演练，这也是中国首次派实兵参加“金色眼镜蛇”联合军演。2014 年夏，中国首次应邀参加美国主导的“环太平洋军演”，派出仅次于美军的舰队阵容参加这一有 23 个国家海军参加的多国海上联合演习，这是两军交往史上的重大突破。11 月，中美两国国防部签署了《建立重大军事行动相互通报机制》和《公海海域海空军事安全行为准则》。在中美两军之间建立这两个互信机制，是 2013 年 6 月习近平主席在加州与奥巴马总统会晤时提出的倡议，得到后者的积极响应，此后两国防务部门和军方通过多种渠道，进行了 10 余轮深入磋商和沟通，最后达成共识。这两个互信机制是加强对彼此战略意图了解、增强战略互信和管控危机、预防风险的重要措施，有助于减少两军之间误判和意外事

① “Remarks by President Obama and President Xi Jinping in Joint Press Conference”.

故的发生。12 月中旬，中国海军第 18 批护航编队与美国海军“斯特莱特”号导弹驱逐舰在亚丁湾海域就《海上意外相遇规则》（该《规则》是2014 年4 月在青岛举行的第14 届西太平洋海军论坛年会上通过）的运用进行了演练。长期以来，两军关系一直是双边关系的“短板”，在中美战略互信不足、中美在重大安全问题上的分歧突出的背景下，加强两军关系无疑对两国总体关系的发展具有建设性，中美新型军事关系将是中美新型大国关系的重要支柱。

第三是两国发表《中美气候变化联合声明》。2015 年 12 月，《联合国气候变化公约》第21 次缔约方会议将在巴黎举行，届时能否达成协议，将意味着能否实现到本世纪末将全球气温上升幅度相比1750 年工业化前控制在2 摄氏度以内的目标。中美作为世界最大的两个碳排放国，其政策立场攸关国际气候变化谈判的成败。经过双方的努力，两国在习奥会期间发表了《中美气候变化联合声明》，明确了双方减排的指标：美国2020 年后将把二氧化碳平均减排速度提高一倍，到2025 年争取令二氧化碳整体排放量较2005 年减少26%—28%；中国同意将化石燃料在整体能源使用中的比重降至80%左右，2030 年或之前二氧化碳的排放达到峰值。双方同意共同推动国际气候变化谈判于2015 年巴黎会议如期达成协议，并加强两国在气候变化领域的务实合作，包括先进煤技术、页岩气、核能、可再生能源、碳捕集利用和封存、氢氟碳化物、低碳城市、绿色产品贸易等方面的合作。中美联手在气候变化问题上采取的这一重大举措意义重大。首先，它使应对气候变化的全球政治格局发生了根本性转变，对于其他国家进一步宣布减排计划有示范效应，并对2015 年巴黎气候变化大会上达成新协议有积极促进作用；其次，它显示了中美合作对推进全球治理的巨大价值，正如奥巴马总统对此所做的评论，“这是美中关系上一个重要的里程碑，它表明当我们共同应对一项紧迫的全球挑战时，什么是可能的”。[①]

第四是在其他诸多双边和多边领域合作取得的进展。在双边领域，双方同意互为两国留学人员颁发5年多次有效签证，互为两国商务、旅游人员颁发10年多次有效签证。此举将大大便利中美人员往来，有利于中美交流与合作的开展。在中国加大反腐败力度的背景下，美国对中国在追逃、追赃方面采取更加合作的态度。面对新一波恐怖主义浪潮兴起和严峻的国际反恐形势，中美加强了在反恐问题上的合作。双方确认双边投资协定谈判是“双边经贸关系的最重要事项”，[②] 将积极推进谈判进程，等等。在多边领域，中美就世贸组织《信息技术协定》扩围谈判达成双边共识，这有利于在日内瓦尽快恢复和结束诸边磋商；两国在伊朗核问题的谈判中进行了积极的沟通与协调；在朝鲜半岛问题上，中美保持密切磋商；在阿富汗问题上，中美加强了沟通与合作；在援助非洲国家抗击埃博拉疫情方面，中美开展了沟通协调，等等。

中美合作的不断加强是双边关系的最突出特征。随着中国力量和影响力的上升，美国不得不更多地谋求与中国合作，以实现其国家利益目标。中国正在推进的大国外交的要义就是要建立以合作共赢为核心的新型国际关系，中美新型大国关系是其中关键的一环，中美新型大国关系本质上就是崛起的大国与既成大国在21世纪的时代条件下，通过合作来促进各自的国家

---

① “Remarks by President Obama and President Xi Jinping in Joint Press Conference”.

② “中美元首北京会晤主要共识和成果”，2014年11月12日，外交部网站，http://www.fmprc.gov.cn/mfa_chn/ziliao_611306/zt_611380/dnzt_611382/fzshyjxghd_669568/zxxx_669570/t1210103.shtml。

利益、推进全球治理的关系。鉴于中美两国在国际事务中的重要地位，中美合作也是世界和平与发展的需要，正如习近平主席在习奥会期间所强调的，面对当前复杂多变的国际形势，中美两国需要合作、能够合作的领域更加广阔。[①]

三、中国对双边关系的引领作用增大

近年来，随着中国综合国力的上升、自信心的增强和外交主动性的提高，中国对中美关系的引领作用在增大，这突出地表现在新的领导集体执政以来对构建中美新型大国关系这一目标的推动上。

2013 年习奥在美国加州的会晤就构建中美新型大国关系达成了原则共识。2014 年在北京的习奥会中，中方提出了推进中美新型大国关系建设的 6 个重点方向，即：加强高层沟通和交往，增进战略互信；在相互尊重的基础上处理两国关系；深化各领域交流合作；以建设性方式管控分歧和敏感问题；在亚太地区开展包容协作；共同应对各种地区和全球性挑战。[②] 上述倡议基于中美关系发展的历史经验与教训，充分结合当前双边关系和国际事务的实际，提出了处理和发展中美关系的积极、务实的思路和途径，对推动构建中美新型大国关系具有指南价值。

从外交实践看，习奥北京会晤的成功举行是中方积极引领

---

① “习近平同美国总统奥巴马共同会见记者”。

② “习近平主席同美国总统奥巴马举行会谈，强调从 6 个重点方向推进中美新型大国关系建设把不冲突不对抗、相互尊重、合作共赢的原则落到实处”，2014 年 11 月 12 日，外交部网站：ttp://www.fmprc.gov.cn/mfa_chn/ziliao_611306/zt_611380/dnzt_611382/fzshyjxghd_669568/zxxx_669570/t1209988.shtml。

中美新型大国关系建设的突出例证。第一，中方鉴于美国国内的政治日程（中期选举），在亚太经合组织北京峰会的日期安排上照顾到美方的要求，使得奥巴马总统能够在美国中期选举结束后来华参加峰会和访问。第二，尽管奥巴马总统在中期选举后因共和党控制国会参众两院而在政治上更加弱势，中方对他的访问仍高度重视，做出了精心安排。习近平主席在两天的时间里与他共处 10 个小时，深入交换意见，会晤的内容聚焦两个方面：一是如何增进相互理解和减少互疑。习近平主席向奥巴马总统介绍了中国近代历史和当前全面深化改革、推进依法治国、加强执政党建设等情况，进一步加深了奥巴马对中国的情况以及中国政府和领导人执政理念的了解；二是发展双边关系的优先领域，勾勒了中美关系前进的路线图。第三，中方与美方共同努力，在奥巴马访华期间推出一系列重要成果，如发布《中美气候变化联合声明》、就世贸组织《信息技术协定》扩围谈判达成双边共识、在签证方面达成新的互惠安排等，从而营造了奥巴马访华成功的气氛，使本不看好奥巴马此次中国之行的观察家们大出意外。奥巴马本人也对此次访问感到满意，声称它将中美两国在双边、地区和全球层面的合作提高到一个新的水平。[①] 尽管奥巴马在访问中有意回避呼应中方关于"构建中美新型大国关系"的提法，但这次访问无疑使他对中美关系持更加积极而乐观的态度。例如，奥巴马在访华后不久谈到中美关系时表示，中方有强烈的兴趣要与美国保持良好的关系，"我的访问显示他们有兴趣有效管理这一关系"；美方希望向中方表明，希望建立建设性的"双赢"关系；相信美国能够以有益于

---

① "Remarks by President Obama and President Xi Jinping in Joint Press Conference".

世界的方式管理对华关系。[①]

构建中美新型大国关系将是一个长期的充满挑战的过程，中国必须在这个过程中发挥引领作用，这是因为美国对此思想上准备不足，意愿不充分，实践能力有限。构建新型大国关系需要引进新的国际政治理念。中国的崛起是在后冷战时代经济全球化、地区化加速发展，国际合作不断深化的背景下实现的。因此，中国更容易接受和平发展、合作共赢等理念，也在有意识地吸取历史上一些大国所犯战略错误的教训，真诚地希望走一条新型大国之路。美国则不然。美国是借助第二次世界大战而跃居世界舞台的中心，并通过冷战在世界范围内建立起其权力结构，又在后冷战时代享受了单极的“红利”。华盛顿的战略思维更注重力量对比的变化和权力竞争，重视军事手段和地缘政治因素，追求优势的地位和影响力，习惯于以“零和思维”看待中国力量和影响力的上升。美国陈旧的国际政治思维模式使其很难以全新的视野看待与一个在战略利益、价值观、社会制度上不同于美国的崛起大国的关系，美国的战略思维仍然把中国看做是一个重要的战略对手。不仅如此，由于“新型大国关系”这一概念是中方首先提出的，美方本能地感到不舒服，不愿意积极呼应中方的话语。这些无疑都降低了美国采取积极姿态与中国共同构建新型大国关系的意愿。从外交实践看，与中国发展新型大国关系是一项非常宏大的工程，需要美国总统持续关注和发挥领导作用，需要美国政府内部协调一致的政策投入。但当前的现实是，奥巴马受国内和国际问题的牵制，精力分散，很难对美中关系给予持续的关注，加

---

① Jeff Mason and Steve Holland, “Obama says China's Xi has consolidated power quickly, worrying neighbors”, *Reuters*, Washington DC, December 3, 2014, http://www.reuters.com/article/2014/12/04/us-usa-china-obama-idUSKCN0JH21420141204.

之领导能力和执政经验不足，因此奥巴马在对华关系上的领导作用不明显。与此同时，美国政府各部门在对华问题上缺乏协调，没有总体的方向感，自行其是，往往相互矛盾。加之2016年美国大选在即，新的美国领导人上任后在对华关系上何去何从，还是个未知数。有鉴于此，中国作为一个新兴大国和新型大国，需要以进步的理念、创新的思维、富有活力的外交举措，来引导、推动和塑造美国的思维、理念和政策行为，持续引领中美新型大国关系的构建。

四、展望2015年

2014年，中美关系先抑后扬，两国关系在经历了上半年的摩擦、对抗后，通过11月份成功的元首会晤，扭转了两国关系的下降势头，使其回到积极的轨道，也为下一年中美关系的发展打下了良好的基础。那么，2015年的中美关系将呈现何种态势？

首先，在中国坚定而自信地推进大国外交和美国继续对华奉行制衡战略的大背景下，中美之间的摩擦和对抗仍不可避免，这将在双边经贸关系、东亚海上争端、网络安全、地区安全等方面表现出来。事实上，当前美方内部对中国战略和政策的疑虑有上升的趋势，一些分析人士对中美关系持越来越悲观的看法，一些专家学者也在鼓吹要对中国采取更加强硬的姿态，[①] 这

---

① 例如，Oriana Skylar Mastro，“Why Chinese Assertiveness is Here to Stay”，*The Washington Quarterly*，January 26，2015，http：//twq. elliott. gwu. edu/why-chinese-assertiveness-here-stay；Harry J. Kazianis，“Superpower Showdown：America Can Stop Chinese Aggression in Asia”，*The National Interest*，March 6，2015，http：//nationalinterest. org/feature/superpower-showdown-america-can-stop-chinese-aggression-asia – 12368.

些都会对美国对华政策产生负面影响。虽然两国高层互动的改善有助于管控分歧和摩擦，但内部协调不力有可能导致摩擦升级，正如我们在 2014 年看到的那样。

其次，中美合作有望取得新的进展。北京习奥会的积极成果改善了中美关系的气氛，增强了双方以积极和建设性的态度处理两国关系的政治意愿，也明确了双边关系下一步发展的路线图。就双方的外交日程看，中国“一带一路”倡议的顶层设计已经完成，2015 年进入全面实施阶段，一个稳定的中美关系有利于我国集中精力推进这一重大工程。美国方面，奥巴马在中期选举后面对共和党控制的国会，在内政上作为的空间有限，可以在外交上有更多投入，加之 2016 年大选尚未正式揭幕，对华关系受大选因素的掣肘较小，这也有利于奥巴马在中美关系上有所作为。

具体而言，2015 年的中美关系要把握住几个契机。一是习近平主席 9 月对美国的国事访问。这次访问不仅是要保持中美高层交往的良好势头，通过持久深入的战略性交流对话加深相互理解、减少互疑、增加发展双边关系的共识，也是要推动两国关系在具体领域取得进展。奥巴马已在 2 月初向习近平发出了访美邀请，双方同意为访问取得成功进行全面准备。[①] 中美两国早早宣布这次访问并启动准备工作，显然是要通过国事访问积极引导本年度双边关系的发展。二是将在今年夏天举行的第 7 轮中美战略与经济对话。中美战略与经济对话已召开 6 轮，其层级之高、议题之广、阵容之庞大，当之无愧地成为中美众多对话机制的龙头老大。议题的综合性和对话的延续性适应了中

① “习近平同美国总统奥巴马通电话”，2015 年 2 月 11 日，外交部网站：http：//www. fmprc. gov. cn/mfa_ chn/zyxw_ 602251/t1236569. shtml.

美关系发展的现实需要。每年一度的战略与经济对话业已成为中美关系的一大盛事，对话成果对于观察中美关系的走向具有风向标意义。2016 年美国将举行大选，奥巴马执政进入倒计时，届时很难在外交政策上做出有实际意义的承诺，因此第 8 轮对话将是形式大于内容，而第 7 轮对话之后，奥巴马还有一年多的时间兑现相关承诺，因而将是奥巴马任期内能够取得实质性成果的最后一次对话。因此，我们应抓住机遇，仔细谋划，巧妙运筹，争取对话多出成果、出好的成果。三是中美双边投资保护协定谈判。习奥北京会晤同意加强对谈判进程的政治领导，加快谈判进程。美国主导的跨太平洋伙伴关系谈判即将结束，这使得奥巴马能够更多关注中美双边投资保护协定的谈判。中国自由贸易试验区的建设步伐加快，这为推进中美双边投资保护协定谈判提供了动力。从美国国内政治过程看，如果要使美国国会在奥巴马任期内批准该协定，最晚今年底必须结束全部谈判。从顺利推进亚太自由贸易区建设的角度看，也需要在今明两年争取达成全面、高质量，同时非歧视、公开、透明的中美双边投资协定。[①] 有鉴于此，中美应共同努力，确保在习近平访美期间实质性结束中美双边投资保护协定的谈判。

2015 年，中国将继续引领中美关系的发展。在国际力量对比和世界格局正在发生重大变化的背景下，中美关系的处理涉及到国家间利益关系的调整、国际规则与机制的改革与创立、国际秩序的改良等。这就需要我们在引领中美关系的发展时展现更多的远见、智慧和魄力。具体来说：一是要提升中美关系的稳定性和可预见性。要继续坚持构建新型大国关系这一既定

① 唐国强、王震宇：“亚太自由贸易区：路线图与优先任务”，《国际问题研究》2015 年第 1 期，第 86 页。

目标，加强顶层设计，树立底线思维，确保两国关系朝着正确的方向迈进，不出轨、不倒退。二是要通过扩大合作来提升中美关系的增量，使合作与协调成为双边关系的主旋律。三是通过积极和建设性的双边和多边互动增加两国关系的正能量。在美国对华疑虑较强的背景下，我国要以实际行动表明崛起的中国是当今这个急剧变化的世界上稳定、负责任和进步的力量。四是发挥我国对美外交的主动性和创造性，不断提高我国对美外交的效能。

第二章　新常态下的中美经贸关系

宋国友

2014 年是中国积极推动中美新型大国关系倡议的落实之年。作为中美新型大国关系的重要组成部分，中美经贸关系在 2014 年也有了新的发展和变化。这些发展和变化总体上可以用“新常态”一词加以概括。中美经贸关系的新常态反映了两国经济发展以及双边经贸往来在新的历史阶段所呈现出来的新特点，带有趋势性的意义，将会成为未来一段时间中美经贸关系互动的基础。中美新型大国关系的构建，要充分考虑新常态的特征，并立足于此谋划中美之间的经贸互动。

一、关系均衡

2014 年，两国贸易继续高位增长。根据中方统计数据，2014 年两国贸易高达 5551 亿美元，与 2013 年相比增长 6.6%。其中中国对美出口 3961 亿美元，自美进口 1590 亿美元。中国对美贸易顺差 2370 亿美元。[①] 与以往一样，美方关于中美贸易

① 海关总署：“2014.12 进出口主要国别（地区）总值”，http://www.customs.gov.cn/publish/portal0/tab49666/info729723.htm。

的统计数据和中方数据有差异，但总体趋势类似，同样表明中美贸易保持增长，美国与中国货物贸易总额、从华进口额以及对华出口额分别为5957亿美元、4667亿美元和1240亿美元。美国仍是中国第二大贸易伙伴、第一大出口市场和第五大进口来源地。中国是美国第二大贸易伙伴、第三大出口市场和第一大进口来源地。

具体到进出口情况，美国对华出口幅度低于中国对美出口增长幅度。如表一所示，根据美方统计数据，2014年中国对美出口增长速度为6.0%，而美国对华出口增长速度仅为1.9%。中国对美出口要比美国对华出口增幅高出4.1个百分点。如根据中方统计数据，2014年中国对美出口增幅和从美国进口增幅分别为7.5%和4.2%，进口增幅要比出口增幅低3.2个百分点。[①] 而在2013年，无论是根据中方统计还是美方统计，中国自美进口增幅要远高于中国对美出口增幅[②]。受中美2014年进出口增幅变动影响，美国对华贸易逆差增长幅度有所增大。2014年，美国对华贸易逆差增幅显著提高。根据美方数据，2014年美国对华贸易逆差为3427亿美元，与2013年的3184亿美元相比，增幅为7.6%，高于2013年1%的增幅。按照中方统计数据，2014年美国对华贸易逆差为2370亿美元，同比上升了9.8%，大大高于2013年逆差增速下降0.1%。美国对华贸易逆差的增大主要在于2014年美元升值和大宗农产品价格大幅下降等原因。

---

① 海关总署："2014.12进出口主要国别（地区）总值"，http://www.customs.gov.cn/publish/portal0/tab49666/info729723.htm。

② 宋国友：《中美经贸关系的新变化与新趋势》，《复旦学报》，2014年第4期，第95—96页。

表 1：中美货物贸易简况（单位：亿美元）

中方数据	2013	2014
贸易总额/增速	5210/7.5%	5551/6.6%
对美出口/增速	3684/4.7%	3961/7.5%
自美进口/增速	1526/14.8%	1590/4.2%
对美顺差/增速	2158/ -0.1%	2370/9.8%
美方数据	2013	2014
贸易总额/增速	5621/5.0%	5907/5.1%
自华进口/增速	4404/3.5%	4667/6.0%
对华出口/增速	1217/10.4%	1240/1.9%
对华逆差/增速	3184/1%	3427/7.6%

数据来源：中方数据来自中国商务部；美方数据来自美国商务部。

中美经贸关系失衡是过去很长一段时间以来中美经贸关系的总体特征。对于中美经贸关系的失衡，以往更多是从贸易失衡的角度加以理解。但本质上，中美经贸关系的失衡首先应该是中美经济总量的失衡。之所以提出中美经贸关系总体朝向均衡，其根本着眼点在于中美经济总量的均衡。

2014 年，按照购买力平价计算，中国国内生产总值（GDP）将历史性地超过美国，成为全球第一大经济体。[①] 中国 GDP 超过美国，这是全球经济的重大事件，成为中美经贸关系的新起点。在中美经济总量接近甚至位移的世界经济新格局中，全球各类经济要素大体上要根据中美两国间经济总量加以配置。中国所积聚的经济资源会更加增加，调配和统筹国际经济资源的能力也会增强，而美国拥有和动用国际经济资源的

① Joseph Stiglitz, "The Chinese Century", *Vanity Fair*, January 2015.

能力会相对下降。即使根据中国官方所认定的汇率计算，中国2014年GDP为63.65万亿人民币，按美元汇率也达到美国的60%。总体而言，即便中国经济总量没有如购买力评价法所展示地超过美国，也要比汇率计算法所反映的60%要多。如果考虑到两国未来5—10年经济增长速度的实际差异，近期中美之间根据汇率计算的经济总量接近以及位移是大概率事件。

然而，同样需要注意的是，即使中国经济总量超过美国，也不会大幅度领先美国，在很长一段时间内，中美经济会呈现出总量接近的状态。其主要原因在于中美经济增速差异减小。中国未来10—20年将不太可能继续维持7%以上的高速增长，而是会转向中高速甚至是5%左右的中速增长。美国也不会一直只有1.5%左右低速增长，而是会转向2.5%左右甚至更高的低中速增长。中美经济总量的接近将成为中美经贸关系均衡发展的最佳注脚。在双边经贸关系层面，由于中美经济总量的接近，中美经贸互动将更为对等，美国完全基于自身利益对华施压并且取得实际效果的情形将会相应减少。中国不仅有更多的经济能力抵御美国的单边诉求，而且能够向美国提出自身的要求。中国在中美经贸关系互动模式中的主动性是以往不曾常见的，但在未来将会更多。

经济总量接近是两国经贸关系朝向均衡的根本分析逻辑。除此之外，即使从传统的贸易和投资这两大领域来观察，中美经贸关系的均衡性也日益明显。首先，美国在中国对外贸易中的重要性相对下降，对华贸易在美国对外贸易中的比重相对上升。根据中方统计数据，2014年，对美贸易总额、对美出口和自美进口分别占中国贸易总额、出口总额和进口总额的12.9%，

11.5% 和 8.1%。[①] 与数年前相比，这三大指标值持续下降。而美国越来越需要中国市场。根据美方统计数据，2014 年，对华贸易总额、对华出口总额和自华进口总额分别占美国贸易总额、出口总额和进口总额的 14.8%、7.6% 和 19.8%，与以往相比继续提高。

如果从中美投资关系看，中美经贸关系均衡的态势更为明显。2014 年中美双向直接投资关系有了新发展，中国对美投资大幅超过美国对华投资。从美国对华投资来看，2014 年美国是中国第六大外来投资来源国，对华实际投资金额为 26.7 亿美元[②]，低于 2013 年的 33.6 亿美元、2012 年 31.3 亿美元和 2011 年 29.9 亿美元。2014 年，中国对美非金融类直接投资超过 50 亿美元，连续第三年超过美国对华直接投资额。截至 2014 年，中国对美各类投资接近 400 亿美元，美国对华投资实际投入 750 亿美元左右。按照现在的增幅，中国对美直接投资总额将在几年之内就超过美国对华直接投资总额。[③]

二、制度竞争

中美经贸关系总体上是一种互补关系，也因此体现出鲜明的合作性。两国围绕着一系列双边、地区和全球经济议题进行了程度不一的合作，产生了良好的效果。这种合作在应对 2007

① 海关总署："2014.12　进出口主要国别（地区）总值"，http://www.customs.gov.cn/publish/portal0/tab49666/info729723.htm。

② 商务部："2014 年 1—12 月对华直接投资前十国家/地区"，http://data.mofcom.gov.cn/channel/wzsj/wzsj.shtml。

③ 这一数据还没有把中国持有的超过一万亿美元国债统计在内。

年金融危机期间达到高潮。危机结束之后，也基本延续至今。中美两国经贸问题上合作是主流，这一点毋庸置疑。但同时，两国在经贸关系上的竞争特征也愈发凸显。中美两国经贸领域的竞争，既有在若干具体经贸议题和政策上的竞争，更有围绕着规则制定和规则改变方面的制度竞争。这种竞争既是深层次的，也是长期性的，说到底是崛起国和现状国之间的大国竞争。

中美出现制度竞争的原因主要有如下四点。第一，现有经贸制度总体上不能反映变化了的中国与世界经济以及中国与美国经济的关系。以布雷顿森林体系为核心的国际经济制度主要是美欧等西方发达经济体在数十年前制定的，虽有所调整，但大致原则和框架没有变化，没有体现中国等新兴经济体经济崛起的现实，因此缺乏公平和代表性，需要加以改变。第二，制度并非中性的，它本质上规定的是制度体系内各成员的成本和利益分布。中国在现有的国际经济制度中，在一定程度上难以在合作共赢的基础上实现最佳的经济利益，或者说，中国要付出更大成本才能实现同等利益。而美国等国家，由于从最初就制定了现有国际经济制度，因此其利益本身和现有国际制度连为一体、高度契合，制度成本较小，甚至现有国际经济制度能帮助美国以较小的成本实现其国家利益。换言之，现有国际经济制度总体上更有利于美国而非中国。第三，美国借用制度对中国进行“软制衡”。面对中国的崛起，美国尚未如冷战时期对待苏联那样采取遏制或者大范围的制裁措施，这是时代的进步。但是，美国希望通过一些制度或者规则上的约束对中国的经贸活动开展加以干扰或者限制。第四，美国本身也策略性地对待国际经济制度。美国虽然是现有国际经济体系的创始者和维护者，但这并不意味着其会一直严格遵守和支持具体的规则。相反，美国也会根据规则或者制度对其自身的影响来调整对规则的态度。其中的典型是其对世界贸易组织的政策调整。在美国看来，世界贸易组织及其规则更加有利于中国，而不是美国。为此，美国提出跨太平洋贸易伙伴关系（TPP）等更高标准的制度和规则，以变相抑制中国从世界贸易组织中的获益。为此，中国需要提出新的制度设计来应对美国对规则的策略性使用。这诱发了中美之间的制度和规则竞争。

中美经济制度及规则之争突出表现在贸易和金融等领域。在贸易领域，部分地是为了应对 TPP 以及其他巨型自贸协定的影响，中国加快了自贸协定谈判和订立的步伐，于 2014 年 11 月结束了和韩国、澳大利亚等国家的双边自贸协定文本谈判。12 月，中央政治局甚至专门召开了围绕中国自贸区战略的集体学习。[①] 这对于中国变被动为主动，改善在与美国自贸协定中的竞争地位大有裨益。在 2014 年，中美在金融领域的竞争尤为明显。该年，中国所倡议的两个重要金融机构获得成立。其一为金砖国家开发银行。2014 年 6 月，金砖国家在巴西福塔莱萨签署协议，成立金砖国家开发银行，该银行将成为全球最大的多边开发机构之一。其二为亚洲基础设施投资银行。2014 年 10 月，21 个首批意向创始成员国的财长和授权代表在北京签约，共同决定成立亚洲基础设施投资银行。中国为金砖国家开发银行和亚洲基础设施投资银行的建立提供了最多份额的资本金，是这两大金融机构的倡议者和推动者。这两大金融机构将为新兴经济体和亚洲经济体的经济发展提供了更多的资金选项，但同时也为美国所主导的现有全球和地区性开发银行在亚洲地区的业务带来了竞争。

---

① “习近平组织政治局集体学习：加快实施自由贸易区战略”，《人民日报》，2014 年 12 月 7 日。

在中美构建新型大国关系的背景下，中美制度竞争也存在着三个显著特征。第一，改良型而非革命型。中国对全球经济制度的改革取向并非以一种革命性的姿态出现。在战略上，中国希望和美国达成共识、在美国的合作下进行。事实上，如果国际货币基金组织的改革能够按照预期时间表生效，中国恐怕不会在短期内迅速大力推动金砖国家开发银行和亚洲基础设施投资银行。在贸易领域，中国在北京 APEC 期间推出了亚太自贸区的倡议，并经多方沟通，力图达成各方均能接受的安排。中国希望通过亚太自贸区这一包括更多成员的自贸设想来包容 RCEP 和 TPP 之间的竞争。在很大程度上，亚太自贸区可以理解为中国为避免地区自贸协定的恶性竞争而释放的诚挚善意，充分表明了中国从地区经济发展和构建亚太利益共同体的战略高度出发，期待为地区经济合作提供重要载体。面对中美自贸协定领域的竞争，美国国内也有专家提出了订立中美贸易和投资协定的设想。通过这一协定，中美双方可以避免对抗，降低双边贸易、投资壁垒以深化经贸联系。[①] 第二，中美制度竞争迄今是暗战而非明战，较为温和，这表明了中美双方力图把制度竞争限制在可控范围之内。中美两国无论是围绕贸易或者是金融层面的竞争，目前为止仍然是隐性的。两国政府并没有公开表态反对对方，而且极力避免给外界留有这样的印象。在正式场合中，中美双方都在强调合作共赢。道理很简单，中美共存于同一个国际经济体系，两国经济高度相互依存，经济体量总体相近。两国经济关系的根本特征决定了基于战略考虑的经济全

---

① C. Fred Bergsten, Gary Clyde Hufbauer and Sean Miner, *Bridging the Pacific: Toward Free Trade and Investment between China and the United States*, Washington, D. C.: PIIE, 2014.

面竞争或许会给对方造成一定的伤害，但同样会给本国带来相当的负面冲击。第三，中美经贸制度和规则竞争具有积极意义。从国际政治的角度看，竞争一词带有消极意义，在某种意义上表明两国关系的对抗性。但在经贸领域，竞争是市场经济的要义。竞争是正常的，也是必要的。如果从一开始就担忧和拒绝竞争，实质上是某些既得利益国家的霸权思维，不符合市场精神。中美两国在经贸领域的竞争不仅有利于中美各自更好地提高相关经济制度的效率，而且有利于地区经济体系和规则更为合理。可以想见，美国如果在贸易或者金融领域未曾面临中国的竞争，将较少有动力去改善制度和规则。此外，中国在经济领域的竞争也需要经过市场检验才能更好地发挥效果。例如，如果金砖国家开发银行和亚洲基础设施投资银行不能适应现实需求，不能在机制建设、机构治理和满足客户需求方面形成优势，就难以真正发展下去。这一道理对美国所主导的各类国际和地区金融开发机构同样适用。

三、利益置换

中美在经贸关系上构成深度相互依赖，这点已成两国广泛共识。如何构建更为密切的利益融合关系，也是新形势下双边经贸关系发展的一个重要课题。以往中美更多地是通过强调合作共赢这一方式来推动利益融合，但在中美经贸关系新常态下，两国要创新思维，着重通过利益置换的方式以形成中美之间更为密切的利益共同体。利益置换是一种更为务实的战略理念，也是更为深入的合作模式。它首先要求中美彼此承认和尊重对方的正当利益，不可以把自身利益凌驾于对方利益至上，更不可以牺牲对方利益来实现本身利益。其次，它需要中美两国秉承合作态度。没有中美之间的合作态度，利益无法进行置换。最后，它突出了中美之间经贸关系的市场性。既然是置换，就需要按照市场思维进行，基本上能够体现平等和互利原则。

在具有这种战略思维的前提下，更为重要的问题是如何进行利益置换。大体上，中美经贸利益置换可以从以下三个层面进行。

第一，在宏观层面，中美各自经济结构转型中的利益置换。中美均正在进行经济结构转型。中国经济结构转型的核心是投资消费结构和产业结构。具体而言，提升消费在国民经济中的比重，适度降低投资比重，压缩过剩产能，实现产业结构升级。对美国而言，其经济结构调整的重点则是增加国民储蓄率，适度降低消费，改善进出口结构，提升实体经济在经济中的比重。[1] 中美经济结构转型过程中实际上存在着高度的互补和促进关系，产生大量系统性的利益置换的机遇，中美可以抓住时机，进行大规模的利益置换，而非简单的合作。例如，中国在扩大消费的过程中，当务之急是扩大服务业。美国迫切希望能够在中国提升服务业的进程中发挥作用，特别是金融保险业。[2] 在构建中美新型大国关系的背景下，中国可以适度考虑美国的利益，允许美国相关服务业进入到中国市场，为中国经济更好转型服务。除了服务业之外，美国一些高端制造业也可以为中国的产业结构升级做出贡献。作为利益置换的应有之义，美国也应该承认中国的经济利益，其国内市场要相应地对中国开放。例如，

---

① 宋国友：《全球经济平衡增长与中美关系的未来》，《现代国际关系》，2010年第1期，第1—7页。

② Stephen Roach, *Unbalanced: The Codependency of America and China*, Yale University Press, 2014.

美国监管部门应简化中国金融业在美国投资的批准流程。对于中国企业对美直接的正常投资，美国政府也不应在国家安全的名义下进行限制。

第二，在中观层面，中美各自经济政策调整中的利益置换。政策塑造利益的分配，中美在国内、国际经济政策制定中，也存在着大量的利益置换机遇。中美两国政府可以在协调和沟通的基础上，在若干政策设计阶段就考虑如何在中美之间进行利益置换。例如，在中国的气候变化政策以及能源政策制定中，中国希望加强与美国在低碳生态技术、非常规油气勘查开发、可再生能源、汽车能效和环保技术等领域的合作，这实际上照顾到了美方在这些领域的优势和利益。[①] 美国在其能源政策中，尤其是液化天然气出口方面，也考虑了中国的利益。美国目前正在进行大规模的基础设施更新换代。在这一领域的政策方面，美国也对中国利益有所呼应。例如，2014 年在美国波士顿地铁的车辆更替中，将向中国北车采购 284 辆地铁车辆，装备波士顿红线和橙线地铁。这是中国轨道交通装备企业在美国面向全球的招标中首次登陆美国。此外，中美在贸易政策领域和产业政策领域，均有广阔的利益置换空间。而且，从政府的宏观角度，这种利益置换并非是同一政策内部的，不同政策领域之间也可以进行。

第三，在微观层面，中美企业经济决策制定中的利益置换。如果说在经济转型和政策制定过程中主要涉及中美两国政府间的利益置换的话，那么在微观层面的利益置换主要由两国企业来操作。企业之间的利益置换广泛存在于贸易、投资和金融等

① 《第六轮中美战略与经济对话框架下经济对话联合情况说明》，《人民日报》，2014 年 7 月 12 日。

领域。以 2014 年联想从谷歌收购摩托罗拉移动业务这一年度金额高达 29 亿美元的中资企业最大对美投资并购为例。联想通过收购摩托罗拉移动业务，有了更多的专利授权以及谷歌在专利方面的保护，将会使联想在国外市场竞争力更强，成本更低，并且能够规模性地进入美国市场。[①] 谷歌将摩托罗亚移动业务出售给联想，也可以从联想处持续收到专利使用费。微观层面的中美利益互换还体现在中美企业在第三方的项目合作上。比如，中美企业在阿富汗、苏丹、伊拉克以及其他地区进行利益置换。考虑到中美之间相互投资在中美各自对外投资中的比重过低，中美两国在投资领域的利益置换潜力巨大。

总而言之，中美在各自的经济转型、政策制定以及企业运营过程中，不仅要承认和容纳彼此的利益，而且要有利益置换的意识和举措。通过利益置换，中美形成更为密切的“你中有我，我中有你”的利益互嵌和交融格局。这种利益置换需要以各种形式的机制化协调方式进行。其中产生的利益冲突和摩擦，要以机制化的对话方式解决；利益置换的安排，要用机制化的方式把双方的现实和预期利益加以固定。实际上，2014 年中美之间的重要经贸机制，例如中美战略与经济对话的经济对话轨道、中美商贸联委会以及中美元首会晤有关经济议题的讨论，比以往更加呈现出利益置换的特征。仔细分析这些机制的成果，大都可以看到中美双方利益置换的表现。

需要指出的是，中美之间的利益置换不等于利益均分，两国的利益不可能在所有项目或政策中均匀地分配，只需保证大致公平合理即可。利益置换也不等于对对方的经济主权干预，

① Claire Cain Miller, “After Big Bet, Google Is to Sell Motorola Unit”, *New York Times*, January 30, 2014.

毕竟一方面利益置换通常以沟通和协调的方式进行，另一方面是否做出利益置换最终仍然是由本国政府决定。

四、双核治理

中美新型大国关系不仅关乎中美，而且塑造全球。在中美新型大国关系的视角下，中美经贸关系有超出双边关系的全球意义。这主要是因为中美两国在全球经济中的分量持续增加。2014 年，全球经济分化发展，各主要经济体发展水平高低不齐，而中国和美国是分别领跑主要新兴经济体和发达经济体的国家。在新兴经济体内部，中国 GDP 增长率为 7.4%，大大超过巴西和俄罗斯等金砖国家。中国的经济增长速度仅仅是有所下降，但是对于俄罗斯等国家而言，由于面临西方国家的经济制裁等原因，经济面临着严峻考验。在发达经济体内部，美国的经济增长率也达到 2.4%，明显优于欧盟和日本。[①] 事实上，欧盟和日本的经济速度均不到 1%，延续金融危机以来的颓势。美国消费者信心提升，消费稳定增长，2015 年有望实现 2.5% 以上的经济增长。中国新一轮改革开放进程加速，产业结构调整加快，保持 7% 的经济增长速度问题也不会太大。在可以预见的未来，中国和美国的发展速度仍然要快于同类国家，经济增量也将显著大于其他经济体。总量的优势加上经济增长速度的优势，不断拉大中美与第三大经济体的差距，巩固并扩大了中国和美国在全球经济体系中的核心地位。

中美在全球经济中的双核地位既表现在若干重要经济指标上，也体现在具体经济领域。从国际贸易看，2014 年中国是全

---

① http：//www. bea. gov/newsreleases/national/gdp/gdpnewsrelease. htm.

球最大的货物出口市场，超过120个国家的最大贸易伙伴是中国。美国则是全球最大的进口市场，并且贡献了全球最大的贸易逆差。从投资领域看，中国是全球最大的直接投资吸收国，对外投资总量也位居三甲。美国是全球最大的对外投资国，吸收直接投资全球第二。在能源领域，中美同样是全球最大的两个消费者，塑造着国际能源需求格局。在制造业领域，中美是全球最大的工业大国，成为全球工业体系的枢纽环节。

全球经济当前正处于后危机时代的深入治理时代。各个层次、各个领域和各个主体的治理方兴未艾。治理已经和增长一并成为全球经济的两大主题，要在增长中推动治理，要在治理中实现增长。中美不仅是全球经济增长中成为最强劲的动力来源，确保世界经济的健康、稳定和可持续发展，而且在全球经济治理中发挥关键角色，共同推动全球经济治理体系的合理和效率。中美在全球贸易、金融、投资、能源、发展和环境等经济治理领域的互动关系，直接关系到全球经济治理是否能够取得重大进展和实际效果。

2014年，中美在推进全球经济治理方面有着突出的合作，为全球经济治理注入了强大的治理意愿和政治动力。第一是中美达成气候变化协议，展现了中美两国的责任担当和全球领导力，推动了其他经济体更加重视全球气候变化，有利于全球气候治理的良性发展。[①] 第二是中美就尽快恢复和结束《信息技术协定》扩大产品范围谈判达成了双边共识。[②]《信息技术协定》扩围全球谈判的关键在于中美。2013年双方曾就此问题产生严

① Robert Samuelson, "Climate Realities in light of the U. S. – China agreement", *The Washington Post*, November 23, 2014.

② 新华社北京11月12日电。

重分歧。中美双方共识的达成，将会有力地促进全球贸易和信息产业的发展，也会有利于增强全球社会对世贸组织多边谈判功能的信心。第三是继 2013 年中美合作共同推动世界贸易组织成员达成多哈回合谈判的“早期收获”后，两国 2014 年继续努力将《贸易便利化协定》纳入世界贸易组织规则体系。这对全球贸易意义重大，不仅拯救了多哈回合谈判，而且能为全球经济增加 1 万亿美元的产值，并创造 2100 万个工作机会。

作为全球经济的增长双核和治理双核，中美两国要努力实现双核互洽，为全球经济产生最大的合作动力，带来最大的治理红利。中美双核可以良性竞争，不能恶性对抗。中美经济良性竞争，有助于通过竞争学习彼此经济政策的长处，最大限度释放两国经济增长的潜能。中美之间的双核对抗会形成排他性的对立经济集团，不仅损害各自的经济利益，而且无法发挥全球统一市场的最大规模效应，可能将全球经济拖入弱增长、甚至是危机时代。

中美治理双核的形成对于世界经济具有重要且独特的意义。第一，这不是单一经济发展模式主导下的全球经济治理，而是不同发展模式的共同治理，能够为世界其他经济体提供不同治理模式的选择，丰富了治理理念。第二，中美分别代表了新兴经济体和发达经济体，两者的共同治理能够充分照顾各类经济体的利益关切，实现某种程度的利益均衡。全球经济需要中美双核治理。中美双核治理如需取得更为深入的进展，需在机制、规则和议程三个方面有新的突破：（1）制度合作。中美要在维护的基础上改革现有国际经济制度。中国不谋求“推翻”主要国际经济制度的功能，美国要尽快落实诸如国际货币基金组织改革的全球共识。中美要整合地区经济合作制度，尽力避免创设更多的机制来针对彼此。（2）规则合作。规则是经济治理的核心。规则应被用来降低全球交易成本，互补增益，而非用来打击竞争对手。中美要立足于客观的规则差异，异中求同，增加各种规则的衔接和包容。（3）议程合作。全球重大经济议程由主要经济体、特别是中美两国来共同制定。中美不仅有共同制定规则的能力，也有巨大需求。中美要加强 2015 年后全球发展议程、二十国集团首脑峰会和亚太经济合作组织等全球和地区重要经济活动议程的协商，引领未来一段时间的全球发展方向。

中美是全球最大的两个经济体，对全球经济的增长和治理共同负有首要的责任。中美双核治理不是中美垄断下的全球治理，而是中美为全球经济担当负责的表现。中美要充分认清自身的作用，通过合作与协调，包容互鉴，构建经济领域的新型大国关系，为全球经济做出更大的贡献。中美合作推动经济改革，推高经济增长，推进经济治理。

五、结语

2014 年以来，随着中美各自国内经济形势的新发展、中美经济总量对比的新变化和双边经贸互动的新趋势，中美经贸关系出现了新常态。这些新常态会塑造中美经贸关系的未来发展。新常态带来新机遇，也诱发新挑战。中美两国要认真研究新常态，并将其作为中美新型大国关系构建、尤其是中美新型大国经贸关系构建的重要背景，更好地发挥经贸关系在中美关系中的稳定器作用，扩大两国关系和平发展的经济基础。

第三章　中美军事关系

张　芳

贯穿于2014年中美军事关系始终的主题是构建中美新型军事关系。中美新型军事关系是中美新型大国关系的必然组成部分，是两国在军事领域里合作与交流状况的政治反映，主张超越军事竞争与对抗建立平等与互信，以包容与互鉴规避各种可能引发军事危机与冲突的分歧，通过合作与共赢维护共同安全。

自2013年习奥“庄园会晤”就中美新型大国关系达成共识以来，中美两军已经围绕构建新型军事关系进行着多层面的探讨与尝试，并于2013年9月中美国防部防务磋商中以纪要的形式得到了确认。美国国防部表示，在中美新型大国关系构建框架内，“美国国防部力争继续与中国构建持久实质的两军关系”，并在行动上做出了积极回应，侧重在双方拥有共同利益的领域加强合作、深入了解彼此机制以及增进在地区安全环境和相关安全挑战上的共识，并进一步表示2014年美国将继续推进上述三方面工作，发展与中美新型大国关系相适应的新型军事关系，同时重点关注持久实质对话、务实合作以及减少风险等三大领域。[①]

① U.S. Department of Defense：“Military and Security Developments Involving the People's Republic of China for 2014”，http：//www.defense.gov/pubs/2014_ DoD_ China_ Report.pdf.

2014年是中美两军都尝试用切实行动来建构中美新型军事关系的第二个年头，既考验着中美两国领导者的眼光和智慧，也考验着中美两军的诚意和魄力。尤其是2014年国际战略形势表现出的混乱和失序，国际战略格局和世界秩序的大变动、大调整——旧秩序尚未退出，新秩序远未建成。如此背景之下，中美两军能在既有军事交流基础上致力于建立不同领域、不同问题上的多元互动，尤其是中方逐渐适应对话与交锋并存、斗争与合作同在的阶段性过渡状态，实为不易。总体来看，2014年的中美军事关系保持着积极发展的良好势头，呈现前疏后密、先紧后缓、既有摩擦和分歧带来的负能量，也存在着对话和合作带来的正能量，但整体分析是正能量大于负能量的状态。

一、机制性建设取得新突破

机制，作为一种交流范式，往往发挥着固化既有交流成果、激活潜在合作因素、抑制并消灭可能负面因素的重要作用。因此，对中美新型军事关系建构而言，这种“范式”的设计，不仅重要，而且必要。中美两国间已经建立了各类机制达90多种，而在军事领域仅建立了5种机制，相对于两国总体机制数量仅占极小的比例，军事领域机制建设的短板可见一斑。

自2013年习奥“庄园会晤”就中美新型大国关系达成共识以来，中美两军已经围绕构建新型军事关系进行着多层面的探讨与尝试。从两军既有机制看，已经确立了中美海上军事安全磋商机制、中美国防部防务磋商机制、中美国防部工作会晤机制、国防部直通电话机制、中美战略与经济对话框架下的安全对话机制等。机制，作为一种交流范式，往往发挥着固化既有交流成果、激活潜在合作因素、抑制并消灭负面因素的重要作用。对中美新型军事关系建构而言，机制的建设，不仅重要，而且必要。基于这一认知，中方已经与美军在维护海上安全问题中涉及到双方共同利益的议题，如航行安全、海上救助等领域展开合作，尝试机制建设等。

但两军间的意外事件不断发生。继 2013 年 12 月发生“中美军舰南海对峙事件”之后，2014 年 8 月 19 日又在距离中国海南岛 220 公里处发生了“美军机抵近侦察事件”。对于美国五角大楼发言人就此提出的抗议和不实指责，中国国防部新闻发言人杨宇军在回答记者问时特别指出，“事件的实质是美军飞机对中方频繁地抵近侦察”，事情的发生地“不是距离美国夏威夷 220 公里，更不是距离佛罗里达 220 公里，因此事情的是非曲直是显而易见的”[①]。长期以来，美军舰、军机对中国进行着大范围、高频度、近距离的抵近侦察，此举极易引发误解、误判从而导致海空意外事件的发生，严重损害了中美战略互信和双边关系。这一事件再次凸显了美国对华军事政策的两面性：一方面，美方表示愿意深化中美两军关系；另一方面又不愿意放弃对华频繁抵近侦察，这种矛盾做法破坏了中美构建新型军事关系的良好氛围。

然而，事物的发展总是具有两面性。美军机抵近侦察事件在引发了中美两军舌战的同时，也进一步提醒中美两军需要有效管控分歧，避免误判，加快建立两军海空相遇军事安全机制。为此，中美两军在下半年作出了持续不断的努力。

2014 年 8 月 25—29 日，中美在华盛顿举行为期两天的中美公海海域海空军事安全行为准则磋商工作小组会议。举行这次

---

① 中国国防部网站：2014 年 8 月国防部例行记者会国防部新闻发言人杨宇军上校答记者问，http：//www. mod. gov. cn/affair/2014 -08/28/content_ 4539921. htm。

会议是中美双方在7月达成的共识，属于两军年度交往计划内项目，旨在落实两国元首达成的相关共识，推动建立中美公海海域海空军事安全行为准则。之前，中美曾于7月11日召开有关海空行为准则的工作组会议。为进一步加快海空安全的相关机制建设进程，9月上旬，中央军委副主席范长龙上将在会见来华访问的美国总统国家安全事务助理赖斯时就中美两军建立“重大军事行动相互通报机制”和“公海海域海空军事安全行为准则”进行了会谈，对于此举增进中美战略互信具有的重要作用和意义达成共识，认为应尽早取得阶段性成果。10月中旬，中国人民解放军副总参谋长王冠中中将率团赴华盛顿与美国国防部副部长沃姆斯共同主持第15次中美国防部防务磋商，会议期间，双方一致认为，深化各领域合作，建设性地处理分歧非常重要，双方同意加快推进重大军事行动相互通报机制和海空相遇安全行为准则磋商。同时，在这次对话中中美两军领导人再次确认要建立亚太安全对话机制，从而加强双方就亚太安全问题的政策层进行沟通，增进了解与信任。

经过几番会谈与沟通，机制性建设在11月终于有了实质性结果。11月12日，中美两国元首共同宣布，两国国防部签署了建立重大军事行动相互通报信任措施机制的谅解备忘录和海空相遇安全行为准则谅解备忘录。经过长期的努力，终于达成了两个“互信机制”，为两军关系长期稳定发展提供了机制化保障。

同时，机制的形成只是达成了行为规制的第一步，还需要通过实践加以落实。12月中旬，中国海军第18批护航编队运城舰、巢湖舰与美国海军“斯特莱特”号导弹驱逐舰，在亚丁湾海域就《海上意外相遇规则》的运用进行了演练。这是中美海军首次在该海域举行这样的演练，对于双方增进互信、避免误解、误判具有积极意义。

二、军事交流层级有所提升

2014 年中美两军在致力于建设新型军事关系中实现了良性互动。在高层交往、防务磋商、专业交流、联演联训等领域开展了一系列交流合作，无论从交往深度还是交往密度，比冷战结束以来 20 多年的任何时候都要活络。这一年的中美军事交流第一次成为两国关系的亮点，吸引着世人眼球。通过这些多样化、多层次的军事交流，中美两军间深化了务实合作，军事互信有所增强，军事交流的层级有所提升。

2014 年中美高层军事交流保持稳定，相对于往年的高层军事交流来看，这一年专门的两军高层互访算不上高密度。一方面表明中美两军交流的主体已经由高层逐渐向中层、基层转移，军事交流向深层发展；另一方面，是由于中美两军之间在这一年里通过一系列多边对话平台已经在进行着交流，因而一对一式的高层交往已然融入到了各种多边交流平台中，虽然在数量上并不见多，但交流质量反而更高。总的来说，2014 年的中美两军高层交流都是按照两军在 2013 年既定计划方案进行的。主要包括：2 月，美国陆军参谋长奥迪尔诺访华，并在访华期间就深化两国陆军之间的务实合作，并着手构建中美陆军交流与合作对话机制达成一致意见；4 月 7—10 日，应国务委员兼国防部长常万全邀请，美国国防部长查克·哈格尔访华，并成为首位参观中国首艘航母的外国政要，中国以军事透明的方式欢迎美国客人的来访；5 月 13 日，中国人民解放军房峰辉总参谋长应美军参联会主席邓普西邀请对美进行正式友好访问；7 月，在中国海军舰艇首次应邀参加美国组织的“环太平洋”多国海上联合演习之后，美国海军作战部部长格林纳特对中国进行了为期 5

天的访问，以推动中美两国海军的合作与交流；9 月上旬，军委副主席范长龙会见了来访的美国总统国家安全助理赖斯，双方讨论了中美建立重大军事行动相互通报机制和公海海域海空军事安全行为准则相关问题；10 月 11 日，应美国国防部邀请，中国人民解放军副总参谋长王冠中率团访美，并与美国国防部副部长沃姆斯就中美两国两军关系、国际和地区问题及其他双方关系的问题广泛深入地交换意见。

2014 年中美两军军事交流的升级突出体现在两国海军的多次互访和两军相对频繁的联合军演上，尤其在联合军演上突破性地出现了多个首次。

第一次是 2 月 11 日，中国人民解放军应主办方邀请，派出 17 人分队赴泰国，首次参与由美国、泰国军队共同主办的 2014 年“金色眼镜蛇”年度多边联合演习。“金色眼镜蛇”多国联合军演是美国和泰国联合发起的，1982 年在泰国举办第一次联合军演，目前已经成为东南亚、乃至亚太地区规模和影响力较大的国际性联合军演。冷战时期，这一联合军演的战略目的是为了防止东南亚整体落入苏联之手；随着后冷战时期的世界安全形势的变化，非传统安全威胁呈上升趋势，登陆、转移战区居民、人道主义救援、维和等演习科目都成为“金色眼镜蛇”军演的新增内容。不同于往年多边联合演习，在这次演习中，中国军队一改 2002 年以来的“金色眼镜蛇”演习的观察员国身份，应邀成为了演习直接的参演国，这一变化放射出中美军事关系的积极信号。这次中国参演分队以广州军区为主，参加演习的科目主要是人道主义救援行动演练部分，主要参演内容包括指挥协调中心工作和室内推演、工程援助演练、医疗救援和军事医学研讨交流活动。

第二次则是倍受各国关注的中国参加的由美方主导的环太

平洋联合军演。环太平洋军事演习是美国第三舰队倡议的国际上规模最大的多国海上联合军演，从 1971 年开始到苏联解体前每年举行一次，苏联解体后每两年举行一次，目的在于保障太平洋沿岸国家海上通道的安全以及联合反恐。6 月 26—8 月 1 日举行的 2014 年的环太平洋联合军演，共有来自 20 多个国家的 40 多艘舰艇、200 多架飞机和 2.5 万人参加。中国海军的加入成为此次军演的最大“亮点”。中国共派出 4 艘军舰、两架直升机、一支特战分队、一支潜水分队和一支医疗分队，共计 1100 余名中国官兵。根据惯例，“环太平洋”军演有其固定的指挥体系，只有参加过两次以上演习的国家才能派员担任一定层级的指挥员，中国编队与美国、法国、墨西哥、文莱组成特混编队并接受统一指挥。在演习中，中国海军舰艇编队参加了火炮射击、综合演练、海上安全行动、水面舰艇演练、军事医学交流、人道主义救援减灾和潜水 7 个科目，锻炼提高了我国海军舰艇编队应对非传统安全威胁的能力，同时也深化了中方与美方海军的专业交流与务实合作。

第三次是 10 月 25—27 日，中、澳、美士兵首次联合举行代号为“科瓦里”的陆军联合演练，演习的目标是学习如何在严酷条件下生存并做出成绩，尽管只有 25 人参加，但这次演习被认为在三国军事合作领域具有里程碑式的意义。

一般来说，当两国开始进行联合军演时，表明两国军事交流的层级已经达到了一定深度。中美两军军事交流的升级再次表明中美两军应该进行海上安全合作，而且也能够进行海上安全合作。一方面，美国需要与中国军队的安全合作，只要“美国不将合作视为海上硬实力的替代品”[①]，而是致力于建设性地

① 美国兰德公司 2013 年研究报告：《海权与美国在西太的利益》。

促进地区稳定；另一方面，中国通过军事力量的外交运用充分诠释走和平发展道路的战略意志，表明中国的发展并不打算走国强必霸的路径。因此，在中国出于维护自身安全需要有限度地发展军事力量的同时，美国应该相信，中国军事力量的这种防御性发展是稳定国际秩序和维护世界和平的重要力量。

三、对话深度和广度明显增强

通过对话了解彼此战略意图，通过沟通扩大双方共识：

2014 年，中美两军利用多个对话平台进行了卓有成效的对话，既有争执也有倾听，既产生了舆论噪音，也收到了积极回应，恰恰因为双方开诚布公地讲话，真实地发表观点，甚至也说了硬话，才使得这种沟通和交流真正产生了推动中美新型军事关系建构的动能。

值得注意的是中国军方在处理中美军事交往的行为方式发生着变化。5 月初，无论是日本安倍政府终于获得了奥巴马对于钓鱼岛适用《日美安保条约》的承诺，还是菲律宾非法逮捕中国渔民事件、越南破坏华人企业资产的暴行，显见的事实是，美国于2010 年开始推行的“再平衡”战略，从“依赖盟国”到“放纵盟国”，美国通过这一以最小成本从而实现对华遏制的战术似乎已经产生了“预期收益”。与此前不同的是，美国的东亚盟友们单方面地对华摩擦与挑衅并未能牵动甚至绑架中美军事交流，中国军方也并未产生美方学者提出的“被动应激反应”。恰恰相反，5 月 13 日，中国人民解放军总参谋长房峰辉应美军参联会主席邓普西邀请对美进行正式友好访问，表明两国在敏感的军事防务领域仍然保持着稳定通畅的交流，更体现出中方对构建中美新型军事关系的战略定力、信心和积极态度，以及日益成熟的交往理性。

然而，在紧接着的香格里拉对话会中，中美双方发生争论。5月30日—6月2日，中国人民解放军副总参谋长王冠中中将率团出席在新加坡举行的香格里拉对话会。5月31日，美国国防部长哈格尔发言中一方面表示认同中美共同构建新型大国关系；但另一方面，他重谈美国“重返亚太”战略，再次声称《美日安保条约》适用于钓鱼岛，为日本谋求解禁集体自卫权打气，公开指责中国“破坏南海地区的稳定”，并警告称如果国际秩序受到威胁，华盛顿不会无动于衷。哈格尔的讲话与30日晚安倍晋三含沙射影地指责中国的讲话可谓是一唱一和，其讲话“过分程度超出了中方的想象”。对此，副总参谋长王冠中在其后的发言中就哈格尔所谓的“中国破坏南海地区稳定”的讲话作出针锋相对的回应，称哈格尔的指责毫无根据道理，充满着霸权主义、威胁和恐吓、鼓动怂恿亚太地区不安定因素起来闹事，是非建设性的。虽然此次论坛中美两军高层发生了分歧和争论，但就两军沟通效果来看，副总参谋长王冠中在之后接受采访时认为“美方把对中国的指责坦率地公开地讲出来，中国把对美方的批评也坦率地公开地讲出来，双方进行公开的平等的讨论，这本身倒是具有‘建设性’的”[①]。

9月15—21日，中央军委委员、海军司令员吴胜利出席在美国纽波特海军战争学院举行的第21届国际海上力量研讨会。期间，吴胜利作了题为“树立新型海上安全观，共建和平发展的海洋环境”的大会发言，阐述了以“共同安全、综合安全、合作安全、可持续安全”为核心的新型海上安全观。他还参加

① 中国新闻网：《副总参谋长就美防长公开指责中国等答问（实录）》，http：//news. sina. com. cn/c/2014 - 06 - - 1/020130272205. shtml。

了海军司令会议和地区分组讨论，与美国、澳大利亚、南非、巴基斯坦、新加坡、英国和德国等国海军领导人进行了双边会谈，实地察看了美国海军战争学院、水面作战军官学校，并与在校学员进行了座谈交流。针对当前海上安全形势，吴胜利阐述了中方秉持的新型海上安全观，倡议以沟通消除猜疑，以合作取代对抗，携手共建和平发展的海洋环境。

10 月中旬，根据中美两军交往计划，第 15 次中美国防部防务磋商在美举行。中国人民解放军副总参谋长王冠中中将率团赴华盛顿与美国国防部副部长沃姆斯共同主持防务磋商。会议期间，中美两军战略规划部门举行了首次对话。中美双方就中美两军关系、国际和地区问题以及其他共同关心的问题坦诚深入地交换了意见。双方一致认为，深化各领域合作，建设性地处理分歧非常重要，双方同意加快推进重大军事行动相互通报机制和海空相遇安全行为准则磋商。同时，在这次对话中中美两军领导人再次确认要建立亚太安全对话机制，从而加强双方就亚太安全问题的政策层进行沟通，增进了解与信任。

从 2014 年中美两军的对话与交流历程来看，对于在构建中美新型军事关系中充满的分歧、争论、摩擦，甚至冲突，双方都需要做好相应的心理准备，关键在于双方正视并正确对待这些矛盾和分歧。

四、中美新型军事关系建构面临新旧挑战

中美军事关系在 2014 年的成绩单还能列出更多，但绝不能忽视中美新型军事关系建构中所面临的新旧挑战。正如有专家指出：“从网络安全到海洋争端，中美关系紧张趋势在日益

上升。”①

（一）原有的三大障碍未除

横亘在中美新型军事关系建构中的三大障碍，即对台军售、抵近侦察和十二个领域里的军事技术交流限制，是最为迫切的需要优先考虑解决的现实问题。以中国的视角来看，新型军事关系的建构需要以三大障碍的消弭作为其渐进式关系建构的效果检测标志，因为前两个障碍明显涉及到中国所确立的国家核心利益，而后一个障碍明确地传递了不信任感。因此，美方撤消障碍的实际行动自然会成为两军信任程度的试金石。

然而，2014 年美国再次出现了鼓噪对台售武的不和谐之音，而对台售武的行为并未做任何收敛。3 月，台湾军方向美军采购 30 架阿帕奇直升机中的第三批抵达台湾。同时，美国国会众议院外交委员会通过“确认《与台湾关系法》重要性”494 号决议案，重申美国承诺维护台湾安全，包括对台出售军事武器。11—12 月，美国总统签署了第 1683 号法案，正式批准向中国台湾地区出售 4 艘“佩里级”导弹护卫舰。之前，美国参众两院已分别通过该法案。“佩里级”导弹护卫舰是美国海军现役的多用途护卫舰，可携带 36 枚“标准”型舰对空导弹和 4 枚“鱼叉”型反舰导弹，执行防空、反潜、护航和打击水面目标等任务。在中美两军关系和海峡两岸关系都不断改善时，美国再次通过涉台军售议案，对两国两军关系产生严重伤害。中国国防部新闻发言人和外交部发言人都对此表明了中方的严正立场，

---

① Li Cheng,” U. S. – China Ties Remain Strong Amid Rising Disputes”, http://www. brookings. edu/blogs/up-front/posts/2014/07/01 – us-china-world-order-li. （上网时间：2014 年 9 月 28 日）

表示强烈不满和坚决反对，敦促美方停止损害和破坏中美关系发展大局，与中方一道，共同推动两国两军关系继续健康稳定向前发展。

关于第二个障碍，即美军机和军舰抵近侦察问题，2014年8月19日由美军P-8巡逻侦察机抵近侦察而引发的“中美军机对峙事件”再次凸显“美方对中方大规模、高频度的抵近侦察”使得中美关系再度紧张。

关于第三个障碍，即2000财年的《国防授权法》和《迪莱修正案》，在十二个领域里对中美两军军事技术交流做出限制。这一歧视性法案严重影响着两军消除战略疑虑、增强战略互信的努力，制约着中美新型军事关系的建构。

（二）新的掣肘因素还在产生

美方在太空、网络等安全领域里对中方的指责体现出美国对中国力量发展所产生的焦虑感在不断上升。以网络安全问题为例，2013年在习奥会后不久即爆出斯诺登事件，最终双方同意在战略与经济对话的框架下通过网络安全小组谈判解决分歧。然而，2014年5月，美国司法部以所谓网络商业窃密为由起诉5名中国军人，此举加剧了中美军事关系的紧张。事情发生后，中国外交部、国防部向美方提出严正交涉，要求其立即撤销错误决定。“棱镜门”事件曝光已经快一年了，美方一直未就其对外国政要、企业、个人进行网络窃密和监听监控的行为作出清楚解释。中国自身是世界上最主要的黑客攻击受害国之一，中国政府和军队坚定维护网络安全，个别国家对中国政府、国防、重要网站实施攻击，这些证据中方是掌握的。与这一时间点相联的是，美国国防部长哈格尔表示，美国计划于2016年将网络司令部网络部队人数增至6000人。此举让人不禁做出联系，每当美军需要扩编网络战部队时，都会借机炒作他国网络威胁，为其发展进攻性网络作战力量制造借口。美方的这一“起诉事件”，与中美构建新型军事关系的良好势头背道而驰，严重损害双方互信。中国政府为此决定中止中美网络工作组活动，中美两军在这个框架下的对话交流也随之中止。

美国国防部每年提交给国会的《中国军力报告》以不实之词夸大“中国军事威胁”，放大影响中美新型军事关系建构的掣肘因素，这为中美两军推动新型军事关系建构制造更多阻力。1999年，美国国会在《国防授权法》第1202款中规定，国防部每年都要就中国军力发展状况向国会递交一份专题报告。除2001年之外，美国国防部至今已经发布了14份中国军力报告。

在地区安全议题上，自奥巴马政府提出“亚太再平衡”战略以来，东亚地区的安全形势变得更为复杂。虽然美国口头上声称，在本地区关于领土、领海主权的争议中不选边、不站队，但实际上却在中日关于钓鱼岛争议中支持日本，在南海的争议中支持菲律宾和越南，为中美建构新型军事关系带来重重阻碍。

五、2015年中美军事关系展望

2014年，中美两军积极构建与中美新型大国关系相适应的新型军事关系，总体发展势头良好，双方在高层交往、机制建设、联演联训等方面都取得了积极进展。特别是“两个互信机制”备忘录的签署，成为了新亮点。

展望2015年，在2014年已经取得的积极成果基础上，围绕中美新型军事关系的建构，两军将继续推动高层互访，加强机制性交流、功能性交流等方面的务实合作。尤其是在军队与军队的面对面交流和中层军官之间的交流都将成为2015年两军交流的亮点。

新年伊始，两军关系延续了良好的发展势头，在两军高层交往层面，1月25—28日，美国国防部副部长维克斯来华进行访问，中方表示“双方加强沟通和协调，相向而行，特别是美方应切实尊重中方核心利益和重大关切，妥善处理涉台问题，推动两军关系继续向前发展”；美方在肯定新型军事关系将给双方带来益处的同时，提出“双方应进一步增加对话频率、扩大交流范围、深化务实合作，将两国元首达成的重要共识落到实处”。[①] 2月11日，美国常务副国务卿安东尼·布林肯来华访问。两军高层就落实两国元首达成的共识，共同推进中美新型军事关系进行了深入交流。在联演联训层面，1月12—19日，中美两军在广州、海口举行了人道主义救援减灾联合实兵演练和第10次研讨交流。美太平洋总部陆军司令布鲁克斯上将来华观摩了实兵演习。在功能性交流层面，2015年2月1日，中国海军舰艇长代表团访问美国，参观了3所海军院校，双方进行了为期两天的座谈交流，重点探讨了中美两国海军在未来如何执行海上意外相遇规则，并交流了各自在一些非传统安全领域行动的经验和做法；3月26日，美国国防大学国家战争学院代表团来华访问，在与沈阳军区某团进行近距离接触后，对中国人民解放军部队有了更加直观的认识和更深入的了解。

应当看到，有利于中美新型军事关系建构的积极因素在不

① “范长龙会见美国国防部副部长迈克尔·维克斯”，《解放军报》2015年1月29日。

断增加，中美两军都有意愿推动两军关系沿着健康稳定的轨道向前发展，确保战略稳定。在美国国防部最新发布的《2015 年涉华军事与安全发展报告》中，国防部宣称将致力于通过政策性对话和高层会晤建立持续的、实质性的对话；在共同利益领域建构具体的、可操作性的合作；掌控风险以削减潜在的突发事件或误判发生的可能性等两军互联举措。但是，消极因素也有增无减——随着 2015 年初美国两份战略报告的发表[①]，美方的冷战思维以及亚太军事部署给中美新型军事关系带来的负面影响同样令人关注。

一是美军冷战思维依旧，对中国的关注和防范增大。

最先提出构建新型大国军事关系的中国超越了丛林法则，摆脱了冷战时期的简单对抗思维，不做非敌即友的粗糙战略定位，希冀与美军完成地区安全事务上的合作与共赢。但在安全领域，两国利益最大公约数的争取并不仅仅取决于中国，更需要美国也迈过历史思维惯性这道坎儿，实现战略思维上的“去冷战化”。

2015 年 2 月，奥巴马政府发布新《国家安全战略报告》。与以往有所不同，这份报告并未将中国列为美国未来主要威胁，强调美中两国虽然面临竞争，但冲突并非不可避免。然而，在此之后发布的新版《21 世纪海上力量合作战略》报告则让人意识到，美国仍然抱守冷战思维。

3 月 13 日，美国海军、海军陆战队和海岸警卫队联合发布了新版《21 世纪海上力量合作战略》，这是美国时隔 8 年后首

① 两份报告是指：2015 年 2 月，奥巴马政府发布的新《国家安全战略报告》；2015 年 3 月，美国海军、海军陆战队和海岸警卫队联合发布了新版《21 世纪海上力量合作战略》。

次对其2007年版海上战略进行修订。该报告全面阐述了美军设计、组织和运用海上力量支持美国国家战略、国防战略和国土安全战略的方式方法。在威胁判断上，该报告突出了国家行为体构成的传统安全威胁，明确将中国、俄罗斯、伊朗和朝鲜等国列为主要威胁或挑战。在对其安全环境的分析中，用了较多的文字描述中国。一方面肯定了中国“展现出与崛起大国地位相适应的接受国际准则、机制和行为标准的能力”；但另一方面无端指责中国“在维护领土主张时……有导致误判甚至紧张局势升级的潜在可能性”。①

在描述其面临的军事挑战时，美国新海上战略不点名地指责中国等国家在濒海和内陆地区实施的反进入/区域拒止战略，对美军自由进入海洋公域形成挑战。尤其是此次提出的全域进入概念，其实质就是要发展美军能够自由进入其他国家濒海甚至内陆的作战能力，其维持海上霸权的冷战思维显露无遗。而这将无益于中美军事关系的健康发展。而在其于5月8日发布的《2015年涉华军事与安全发展报告》中更是重弹渲染中国军事威胁的老调，为两军互信增设障碍。

二是加紧拉拢军事盟友，对中美新型军事关系机制建构形成掣肘。

虽然2014年中美两军在机制建设方面取得了突破，但值得注意的是，既有机制更多地是停留在为避免冲突、化解危机的否定式军事合作层面，增强合作、密切关系的肯定式军事合作相对较少。对此，中美双方需要更为积极主动、更富有建设性地寻找推进新型军事关系建构的新途径，不让分歧阻碍两军的

---

① *A Cooperative Strategy for 21st Century Seapower: forward, engaged, ready.* http://csis.org/event/cooperative-strategy－21st-century-seapower-forward-engaged-ready.

合作进程，抓住机遇，提升合作质量。但在 2015 年初，美军为深入推进“亚太再平衡”战略而采取的一系列举措不仅无益于中美两军增信释疑，还会对建构中美新型军事关系机制造成掣肘。

在新版《21 世纪海上力量合作战略》报告中，美军认为，基于共同的战略利益，美国将致力于加强同印亚太地区传统盟国，即日本、澳大利亚、菲律宾、新西兰、韩国和泰国的合作，继续发展与诸如印度、新加坡、越南、印尼、马来西亚、缅甸、孟加拉、巴基斯坦等国的伙伴关系。这一战略框架内的一系列新的战略步骤在 2015 年已然展开：3 月 27 日，美军参谋长联席会议主席马丁 · 邓普西访问韩国时表示，韩美双方就在韩国部署战区高空区域防御系统（THAAD）进行了会谈，因首尔仍然犹豫尚未成行；4 月 7 日，新任国防部长卡特首访日本时的主要任务就是重新修订《日美防卫合作指针》，并称东京和华盛顿共同的一个战略目标是让日本参加所谓的“集体自卫”，即当盟友遭受袭击时，即使这并没有对日本直接袭击，日本也能够进行战争援助。

美国名为替韩布防实为监视中国、不惜放纵日本以拉拢军事盟友，其防范遏制中国之举无益于亚太地区和平与稳定，更无益于中美军事互信机制的建构。

三是为确保亚太战略影响力，统筹安全与经济议题，既是挑战也提供了创造性解决问题的机会。

在新版《21 世纪海上力量合作战略》中，美国首次提出印亚太地区新概念，并强调美国的经济和安全与通过印度洋和太平洋的巨大贸易密切相连，美国海上力量对这一地区的安全负有持久责任。

与这一内容相呼应，作为 2015 年中美军事关系中的关键人物，新任美国国防部长卡特在出访日、韩、印前的演讲中多次提及TPP，并称“TPP就如同航母一样重要”。卡特提出，TPP不仅可以加深美国与亚太盟友的合作，并且可以扩大自身的出口，促进经济发展，而美国维持优势的军事地位是依靠经济力量。作为美国前助理国防部长——卡特与里根时期的国防部长佩里共同提出并撰写的“预防性防御战略”就注重政治、经济和军事力量的综合运用。卡特称，“今天这一代美国人的核心战略挑战就是在中国持续崛起的时候，美国如何保证整个亚太的和平与繁荣”。此番话被称为标志着奥巴马政府“亚太再平衡”政策进入新阶段。

显然，美国提出把TPP作为亚太战略的贸易支柱，反映了美国的战略担心，担心随着美国在亚太经济影响力不断削弱，战略影响力也可能会难以为继[①]。同时也表明为确保亚太战略影响力，美国开始更加注重安全议题与经济议题统筹，这为中美新型军事关系的建构既带来挑战，又增加了更多复杂因素，但从另一个角度看，也提供了创造性解决问题的机会。

总体来看，2015年里中美两军的高层交往会保持畅通、机制性对话会有序进行，同时，2015年是个特殊的年份，中国将举行反法西斯胜利纪念活动，9月，中国国家主席习近平将结合出席联合国成立70周年纪念活动对美国进行国事访问。一些影响和变化都备受关注。

在中国和平发展外交战略布局下，中方将致力于两军新型军事关系建构，深化交流与合作，扩大共识，消弭分歧，与美

---

① “加紧拉拢军事盟友 美新防长绕着中国访亚洲”，《环球时报》2015年4月8日。“南京大学中国南海研究协同创新中心执行主任朱锋教授4月7日对《环球时报》记者说”。

方一道培养在国际安全事务中的合作意识和能力。敦促美方多做有利于亚太地区和平稳定的事，鼓励其采取建设性军事行动；对于其破坏性军事行动进行坚定公开的斗争，塑造地区命运共同体的共同意识。

正视分歧和理性评估风险是中美两军在安全领域都要认真完成的必修课。正如卡特在出访亚洲前的演讲中多次提到中国时所说的“存在着与中国加深理解从而减少风险的机会”。对于美军而言，应尽快祛除“冷战思维”。一方面，中国和平发展战略追求的是地区和平与稳定，建立互利共赢的命运共同体，不是要建立反美联盟，更无意要取代美国称霸；另一方面，美方拥有世界上实力最强大的军事力量，应表现出更多主动与包容，在国防费用紧缩的态势下，尽早与中方一道在亚太地区建立双边、多边军事合作机制，邀请中方军队加入到其亚太地区的安全议题是务实而理性的选择。

第四章　中美海权博弈

信　强

近年来，随着中国吹响建设海洋强国的号角，中国正在逐渐从传统的“重陆轻海”的陆权思维，向“陆海并重”、“陆海统筹”的战略思维转变。依托日新月异的海军现代化进程，以及海上维权执法能力的迅速发展，中国海上力量超越近海，迈向远洋已成为“新常态”。与此同时，中国海权力量的发展也引发了周边部分国家，尤其是美国这一海洋霸主的警惕和忧虑。为了维系美国在亚太地区乃至全球地缘政治与安全格局中的支配地位，牵制中国突破西太平洋第一岛链防御体系的步伐，美国在中国东南海疆频频对中国发难，也导致中美海权博弈不断升级和激化。

一、中美海权冲突的持续升温

海洋方向成为中美两国战略博弈的重要战场已是不争的事实。在美国奥巴马政府大力推动“亚太再平衡”战略，试图在西太平洋地区加强对中国战略围堵的背景下，2012 年 4 月中菲黄岩岛对峙事件的爆发，以及同年 9 月日本野田内阁公然将钓鱼岛“国有化”，导致中国与部分周边国家的海洋领土争议日益凸显，甚至有愈演愈烈之势，中国东南海疆也由此进入多事之秋。尽管中国始终坚持“搁置争议、共同开发”的原则，希望以和平的方式妥善解决海洋领土争端，但是日本、菲律宾和越南等国却一再罔顾中国的警告，不断制造事端。这些国家之所以敢于如此恣意妄为，其中一个重要的原因就在于美国基于自身的战略考虑，在台前幕后发挥了十分重要而消极的作用。利用中国与有关国家之间的海洋争议，美国一方面可以趁机将这些国家纳入其战略轨道，强化其在亚洲地区的战略主导权；另一方面则可以借此牵制中国在海洋方向上的发展，压缩中国的地缘战略空间。毋庸讳言，美国的这一图谋遭到了中国的坚决反对和抵制，从而使得中美海上摩擦和冲突持续升温。

首先，美国力促亚太同盟体系的“现代化”，在亚太加强针对中国的前沿军事存在。为了更加有效地牵制中国海权的发展，美国一直在谋求使其主导的亚太地区同盟体系“现代化”，敦促其盟国以及战略伙伴加强与美国以及彼此之间的安全合作，同时分担美国的责任和负担。诚如美国国防部长查克·哈格尔（Chuck Hagel）所言：“亚太地区不断变化的安全形势使美国的伙伴关系和联盟成为地区稳定不可缺少的锚。”而为了“建立一个合作性区域架构”，美国必须“现代化我们的联盟，帮助盟友和合作伙伴开发新的和先进的能力，并鼓励他们更紧密地合作。”[①] 基于这一目的，同时配合美国全球军力部署的调整，亦即在2020年前将海空军力量的60%部署在太平洋地区，美国开

---

① Chuck Hagel, “The United States' Contribution to Regional Stability: Chuck Hagel,” May 31, 2014, at: https://www.iiss.org/en/events/shangri%20la%20dialogue/archive/2014-c20c/plenary-1-d1ba/chuck-hagel-a9cb.

始向中国周边调兵遣将，巩固其在亚太地区的前沿部署和前沿存在。例如，面对中日钓鱼岛争议，美国一再公开支持日本安倍政府解禁集体自卫权，鼓励日本整军经武，加强军备，调整防御态势，并推动美日防卫合作指针的修订，以便“确保我们的同盟不断发展，以及日本自卫队的能力不断增长以反映变化的安全环境”。近年来，美国开始在嘉手纳（Kadena）基地进驻最先进的F-22隐形战斗机，在冲绳部署MV-22“鱼鹰”旋翼机。2014年5月，五角大楼宣布在日本三泽（Misawa）基地首次部署两架“全球鹰”无人侦察机，在日本增加部署两艘宙斯盾导弹驱逐舰，同时开工建设第二个X波段导弹防御预警雷达站，以强化美日情报、监视、侦察、快速反应和打击能力，共同应对所谓的钓鱼岛“不测事态”。

再以美澳同盟而言，2014年8月，在美澳年度外长和防长“2+2”会谈之后，澳大利亚防长大卫·约翰斯顿（David Johnston）和外长朱莉·毕晓普（Julie Bishop）对外宣称，澳大利亚对中国在南海的影响地区稳定的行为表示“关切”，欢迎美国在亚洲扮演主要角色，同时决定向美军开放珀斯港允许美国军舰驻泊，增加美军航母和潜艇进出斯特灵海军基地的频率，准许美军在科科斯群岛上建设无人侦察机基地，在澳大利亚设立空军C波段大功率雷达地面监测站，扩大美军在澳北部实弹射击演练区域，并准备与美日两国联合研制开发新型潜艇。[①] 截

① U. S. Department of the State, Office of the Spokesperson, “Joint Communique AUSMIN 2014”, August 12, 2014, at: http://www.state.gov/r/pa/prs/ps/2014/230524.htm; U. S. Department of the State, Office of the Spokesperson, “Kerry, Hagel with Australian Leaders in Australia, Remarks”, August 12, 2014, at: http://iipdigital.usembassy.gov/st/english/inbrief/2014/08/20140812305447.html#axzz3UEvyVYnG.

止至2014年底，已有1000多名美国海军陆战队员在澳大利亚达尔文港实现轮流驻防，并与澳大利亚军队展开频繁的联合训练和演习。

与发展相对稳定的美日和美澳同盟相比，美菲同盟在冷战结束后可谓一波三折。自从1991年菲律宾参议院投票决定关闭苏比克和克拉克两处美国海空军基地以来，两国防务合作随之陷入低潮。但是，由于美国一直孜孜以求地希望能够“重返”菲律宾，在美国的持续压力下，两国于1998年签署《访问部队协议》，菲律宾允许美军与菲军举行联合军事演习、准许美国战舰停靠菲律宾港口，并同意让美国军队上岸访问，从而为美国“重返”菲律宾打开了大门。自2002年开始，美国以“反恐”为名陆续向菲南部棉兰老地区派驻数百名海军陆战队士兵。近两年来，随着菲律宾与中国在南海摩擦加剧，美军以港口访问、举行联合军演的名义频繁进出菲律宾，并以所谓“轮换”驻扎的名义大幅扩大在菲律宾的军事存在，美国事实上已经形同在菲律宾实现了“永久驻扎”。[①] 2013年8月，美菲两国开始就扩大美军在菲律宾“轮换部署”事宜展开正式谈判。2014年4月28日，在奥巴马访问菲律宾前夕，由菲律宾国防部长伏尔泰·加斯明（Voltaire Gazmin）和美国驻菲律宾大使菲利普·古德博格（Philip Goldberg）代表两国签署《美菲加强防务合作协议》（Enhanced Defense Cooperation Agreement）。该协议有效期十年，主旨是允许美国军队使用菲国军事基地，预先在菲律宾部署先进战斗机和军舰，并增加在菲律宾的轮换部署。这是自1991年美国被迫关闭驻菲律宾军事基地以来，五

① Ted Carpenter，“Washington’s Growing Security Ties with Manila Risk Alienating China,” *China-US Focus*，April 28，2014.

角大楼首次获得这样的许可。该协议的签署不仅反映了美菲“强劲与持久的战略伙伴关系”，同时也为美国保持在南海海域的前沿存在提供了更大的便利条件。

其次，大幅改善和提升与越南等战略伙伴国家的军事安全关系。近年来，美国一直在积极拉拢东盟国家，以便于在其“重返”东南亚的过程中，塑造更加有利的地缘政治和安全环境。例如，仅在2014年，美国便与东南亚国家举行了130余场演习，进行了700余次港口访问。2014年1月，美国首次与印尼签署了出售8架“阿帕奇”AH－64武装直升机的采购合同，总额高达8060万美元，以帮助印尼加强对马六甲海峡的控制。2014年4月，美国宣布与马来西亚建立“全面合作伙伴关系”，又于6月首次派遣最先进的F－22战斗机飞赴马来西亚，与马来西亚空军展开联合军事演习。此外，美国在持续向新加坡部署多艘濒海战斗舰的同时，还积极倡议将新加坡樟宜海军基地建设成为一个区域指挥和控制节点，借以强化其在南海南部的快速反应能力。

在与南海周边诸多伙伴国家加强联系之余，美国对越南可谓情有独钟。利用越南对中国长期存在的安全疑虑和畏惧，美国竭力推动与越南安全与军事关系的升级。2010年8月，美军“约翰·麦凯恩”（USS John McCain）号导弹驱逐舰访问越南岘港，两国在南海举行了首次以海上联合搜救、灾害控制为主题的“非战斗性演练”。2012年6月3日，美国国防部长莱昂·帕内塔（Leon Panetta）对金兰湾进行了“历史性的”访问，并登上了在金兰湾驻泊的美军“理查德·伯德”号补给舰，帕内塔明确声称：“美国军舰能够使用金兰湾的设施是两国关系的关键组成部分，我们在这里可以看到未来所存在的巨大潜能”[①]。2013 年 7 月，越南国家主席张晋创（Truong Tan Sang）访问美国，与美国总统奥巴马共同宣布美越建立“全面伙伴关系”（Comprehensive Partnership）。[②] 2014 年 8 月 14 日，美军参谋长联席会议主席马丁·邓普西（Martin Dempsey）抵达河内，成为数十年来首位访问越南的美国最高军事长官。在访越期间，邓普西表示将为尽早取消对越南杀伤性武器销售禁令“寻求路线图”。[③] 10 月 2 日，美国国务院宣布，美方将部分解除对越南出售杀伤性武器的禁令，以帮助越南加强海上安全。[④] 这意味着自越南战争结束近 40 年以来，美国将首次向越南出口杀伤性武器，也标志着美越安全关系迈上了一个新的台阶。

第三，罔顾历史与事实，配合日本、菲律宾和越南向中国发难。为了拉拢日菲越等国，美国屡屡不问是非，颠倒黑白，在国际场合与上述国家领导人遥相呼应，一唱一和地对中国横加指责。例如，2014 年 5 月 30 日，在新加坡“香格里拉防务安全对话会”上，日本首相安倍晋三含沙射影地指责中国在钓鱼

---

① “Panetta Sends Message to China during Historic Visit to Vietnam,” *Foxnews*, June 3, 2012, at: http: //www. foxnews. com/politics/2012/06/03/panetta-urges-for-more-us-naval-access-to-vietnam-harbor/.

② The White House, Office of the Press Secretary, “Joint Statement by President Barack Obama of the United States of America and President Truong Tan Sang of the Socialist Republic of Vietnam”, July 25, 2013, at: https: //www. whitehouse. gov/the-press-office/2013/07/25/joint-statement-president-barack-obama-united-states-america-and-preside.

③ Jim Garamone, Dempsey Favors Building Vietnamese Naval Capabilities, US Department of Defense, August 16, 2014, at: http: //www. defense. gov/news/newsarticle. aspx? id = 122941.

④ Jen Psaki, Daily Press Briefing, US Department of State, October 2, 2014, at: http: //www. state. gov/r/pa/prs/dpb/2014/10/232495. htm#VIETNAM.

岛的巡航以及划设东海防空识别区是“妨碍航行自由”“破坏地区稳定”之举。第二天，亦即31日，美国国防部长哈格尔在全体会议上发表主旨演讲，再次明确声称“美国军方不会遵守中国在东海单方面宣布的防空识别区，其中包括日本管辖的尖阁列岛”，并公开点名指责中国“采取破坏性、单边的行动”来主张领土诉求，同时宣称美国“坚决反对任何国家使用恐吓、胁迫或武力威胁来支持这些要求。我们也反对任何一个国家，采取任何努力，限制飞行或航行自由”[①]。对于哈格尔上述明显具有威胁和恫吓色彩的说辞，与会的中国人民解放军副总参谋长王冠中予以了针锋相对的严词批驳，明确指出哈格尔的讲话“过分程度超出了中方的想象”，对中国的指责毫无根据、毫无道理，旨在鼓动和怂恿亚太地区不安定因素闹事、挑事，不具有丝毫的建设性。

在东海方向，尽管美国明知中国对钓鱼岛及其附属岛屿拥有无可争辩的主权，美国也多次信誓旦旦地表示，对钓鱼岛主权归属不持立场。但是面对因日本单方面挑衅而引起的钓鱼岛争端，美国却罔顾是非曲直，以承担《美日安保条约》的义务为名向中国施压。早在2010年10月27日，针对中日钓鱼岛撞船事件，国务卿希拉里·克林顿（Hillary Clinton）便公开表态：钓鱼岛“属于《美日安保条约》第五条的适用对象。这是美国对日本更广泛的安全承诺的一部分。”[②] 这一表态开创了美国政

① Chuck Hagel, “The United States’ Contribution to Regional Stability: Chuck Hagel”, May 31, 2014, at: http://www.iiss.org/en/events/shangri%20la%20dialogue/archive/2014-c20c/plenary-1-d1ba/chuck-hagel-a9cb.

② “Joint Press Availability with Japanese Foreign Minister Seiji Maehara,” Oct. 27, 2010, at: http://www.state.gov/secretary/20092013clinton/rm/2010/10/150110.htm.

府高官明示《美日安保条约》适用于钓鱼岛的恶劣先例。2014年4月，奥巴马总统在访日期间再次明确宣称："尖阁诸岛由日本管理，因此在《美日安保条约》第五条的适用范围之内。我们反对任何破坏日本对这些岛屿管辖权的单边行动"[①]。这是有史以来美国总统首次明确宣称钓鱼岛适用于《美日安保条约》，也使得美国此前在这一问题上保持多年的"战略模糊"转为"战略清晰"。2014年4月11日，美国驻冲绳最高指挥官约翰·威斯勒（John Wissler）中将公开表示，如果中国武装占领钓鱼岛，美国海军陆战队有充分能力夺回该岛屿。[②] 这是美军高级将领首次在公开场合表明会以武力方式直接介入钓鱼岛争端。

在南海方向，美国更是屡屡颠倒黑白，配合菲越等国对中国的南海维权行为"口诛笔伐"。以中菲仁爱礁（The Second Thomas Shoal）争端为例。早在1999年5月9日，就在美国悍然轰炸我驻南斯拉夫大使馆后第二天，菲律宾就以"技术故障"为借口，趁机派出一艘坦克登陆舰在仁爱礁坐滩，并派士兵轮驻，企图借此侵占仁爱礁。2014年3月9日，正在仁爱礁海域进行例行巡航的中国海警编队发现两艘装载施工材料、悬挂菲律宾国旗的船舶正在向仁爱礁靠近，试图对其非法驻扎在坦克登陆舰上的士兵进行轮换，提供补给，并对破损不堪的登陆舰进行维修加固，以在仁爱礁继续"保持菲律宾的存在"。菲方船

---

① Nick Simeone, "Obama: US Treaty Commitment to Japan is 'Absolute'," April 24, 2014, at: http://www.defense.gov/news/newsarticle.aspx?id=122120.

② "If China grabs Senkakus, US military would snatch them back: top marine commander," *The Japan Times*, April, 12, 2014, at: http://www.japantimes.co.jp/news/2014/04/12/world/if-china-grabs-senkakus-u-s-military-would-snatch-them-back-top-marine-commander/.

只随即遭到中国海警船的拦截和驱离，此后中方加强了在当地的巡航执法，并对仁爱礁周边海域建立起“实际控制”。然而，中方此举却遭到了美国的无端指责。3 月 12 日，美国国务院发言人珍·普萨基（Jen Psaki）不仅颠倒黑白地指责中国海警的驱离行动“属于挑衅行为”“引发了地区紧张局势”，甚至声称菲律宾自 1999 年起即在仁爱礁保持存在，要求中国在南海领土声索问题尚未解决之前“不应干涉相关声索国维持现状的努力”。[①] 3 月 31 日，国务院副发言人玛丽·哈尔夫（Marie Harf）一方面毫不隐讳地扬言“菲律宾不必害怕任何形式的报复”，为菲律宾撑腰打气；另一方面则老调重弹地再次指责中方试图阻拦菲方船只“是挑衅和导致不稳定的行为”，要求中国“允许菲律宾继续保持其在阿云金暗沙（即仁爱礁）的军事存在，避免进一步的挑衅行为”。[②]

又如，针对 2014 年 5 月发生在西沙群岛附近海域的“981 钻井平台”事件，当中国海洋石油“981 钻井平台”开赴西沙进行正常的钻探作业之际，尽管平台作业地点距离西沙中建岛仅 17 海里，但是却旋即遭到了越南方面的阻挠，越方派出包括武装船只在内的大批船只对中方进行强力干扰和野蛮冲撞，从而引发近年来中越之间最严重的一次海上摩擦。尽管“981 平台”所处位置属于毫无争议的中建岛毗连区内，但是美国却故伎重演，毫不掩饰地对越南的骚扰行为表示同情和支持，同时

---

① Matthew Pennington，“U. S. State Department Criticizes ‘Provocative’ China Move To Block Filipino Boats”，*Associated Press*，March 12，2014，at：http：//www. huffingtonpost. com/2014/03/12/us-china-filipino-boats_ n_ 4949476. html.

② Marie Harf，Daily Press Briefing，US Department of State，March 31，2014，at：http：//www. state. gov/r/pa/prs/dpb/2014/03/224211. htm.

对中国大加抨击。2014 年 5 月 7 日，美国国务院发言人普萨基公开指责中国部署钻井平台的行为“具有挑衅性，引起了局势紧张。……其方式有损于地区的和平与稳定。”[①] 5 月 14 日，总统国家安全顾问苏珊·赖斯（Susan Rice）则声称：“中国正成为人们忧虑的对象”，有关国家“正日益对他们所认为的中国的挑衅和侵略行为感到不安和反感”。[②]

再如，自 20 世纪 70 年代起，菲越等国便相继非法侵占中国南沙群岛的大量岛礁，随后又不断通过修建工程、增加武备等方式强化其所谓的“实际存在”。为了对菲越等国侵犯中国的领土主权和海洋权益的行为加以反制，中国于 2014 年开始着手在南海永暑礁、美济礁、华阳礁、渚碧礁等部分岛礁开展大规模的填海造岛行动。尽管数十年来美国对菲越等国的类似行为熟视无睹，但是却对中国新近采取的行为迅速做出反应。2014 年 7 月 11 日，美国助理国务卿帮办迈克尔·富克斯（Michael Fuchs）率先抛出“三不建议”，要求中国冻结在有争议岛礁填海造地、施工建设、设立据点等“改变现状的行为”。[③] 2015 年 3 月 4 日，美国国防部负责亚太事务的助理国防部长施大伟（David Shear）表示：“中国的填海造岛行为引人关注，美国对此深表关切”，“毫无疑问，过去 5 个月中，中国在控制的岛礁

① Jen Psaki, Daily Press Briefing, US Department of State, May 7, 2014, at: http: //www. state. gov/r/pa/prs/dpb/2014/05/225721. htm.

② Press Trust of India, “Chinese action in South China Sea is ‘provocative’: Susan Rice,” *The Economic Times*, May 15, 2014, at: http: //articles. economictimes. indiatimes. com/2014 – 05 – 15/news/49873534_ 1_ south-china-sea-susan-rice-closed-doors.

③ Michael Fuchs, Deputy Assistant Secretary of the State, Remarks at the Fourth Annual South China Sea Conference, July 11, 2014, available at: http: //www. state. gov/p/eap/rls/rm/2014/07/229129. htm.

上增加的陆地面积超过了过去5年中其他声索国在那里增加的陆地面积。"中国在南海的填海工程"将对该地区的安全与稳定造成潜在负面影响"。[①] 3月9日，美国国务院发言人普萨基再次声称："中国在南海争议地区的填海造地与建设活动，加剧了该地区对中国的焦虑情绪和对中国可能在争议岛礁上建立军事化前哨站的担忧。"[②]

第四，加大对华海空抵近监视和侦察的力度。为了保持对中国军力发展的"实时监控"，美国军舰和军机多年来一直在中国沿海海域和上空实施抵近侦察，而为了维护中国国土安全，中国舰机也会紧急出海或是升空进行拦截，这种"猫鼠游戏"几乎每天都在中国的领海和领空附近上演，其间无疑蕴涵着巨大的风险。2001年4月1日，中国一架歼-8II战斗机在拦截美国EP-3反潜巡逻机时便发生了碰撞，导致中国飞机坠毁，飞行员王伟牺牲，而美军飞机则因严重受损而迫降海南陵水机场，从而引发了中美之间一场外交危机。此后，美国依然不肯收敛，继续保持对中方大规模、高频度的抵近侦察，成为危及中美海空军事安全，导致摩擦事件发生的根源。例如2009年3月10日，美国海军测量船"无瑕"号（USS Impeccable）在南海进行水文勘测，试图获取中国潜艇的声纹信息，遭到中国多艘舰艇和渔船的拦截。2009年6月10日，美国"约翰·麦凯恩"号（USS John McCain）宙斯盾导弹驱逐舰的拖曳声纳阵列与中国潜

① Kakumi Kobayashi, "Pentagon official wary of China's Spratlys reclamation," ABS-CBN, May 5, 2015, at: http://www.abs-cbnnews.com/global-filipino/world/03/05/15/pentagon-official-wary-chinas-spratlys-reclamation.

② Jen Psaki, Daily Press Briefing, US Department of State, March 9, 2015, at: http://www.state.gov/r/pa/prs/dpb/2015/03/238679.htm.

艇发生碰撞，再次引发了中美两国的争执。

近年来，随着中国海空军装备升级换代，巡航活动范围急剧扩大，美军舰机对华抵近侦察不仅范围扩大、频度提高、距离也日益缩小。每当中国军队在有关海空域举行演习、训练或试验时，美方更是常常不请自来，有时甚至公然闯入中方事先公布的演习或者训练区域。例如2013年12月5日，正当“辽宁”号航母编队在南海进行正常的巡航训练之际，便遭到美国海军“提康德罗加”级（Ticonderoga-class）宙斯盾导弹巡洋舰“考彭斯”号（USS Cowpens）的尾随、跟踪和骚扰，期间“考彭斯”号巡洋舰甚至多次闯入航母编队的内防区，在编队内肆意穿行，阻挠中方正常航行，严重违反了国际公认的航行安全规范。对此，中国海军编队派出一艘登陆舰进行拦截，两舰一度相距仅有30米距离，最终“考彭斯”号巡洋舰被迫紧急转向规避，两舰才没有发生直接碰撞。事件发生后，美军太平洋司令部司令塞缪尔·洛克利尔（Samuel Locklear）上将公然批评中国海军“训练不足”“缺乏经验”，采取“咄咄逼人的危险动作”，而美军则“享有在公海采取各类行动的自由”，要求中国“避免采取类似危险行动”。[①]

2014年8月19日，美国海军一架P－3反潜机和一架P－8“海神”（Poseidon）巡逻机飞抵海南岛以东216公里附近空域进行抵近侦察，中国海军航空兵一架歼－11战斗机起飞进行例行性识别查证。事后，五角大楼再次恶人先告状，指责中国战

① David Alexander, “Chinese inexperience a factor in warship’s near-miss: US admiral,” *Reuters*, January 16, 2014. 另据美国媒体报道，2014年6月10日，“考彭斯”号巡洋舰舰长格雷戈里·格姆波特（Gregory Gombert）上校与指挥军士长加百列·基顿（Gabriel Keeton）等多位指挥官因“玩忽职守”，被美国海军撤销职务并开除军籍。

机“危险接近”美军飞机，声称中国战机在拦截过程中距美机最近距离仅有9米，是“令人深感担忧的挑衅”。[①] 而中国国防部则针锋相对地指出，该事件的实质是美军飞机对中方频繁抵近侦察，美方应减少直至停止对华抵近侦察活动，以防止海空意外事件的发生。但是，对于中方的严厉警告，美国始终置若罔闻。直至今日，美军舰机依然在中国沿海实施常态化的抵近侦察，其侦察频率和时长甚至在不断增加。

二、中美海上合作的稳健推进

在中美海权博弈的过程中，尽管冲突和摩擦频发，但是值得注意的是，这并没有妨碍两国在不同的问题领域开展务实的海上合作，并取得了一系列建设性成果。事实上，根据两国最高领导人所达成的战略和政治共识，中美两军在努力构建中美新型军事关系这一目标的驱动下，两军高层互动频密，积极建构军事互信，中美海上军事交流与合作的水平也得到了稳步提升。例如2014年4月7日，美国国防部长查克·哈格尔抵达青岛，开始为期4天的访华行程，并于当日下午参观了“辽宁”号航空母舰，成为首位获邀参观“辽宁舰”的外国官员。时隔仅一个月，美方则投桃报李，在中国人民解放军总参谋长房峰辉上将赴美访问期间，邀请中方代表团在5月13日参观了“里根”号（USS Reagan）航空母舰和“科罗拉多”号（USS Colorado）濒海战斗舰。2014年7月15日，海军司令员吴胜利上将

① David Alexander, “U. S. protests intercept of Navy jet by Chinese warplane,” *Reuters*, August 22, 2014, at: http://uk.reuters.com/article/2014/08/22/uk-usa-china-warplane-idUKKBN0GM1O520140822.

会见来访的美国海军作战部长乔纳森·格林纳特（Jonathan Greenert）上将，呼吁两国海军积极探讨建立合作对话机制，加强舰队之间的交流，深化救援减灾领域合作，同时妥善处置海上情况，有效管控风险，维护亚太地区海上和平与稳定。格林纳特则回应希望继续加强各层次领域的交流与合作，增进彼此信任，推动两国海军关系健康良性发展。2014 年 9 月 16 日，吴胜利应邀访美，参加在美国海军战争学院举行的第 21 届国际海上力量研讨会，并与格林纳特和美国太平洋舰队司令哈里·哈里斯（Harry Harris）上将举行了会谈，双方一致同意积极拓展合作领域，持续开展实质性对话，加强在人道主义救援减灾和反海盗领域的务实合作，同时以负责任和建设性的态度管控分歧，减少误判和风险。在中美最高领导人以及军方高层的合力推动下，两国海洋安全合作也取得了诸多令人瞩目的积极进展。

首先，两国海上安全合作机制化程度得到显著提升。随着中美两国在中国近海水域甚至远洋相遇以及互动日益频繁，如何避免不必要的摩擦和意外事件，也引起了中美最高领导人的极大关注。早在 2013 年 6 月的安纳伯格庄园峰会期间，习近平主席便提出建立“两个互信机制”——“建立重大军事行动相互通报信任措施机制”和“海空相遇安全行为准则”——的倡议，并得到奥巴马总统的积极回应。2014 年 3 月 24 日，在参加荷兰海牙核安全峰会期间，习近平主席与奥巴马总统再度会晤，达成继续加强两军对话与交往的共识，同时决定尽早建立上述两项机制并予以落实。此后，两国防务部门和军队通过多种渠道，进行了 10 余轮深入磋商和沟通。在双方共同努力下，2014 年 11 月 12 日，中美两国元首共同宣布，“建立重大军事行动相互通报信任措施机制谅解备忘录”和“海空相遇安全行为准则谅解备忘录”已签署生效。上述两个互信机制不仅为中美两军关系长期稳定发展提供了机制化保障，有利于推动两军新型军事关系的建构，也有助于促进两国海军深化对彼此战略意图的了解，增强战略互信，预防海上风险和管控危机。

在技术操作层面，两国海军领导人为了确保海军舰船之间的通信误解不会演变成冲突，在 2014 年 4 月由中国首次承办的第 14 届“西太平洋海军论坛年会”（Western Pacific Naval Symposium）上，中美携手推动该论坛的 21 个成员国海军一致通过了《海上意外相遇规则》（Code for Unalerted Encounters at Sea，CUES）。[①] 该规则是指当各国海军舰艇或航空器在不期相遇时，应采取哪些安全措施和手段减少相互干扰和不确定性、方便进行通信。规则对海军舰机的法律地位、权利义务以及海上意外相遇时的海上安全程序、通信程序、信号简语、基本机动指南等做了明确规定，以防止在海上发生不测或通讯不畅等问题，对于减少和平时期各国海空军事行为的误解误判，避免海空意外事故导致擦枪走火，防止类似“考彭斯”号类似事件引发海上危机，损害地区和平稳定无疑具有重要意义。[②] 2014 年 12 月 11 日，中美海军舰艇在亚丁湾首次根据《海上意外相遇规则》的要求进行了运用演练，取得了良好效果。相较于这一事先规划好的“意外相遇”，时隔仅 3 个月，即 2015 年 2 月 23 日，正在南海国际水域执行训练行动的中国海军“衡水”号导弹护卫舰，与美国海军“沃思堡”号（USS Fort Worth）濒海战斗舰真

① 该论坛是目前西太平洋地区唯一定期开展的多边对话与合作的海军论坛，成员国包括中美在内的 21 个国家，旨在增进各国海军的相互了解和信任，深化海上务实合作。

② 中国国防部：“西太海军论坛年会通过《海上意外相遇规则》，”2014 年 4 月 23 日，参见：http：//news. mod. gov. cn/headlines/2014 –04/23/content_ 4504781. htm。

正“不期而遇”，两舰随即使用《海上意外相遇规则》作为信号协议，按照相关行为规则表明各自战舰航行意向与执行任务，进行了一次名符其实的“意外相遇”演练，充分体现了该规则的实用价值，以及两国海军对该规则适用性的高度重视。[①]

其次，中美两国海军实质性军事合作取得重大突破。2014年6月9日，由“海口”号导弹驱逐舰、“岳阳”号导弹护卫舰、“千岛湖”号综合补给舰和“和平方舟”号医院船组成的中国海军舰艇编队起航前往关岛，与美国、新加坡、文莱等国海军舰艇会合，然后一起航渡至夏威夷参加“环太平洋－2014”（Rim of the Pacific Exercise）军事演习。这是中国海军首次参加这一由美国主导的全球最大规模的海上军事演习，标志着中美海军合作迈上了一个历史性的新台阶。中国共计派出4艘水面舰艇、2架直升机、1个潜水分队、1个特战分队，共1100余名官兵参演，在参加“环太平洋－2014”演习的全部23个国家中，中国参演舰艇和人员的数量仅次于美国。此外，根据“环太平洋”联合军演的习惯做法，一般只邀请首次参加者观摩演习，但是经过中美两国协商，中国海军舰艇编队破例获准参加火炮射击、综合演习、海上安全行动、水面舰艇演练、军事医学交流、人道主义救援减灾和潜水等7个科目。6月30日，美国海军太平洋舰队司令哈里·哈里斯上将在“环太平洋－2014”演习开幕式上对中方参演表示欢迎，并明确指出这些课目体现了中美两国海军可能遇到的共同挑战，中国海军参加演习有助于增进彼此的军事透明度，加深相互了解，深化与各国海军专

① Lauryn Dempsey，Lieutenant，United States Navy，“USS Fort Worth Conducts CUES with Chinese Navy，” February 22，2015，at：http：//www. navy. mil/submit/display. asp？story_ id＝85767.

业交流和务实合作，共同应对太平洋上出现的危机。①

第三，中美两国在应对海上非传统安全威胁方面的合作进一步强化。在全球化时代，以海盗、自然灾害、海难事故、恐怖主义、跨国犯罪等为代表的非传统安全威胁对所有国家行为体均构成了严峻挑战，每个国家都必须分担责任，携手应对。在这一领域，中美两国海军开展了高效务实的合作。2014 年 3 月，从马来西亚吉隆坡飞往北京的马来西亚航空公司 MH370 客机在马来西亚与越南空域交界处与空中交通管制中心失去联系，机上 239 名乘客中有 154 名中国公民和 3 名美国公民。以中美两国为首的 13 个国家随即展开大规模的海空搜救行动。在失联后数周时间里，中美等国共派出 28 架搜救飞机和 40 余艘舰艇，在东印度洋和南印度洋海域执行了 345 次搜索任务，投入强大的救援力量展开全方位搜救。中国派出了以“井冈山”号船坞登陆舰、“海口”号导弹驱逐舰为首的 10 余艘军舰和多艘民用商船，搭载直升机以及救援设备，展开紧急救援。而美国海军则派遣“平克尼”号（USS Pinckney）和“基德”（USS Kidd）号两艘导弹驱逐舰，配合多架 P-3C“猎户座”海上巡逻机以及 P-8A“海神”海上巡逻机参加搜救。两国海军在搜救过程中互通讯息，密切联系，开展了深度合作，是两国在非传统安全领域的又一次成功合作。2014 年 8 月 5 日，美国海军第七舰队旗舰“蓝岭”号（USS Blue Ridge）两栖指挥舰抵达青岛访问，并于 8 月 8 日与我海军“盐城”号导弹护卫舰在青岛外海举行了海上搜救、通信等科目的联合演习。2014 年 12 月，随着

① Christopher Hubenthal, Seargent, US Air Force, US Department of Defense, “RIMPAC Exercise Emphasizes Cooperation in Maritime Security,” July 2, 2014, at: http://www.defense.gov/news/newsarticle.aspx? id = 122599.

美国海军“斯特莱特”号（USS Sterett）导弹驱逐舰的4名联络员和观察员登上中国海军第18批护航编队的“运城号”导弹护卫舰，两国海军利用护航间隙，在索马里海域展开了一场全要素、多课目的联合反海盗演练。

三、中美海权博弈的“二元性”

对于中国而言，东南海疆所面临的最突出的问题是东海和南海争端，但是最根本、最实质的问题则是中美围绕海权所展开的地缘战略博弈。随着中国经济的发展和国家利益边疆的拓展，捍卫海洋领土主权，维护海洋权益成为中国国家安全战略日益重要的组成部分。中国走向远洋和深海已然是大势所趋，也是中国必然的战略选择。然而，这势必会与视太平洋为其“内湖”的美国的海洋霸权发生碰撞，美国也必然会千方百计地加以阻碍和干扰。近年来，美国一方面强势推动“重返亚太”战略，加强在中国周边的前沿部署，保持对华海空抵近侦察，扩大军事存在，对中国海上力量的崛起进行牵制。与此同时，美国将钓鱼岛问题和南海问题视为求之不得的战略“抓手”，借机深化与日菲越等周边国家的安全合作，试图在海洋问题上结成“利益共同体”共同抗衡中国。

但是在另一方面，美国从自身战略利益出发，也不希望与实力迅速攀升的中国的关系陷入持续紧张，更不愿意为他国火中取栗，甚至因此被动地卷入一场与中国的直接冲突。为此，美国也在积极寻求可行的合作模式，有针对性地与中国开展安全对话与交流，以便将中美海上摩擦保持在可控的范围之内，防止因突发事件和误判引发外交和军事危机，导致中美关系遭到不可挽回的损害。这也导致在总体态势上，中美海权博弈呈现出冲突与合作并存的“二元性”特征。

首先，就博弈层次而言，中美在战略层次上存在结构性冲突，但是在战术层次则积极推动功能性合作。在 2012 年 11 月召开的中国共产党第十八次全国代表大会上，胡锦涛总书记代表党中央明确提出要建设海洋强国的宏伟目标。对于中国而言，作为一个传统的陆权大国，决意进军和经略海洋无疑是一项重大的战略决策，也是中国将矢志追求和推动的一个长远战略目标。但是，美国在冷战期间以及冷战后依托其强大的综合国力，广泛的同盟体系，尤其是实力超群的海军力量，在中国近海海域乃至全球建立起的海洋霸权，是中国冲出近海、走向远洋的最大障碍，也是中国成为真正意义上的海洋强国所必须跨越的门槛。而美国基于自身战略利益考虑，也绝不乐见中国海权的崛起：（1）在全球战略层面，作为综合国力傲视全球的霸主，美国不会泰然接受中国实力崛起成为一个与其平起平坐的超级大国。目前，中国已被美国视为最有可能对其全球霸权构成挑战的潜在威胁和对手，因此势必对中国的一举一动保持高度警惕，严加防范。（2）在海洋安全战略层面，作为一个数十年来独霸海洋的海权超级大国，美国不会坐视中国从一个雄踞欧亚大陆东端的陆权大国顺利成长为一个海洋大国，进而成为一个可以与其分庭抗礼的海权强国，对美国的海洋支配地位造成挑战。（3）在海军战略层面，作为一支宣称要保卫美国全球利益，因而必须拥有绝对优势以“确保进入”任何海域的海军，美国对于中国近年来突飞猛进的海空军事现代化进程，尤其是所谓的“反介入/区域拒止”能力的迅速增强忧心忡忡，担心有朝一日第一岛链以西海域将成为美国海军的禁脔。基于此，利用一切手段牵制中国跨越近海藩篱，阻滞中国挺进全球大洋的步伐，可以说是美国对华战略的不二之选，这也是导致中美海权博弈日益加剧和激化的深层动因。

尽管中美两国在战略层次上存在着结构性的矛盾，很难在短期内实现调和，但是频频爆发的海空摩擦，也使得双方均深切认识到意外事件可能产生的巨大的破坏性。为此，两国在战术层面始终在探索如何建立有效的机制，力图通过加强战术性合作以管控可能的军事摩擦。例如早在 1998 年 1 月，中美两国国防部长便在北京签署了《关于建立加强海上军事安全磋商机制的协定》，双方同意建立年度磋商机制，并于同年 7 月在北京举行了两国首次海上军事安全磋商会晤。[①] 对于这一中美两国间第一个军事领域信任措施协定，时任美国防长威廉·科恩（William Cohen）明确表示："随着我们海军、空军更多的接触，希望这一协定帮助双方增进理解，减少错误估计的可能性。"[②] 2008 年 2 月 29 日，两国国防部在上海签订《中华人民共和国国防部和美利坚合众国国防部关于建立直通保密电话通信线路的协定》，决定建立中美军事热线，以便于两国防长可以使用直通电话进行即时交流和沟通。2014 年两国相继签署的《海上意外相遇规则》《建立重大军事行动相互通报信任措施机制》和《海空相遇安全行为准则》这三项重要协定，均体现了中美力图在日常行动中避免擦枪走火，防止引发重大危机，促进中美海上安全合作的意愿。

其次，就地理区位而言，中美在中国近海海域冲突不

---

① 钱春泰：《中美海上军事安全磋商机制初析》，《现代国际关系》，2002 年第 4 期，第 8—11 页。

② Douglas Gillert, "Historic Agreement Marks Secretary's China Visit," U. S. Department of Defense News, January 21, 1998, at: http://www.defense.gov/news/newsarticle.aspx? id =41535.

断，但是在远洋则开展了卓有成效的合作。自近代以来，“有海无防”的中国屡屡遭到西方列强来自海上的入侵，丧权失地，饱受屈辱。时至今日，由黄海、东海和黄海构成的中国近海海域依然是中国海洋权益最为集中的核心区域，更是攸关中国国家安全的关键区域。在这一区域，中国不仅面临着遏制“台独”分裂活动、实现国家统一大业的历史使命，也面临着保卫钓鱼岛和南沙群岛等事关国家主权和领土完整的严峻挑战，同时还面临着维护国家海洋方向安全、捍卫海洋权益的艰巨任务。由于上述这些问题无不涉及中国的核心国家利益，因此中国也绝对没有任何妥协让步的空间。而美国为了维系以其为核心的亚太安全体系，安抚对中国崛起焦虑不安的盟友和伙伴，防止中国成功突破第一岛链防御体系进而挑战美国的海上霸权，也在中国近海海域采取了一系列对华防范和制衡措施，从而使得这一区域成为中美海权博弈最为激烈的前沿阵地。

然而，中美两国在中国近海摩擦不断的同时，却在深海远洋找到了合作的机会和舞台。在远洋合作方面，近年来中美所取得的最突出成就无疑当属两国海军在亚丁湾开展的护航行动。中美两国均是全球首屈一指的贸易大国，确保海上重要航道的安全与畅通，不仅攸关两国切身利益，也是维护良好的全球海洋秩序的必然要求。自 2009 年 12 月中国开始派遣首批海军编队赴亚丁湾海域展开护航行动以来，面对行踪难测的索马里海盗团伙，中美海军并肩作战，情报共享，逐步积累互信，并积极探索合作之道。2012 年 9 月，中国海军“益阳”号导弹护卫舰与美国海军“温斯顿·丘吉尔”号（USS Winston Churchill）导弹驱逐舰在亚丁湾举行了有史以来首次反海盗联合演习。2013 年 8 月 24—25 日，中国海军第 14 批护航编队“哈尔滨”

号导弹驱逐舰和“微山湖”号综合补给舰，与同在亚丁湾海域执行任务的美国海军“梅森”号（USS Mason）导弹驱逐舰再次举行联合反海盗演习，此次联合演习历时2天，并创下中美海军对海火炮射击、中美海军特战队员联合行动、中美海军直升机夜间对海上目标跟踪监视、两军直升机首次互降对方军舰等多项创举。

第三，就问题领域而言，中美在传统安全领域冲突不断，但是在非传统安全领域则携手合作。中美海权冲突主要集中在传统安全领域，包括美国持续数十年的对台军售以及对中国大陆实现国家统一的阻挠；支持日本、菲律宾和越南等国在东海和南海对华挑衅，侵占中国岛礁，损害中国领土主权完整；以中国为假想敌在西太平洋加强前沿军事存在；有增无减的对华海空抵近侦察和情报搜集，如此种种，不一而足。美国上述严重侵犯中国国家安全利益的行为，自然遭到了中国的强烈反对和针锋相对的坚决斗争，两国关系也一再因之出现严重波折，甚至一度陷入如1995—1996年台海危机那样剑拔弩张的境地。

与上述具有零和博弈特征的中美海权冲突相比，两国在非传统安全领域则具有日益增多的共同利益，并开展了互利双赢的合作，以共同应对形式多样的非传统安全威胁。例如，为了防范恐怖主义袭击，2003年7月29日，中美两国签署了《集装箱安全倡议》（Container Security Initiative）原则协议，防止恐怖主义分子利用海运集装箱藏匿大规模杀伤性武器，保障国际贸易供应链的安全。为了应对因自然灾害或海难造成的人道主义危机，2006年9月和11月，中美两国海军舰艇编队先后在美国加州圣迭戈附近海域和中国南海海域举行了首次海上联合搜救演习。2013年9月9日，中国由“青岛”号驱逐舰率领的海军编队在访问珍珠港后，在夏威夷附近海域与美国“伊利湖”号（USS Lake Erie）导弹巡洋舰率领的海军编队举行了海上联合搜救演习，双方共有 1000 余名官兵围绕编队通讯、直升机编队飞行、舰机协同、船只搜救等科目展开行动，并实现了两军直升机首次编队飞行、首次成立联合损管队、空中兵力首次联合搜索同一海域等多项突破性进展。又如在人道主义救援方面，2013 年 11 月，菲律宾因强台风“海燕”的袭击而遭受重创。美国派出以“乔治·华盛顿”号航空母舰为首的多艘海军舰艇前往救灾，中国也随即派出排水量达 14000 吨的“和平方舟”号医院船赶赴菲律宾，为数千名菲律宾受灾民众提供及时的医疗救治，这是中国海军首次参加国际人道主义医疗救助行动。2014 年 7 月，中国首次参加“环太平洋”军事演习期间，“和平方舟”号又与参演的美国海军“仁慈”号（USNS Mercy）医院船紧密合作，共同参与了大规模的灾害救援和医疗撤离训练。

四、结语

建设海洋强国是中国面向 21 世纪所提出的宏伟目标和重大部署。诚如习近平总书记所强调的，建设海洋强国对推动经济持续健康发展，对维护国家主权、安全、发展利益，进而实现中华民族伟大复兴都具有重大而深远的意义。然而，中国海权的发展却招致了美国无端的疑虑和猜忌。为了延续其在亚太地区的领导地位，维护以其为轴心的安全同盟体系，防止中国蓝水海军的雄心挑战美国的海洋霸权，美国与其盟友不断在中国周边海域寻衅滋事，制造事端，引爆了中美之间一系列海洋摩擦和冲突。但是在另一方面，双方也通过积极开展对话交流，建构制度化的合作机制，强化危机管控等措施，以避免两国因海上意外事件或战略误判引爆外交甚至军事危机，从而使得冲突与合作“双轨”并行不悖成为中美海权博弈的基本特征。

第五章　中美人文交流

潘亚玲

中美元首2013年达成构建新型大国关系的共识，为两国关系的长远发展指明了方向。在两国元首关心支持和双方共同努力下，2014年中美人文交流呈现出前所未有的良好态势，交流规模持续扩大，合作水平不断提升，为两国关系发展注入了不竭的动力。可以认为，中美人文交流在2014年又上一个新的台阶：机制化合作扎实推进，中美人文交流日益成为构建新型大国关系的稳定器；实质性合作全面扩大，中美人文交流成为两国人民“心通”的桥梁；在扎实推进中开拓创新，中美人文交流成为构建新型大国关系的助推器。

一、机制化合作扎实推进

进入21世纪以来，在国家全面推进对外人文交流的大战略下，中美人文交流日益深入，已与政治互信、经贸合作一道，共同构成了中美新型大国关系的三大支柱。2014年中美人文交流有力地支撑了中美新型大国关系的建设。

首先，中美两国高层对人文交流重要性的共识有力推动了新型大国关系的建设。习近平主席同美国总统奥巴马在各种场合以不同的形式交往和接触，两国元首都认为应该充分利用中美人文磋商机制来增进双方的了解、互信与合作。2014 年 3 月 24 在海牙会见美国总统奥巴马时，习近平主席表示，希望双方共同办好新一轮中美战略与经济对话、人文交流高层磋商、商贸联委会，力争取得更多积极成果。在 7 月 9 日出席第六轮中美战略与经济对话和第五轮中美人文交流高层磋商联合开幕式的致辞中，习近平主席希望中美双方“立足现实、着眼长远、深入沟通、相向而行”，为构建中美新型大国关系注入更多正能量。他认为，中美友好的根基在民众，希望在青年。中美双方应该鼓励和扩大两国人民友好往来，拓宽地方、智库、媒体、青年、社会各界交流渠道，不断夯实中美友好的社会和民众基础。奥巴马总统通过国务卿克里转达致辞表示，希望通过本轮对话和磋商证明，美中双方致力于围绕共同挑战、共同责任、共同利益构建新型大国关系，使合作成为美中关系的主旋律。在第五轮中美人文交流高层磋商后，习近平主席 7 月 14 日在与奥巴马总统的通话中，高度评价中美人文交流所取得的积极成果，认为它“为中美关系注入了新动力”。在 11 月 11—12 日与美国总统奥巴马的会晤中，习近平表示要加强人文交流，为两国关系发展树立正确民意和舆论导向。

国务院副总理刘延东在诸多场合都强调中美人文交流的战略重要性，强调人文交流要服务于整个中美关系的发展。在 2014 年 4 月 29 日会见美国林肯中心总裁杰德·伯恩斯坦时，刘延东指出，人文交流在促进中美两国人民相互了解和友谊、构建中美新型大国关系方面发挥着重要作用。2014 年 10 月 1 日，在与美国国务卿克里会谈时，外交部长王毅也指出了人文交流高层磋商的重要性。他说，在人文交流方面，双方应作出更多签证互惠安排，便利两国人员往来。克里对此表示认同并认为，双方要增进战略沟通，促进经贸、人文、两军等领域合作，共同应对国际和地区问题挑战，建设性管控分歧，这符合双方的共同利益。

其次，中美双方在2014年7月9—10日在北京举行第五轮中美人文交流高层磋商，将中美人文交流的机制化水平推向新的高度。国家主席习近平9日出席在钓鱼台国宾馆举行的第六轮中美战略与经济对话、第五轮中美人文交流高层磋商联合开幕式，并发表题为《努力构建中美新型大国关系》的致辞。他指出，中美两国人民对彼此都怀有淳朴友好的感情。中美友好的根基在民众，希望在青年。当今时代，经济全球化、社会信息化快速发展，但电话、网络永远不能取代人与人面对面的沟通和交流。植根于人心的友情，才是牢不可破的。我们要鼓励和扩大两国人民友好往来，拓宽两国地方、智库、媒体、青年、社会各界交流渠道，不断夯实中美友好的社会和民众基础。中国教育部副部长郝平和美国国务院副国务卿斯坦格尔作为中美双方协调人出席会议并致辞。郝平指出，一批人文交流旗舰项目的积极开展和有效落实，使两国普通民众从中受益，加深了两国人民的了解，拉近了两国民众的距离，使两国关系更具有韧性、更富活力。郝平强调，2014年是中美建交35周年，也是中美人文交流高层磋商机制建立的第5年。中方愿以此为契机，与美方共同努力，举办好本轮磋商，落实好中美两国元首重要共识，深入扎实细致地开展人文交流活动，开创中美人文交流新局面。斯坦格尔表示，双方在教育、科技、文化、体育、妇女、青年等领域分别举行磋商，2014年的成果更丰富。他特别强调青年就是未来，要信任年轻人，鼓励年轻人发展他们的领导力。

本轮人文磋商以“缔结青年纽带，塑造和平未来”为主线，分别就两国教育、科技、文化、体育、妇女、青年等领域合作情况进行总结，探讨下一步合作方向及举措，共计达成 104 项成果。本轮人文磋商的成果中，各领域都对成果进行了分类，其中既有“继续实施”项目、也有“创新设计”项目，充分体现了其机制化水平的提升。在 2014 年 7 月 10 日举行的磋商全体会议上，刘延东指出，在两国元首关心支持和双方共同努力下，中美人文交流引领作用日益显现，为两国关系发展注入了不竭动力。她认为，人文交流在中美关系中，既是“探路者”，也是“铺路者”，必须始终把人文交流作为构建新型大国关系的助推器、增信释疑的润滑剂，为中美关系发展提供正能量。双方应相互尊重，务实合作，持之以恒，共创和平与发展的美好未来。

在国家层次的高层磋商得到巩固和发展的同时，中美地方交流机制也得到了全面发展。中美地方交往可分为三个层次。

首先是整体性的地方交往，主要有以下四个方面的重要发展：一是第三届中美省州长论坛的举行。中美省州长论坛是依据 2011 年习近平与奥巴马所达成的共识而创建的。2014 年 11 月 11—12 日，第三届中美省州长论坛在美国加州安纳伯格庄园举行。本次论坛上，双方集中讨论了贸易、投资及地域经济合作等话题。此次论坛还开展了一系列中美政府及企业领导间的战略对话和商业洽谈，展开了有关全球经济发展中人类所面临的生态问题的对话。出席论坛的中美省州长有河南省委书记郭庚茂、陕西省委书记赵正永、江西省省长鹿心社、宁夏回族自治区主席刘慧、天津市市长黄兴国以及美国加州州长布朗、密歇根州长里克·斯奈德、华盛顿州州长杰·英斯利和波多黎各州州长帕蒂拉等。二是为庆祝中美友好城市交往 35 周年，中国人民对外友好协会与美国国际姐妹城城市协会在美国首都华盛顿共同举办 2014 年中美友好城市大会。活动主办方之一美国国际姐妹城市协会名誉主席、美国总统奥巴马为大会发来贺信。他说，通过为两国文化、教育和经济交流活动提供机遇，像美国国际姐妹城协会这样的组织正帮助两国的社区蓬勃发展，这样的努力让我们看到了民间外交的力量，能够解决紧迫的挑战，为所有人开创更美好的未来。中国人民对外友好协会副会长谢元在致辞中指出，今后中美友城发展应该注重增进友谊，积极推动双方地方政府、社会各界和市民的交流交往，增进人民相互了解和友谊，要深化合作，积极推动双方在经贸、科技、文化、教育、公共服务、城市管理、环境保护等各方面合作，还要制定科学有效可持续的友城发展战略，注重友城数量和质量协调发展。在此次友城大会前的欢迎招待会期间，中美又建立了5对友好城市。三是为落实中美战略经济对话期间中美两国政府签署的《关于旅游的联合声明》。2014年10月28日，由中国国家旅游局和美国旅游推广局、美国旅游行业协会共同主办的第八届中美省州（31+50）旅游局长合作发展对话会议在福建厦门举行。四是芝加哥市政府举办的中美城市间经贸合作主题活动于2014年12月17日召开，中国国务院副总理汪洋出席并发表题为《做中美互利友好合作的领军者》的致辞，倡议中美双方共同努力，继续推进两国城市间经贸合作。

其次是地区性的地方交往，集中体现为美国多地共同组团访问中国。例如，2014年5月26—6月15日，由洛杉矶前市长维拉莱戈萨率领的美国西部市长访华团访问中国。代表团由来自美国加利福尼亚州和内华达州的8位现任市长、副市长或前市长组成，对北京、湖北、四川和广东进行了访问。又如，2014年6月17—27日，由美国硅谷地区伯林格姆市市长迈克尔·布朗瑞格率领的硅谷地区市长代表团一行16人访问了北京、上海、深圳和武汉。布朗瑞格市长及代表团其他成员表示，这是硅谷地区市长首次组团访问中国，对中国的发展充满好奇与赞叹，对中国政府积极制定鼓励政策推动高科技产业发展印象深刻，这为硅谷地区开拓与中国的交流合作提供了难得机遇。再如，2014 年 12 月 7—16 日，由美国威斯康星州副州长克里费希率领的美国地方政府代表团对北京、四川、上海等地进行了访问。该代表团由来自威斯康星州、华盛顿州、纽约州、科罗拉多州、伊利诺伊州、田纳西州、堪萨斯州、密苏里州等 8 个州的中青年州议员、市长、市县政府官员等组成。

最后是大量的中美地方一对一的访问或其他活动，覆盖了地方政府交往、议会访问、商务活动、旅游推广等诸多领域。例如，美国洛杉矶市长埃里克·贾塞提于 2014 年 11 月 16—23 日率领代表团来华访问，考察团访问了广州、深圳、上海和北京；2014 年 5 月 11 日，内蒙古自治区党委副书记、自治区主席巴特尔在呼和浩特会见了来访的美国南达科他州州长丹尼斯·多加德一行，就进一步加强双方交流与合作交换了意见。又如，应外交学会邀请，美国加利福尼亚州议员代表团一行 23 人于 2014 年 12 月 6—12 月 17 日访华，代表团访问了北京、四川、上海等地。再如，2014 年 7 月 7、9、11 日，美国内华达州旅游文化事务局先后在成都、北京和广州举办了庆祝其驻中国办事处成立十周年的新闻发布会。

二、实质性合作全面扩大

人文交流，顾名思义是指与普通公众密切相连的“民心相通”工程。作为中美新型大国关系的三大支柱之一，人文交流承担着促进中美“心通”重任，通过人与人、心与心的交流，消弭隔阂与误解，增进理解与共识，不断为维护两国关系发展大局提供正能量。这也正是 2014 年中美人文交流的另一重要特点。中美人文交流作为民心相通的桥梁作用日益巩固，主要体现在中美建交 35 周年纪念、筹备二战胜利和抗战胜利 70 周年纪念和社会交往不断扩大两个方面。鉴于美国坚持对台售武、干涉中国香港内政、指控中国军官、打压中国经济崛起等小动作频频，人文交流正日益发挥着两国关系稳定器的作用。

2014 年是中美建交 35 周年纪念，中美人文交流以此为抓手，对中美关系中的各种杂音、噪音作出了有力的回击。2014 年 1 月 1 日，外交部部长王毅就发表题为《继往开来，努力构建中美新型大国关系——纪念中美建交 35 周年》文章。他指出，中美双方要加强防扩散、执法以及科教文卫体等广泛领域的对话、交流与合作。与此相应，为纪念中美建交 35 周年，中美各界展开了一系列的人文交流活动，如："飞越太平洋—中美邮件交流"展览；"庆祝中美建交 35 周年——中国当代国画作品展"；"纪念中美建交 35 周年暨叶剑英元帅生平事迹展"；费城交响乐团的"庆祝中美建交 35 周年系列活动"；中国人民对外友好协会的"纪念中美建交 35 周年招待会"；中美侨界联合举办的"纪念中美建交 35 周年研讨会"等等。

中国国家副主席李源潮在出席中国人民对外友好协会的"纪念中美建交 35 周年招待会"并会见来华参加纪念活动的美国前总统卡特时说，中美建交 35 年来，两国关系得到历史性发展。双方应认真落实两国领导人重要共识，坚定不移沿着构建中美新型大国关系的正确方向走下去，坚持不冲突不对抗、相互尊重、合作共赢的方针，推动中美关系在今后更加健康地发展。中共中央政治局常委、全国政协主席俞正声在会见参加"纪念中美建交 35 周年研讨会"的侨界和专家学者代表时也指出，长期以来，广大海外侨胞为支持中华民族发展事业、促进祖国和平统一、增进中国人民同世界各国人民的友好合作作出了重要贡献。在美华侨华人经历和见证了中美关系不平凡的发展历程，在促进中美两国友好关系方面发挥了重要作用。当前，中国经济发展进入了新常态，更加需要广大侨胞的积极参与和支持。俞正声说，中美关系的顺利发展既造福于两国人民，也有利于世界的和平与发展。

中美人文交流的发展还体现在提前系统筹备二战胜利和抗战胜利70周年纪念上。在当前国际体系转型进入攻坚时期、以日本为代表的修正国家试图否认二战成果的背景下，系统筹备二战胜利70周年有着重要的战略意义。在这一筹备过程中，有两个方面的提前动员相当重要：一是二战中的中美合作及其对当前国际体系转型中的中美合作和中美新型大国关系建构的意义。2014年，由中国人民对外友好协会主办的“向友谊致敬——二战中美合作图片展”先后于5月19日和7月23日，分别在美国华盛顿雷伯恩众议院大厦和美国尼克松图书馆展出，由美国国家档案馆提供的近100幅历史照片展示了二战期间中美军民为和平并肩作战的珍贵友谊。二是二战中为中国抗战作出重要贡献的“飞虎队”。2014年5月13日，国务院副总理刘延东在人民大会堂会见美国“飞虎队”飞行员格伦·本尼达家人及美国“飞虎队”历史组织主席詹姆斯·怀特黑德一行。刘延东高度评价中美两国在二战中并肩作战共同抗击法西斯侵略的合作历史，以及美国“飞虎队”队员等援华防空人员为此所作的贡献。这段体现两国人民互助互爱、友好合作的历史，对于新时期中美关系的发展具有重要启示意义。希望中美两国人民在历史合作基础上扩大交流，增进友谊，为中美新型大国关系的发展做出不懈努力。2014年5月13日，以美国“飞虎队”飞行员格伦·本尼达为原型，电视连续剧《血符》正式发布。

该电视剧讲述了本尼达驾机被日军击落后的近60天中，被中国军民救助并成功脱险的感人故事。此外，中国人民解放军总参谋长房峰辉也于2014年5月15日在华盛顿会见了“飞虎队”老兵杰·温雅德、“飞虎队”指挥官陈纳德将军的外孙女尼尔·凯乐威、时任美军驻中缅印战区司令兼盟军驻中国战区参谋长史迪威将军的长孙约瑟夫·史迪威及其家人。

在上述纪念活动之外，中美人文交流在2014年全方位展开，继续推动着中美社会层面的深入交流。教育领域，中国继续实施“三个一万”项目（即公派万名学生赴美攻读博士学位、“汉语桥”万人来华研修项目、提供一万个中美人文交流专项奖学金名额）。根据美国国际教育学会于2014年11月17日发布的2014年度《门户开放报告》显示，2013—2014学年中国大陆在美国大学留学生比上一学年增长16.5%，达到27.4万人，是在美国国际学生的头号来源地。为进一步促进“三个一万”项目，孔子学院总部/国家汉办与美国大学理事会、亚洲协会于2014年5月8—10日联合主办第七届全美中文大会。大会以“兼蓄融通，汉语东西南北中”为主题，历时3天，共有来自美国各州政府教育部门官员、大中小学校长、汉语教育专家及教师等1200多名代表与会。在中国，由中国教育部主办、国家留学基金管理委员会和美国驻华使馆公共事务处联合承办的“中美留学35年”活动也于2014年7月10日召开，以进一步加强中美两国学生学者交流，推动两国文化交流合作。

2014年恰逢孔子学院建立十周年。习近平主席在发来的贺信中指出：孔子学院属于中国，也属于世界。孔子学院的宗旨是帮助各国人民学习汉语，了解中华文化，增进相互了解和友谊。但2014年在美国的孔子学院发展也面临一些小波折，先是芝加哥大学于9月底宣布将停办该校的孔子学院，后是新泽西州议员史密斯在12月初的听证会上表示应调查孔子学院是否限制了美国大学的学术自由。对此，中国方面指出，美国所有孔子学院都是应美国大学的自愿申请，由孔子学院总部、中国大学与美国各大学经友好协商订立正式协议而设立的，孔子学院是根据美方自愿申请提供教师教材等支持和帮助，从来没有强加于人，也不可能对大学的学术自由、诚信构成威胁。

科技领域，中美双方继续提高合作与交流水平，探索建立两国科技人员交流合作新机制，促进妇女在科学、技术、工程等方面的发展。由中国科技部、中科院、国家自然科学基金委和美国国家科学基金会共同主办，中国科学技术交流中心承办的2014年“中美科技人员交流计划”于2014年6月10—8月3日举行，来自美国耶鲁大学、马里兰大学、加州大学伯克利分校等高校的40名美国博士研究生参加了此次活动。由中国科技部和美国国务院共同主办的第五届“中美青年科技论坛”于2014年3月26日在美国首都华盛顿举办，主题为“女性与科学”。此外，由中美两国科学院联合举办、国家自然科学基金委和美国卡弗里基金会共同支持的“第十六届中美前沿科学研讨会”也于2014年10月11—13日在中国举行。

中美双方在音乐、舞蹈、视觉艺术等文化领域展开密切合作。2014年7月，《中华人民共和国政府与美利坚合众国政府文化协定2014年至2018年执行计划》《中华人民共和国文化部和美利坚合众国博物馆图书馆服务署关于支持建立文化交流合作伙伴关系的谅解备忘录》和《中华人民共和国文化部和美国华盛顿州关于支持建立文化交流伙伴关系的合作谅解备忘录》三项合作文件得以签署。为加深彼此之间的了解和友谊，中美合作举办各类综合性文化活动，如史密森民俗节中国主题活动、“跨越太平洋·中国吉林文化周”、“中美文化论坛”等。中美双方还开展了一系列旨在促进两国青少年相互了解的文化交流活动，“芝加哥大学中国文化节”“带我去中国”等活动对推动美国青少年了解和喜爱中国文化发挥了重要作用。美国芝加哥大学“展望中国——中国文化节”系列活动自 2014 年 2 月开始，历时 4 个多月，内容包括“中国戏曲中的视觉文化”展览、“中国戏曲电影节”、天津京剧团“京剧折子戏演出”以及中央音乐学院“兰维薇教授琵琶独奏音乐会”等文化活动。印第安那波利斯儿童博物馆于 2014 年举办了“带我去中国”系列活动，向美国青少年展示中国丰富的文化遗产。

中美双方在体育和妇女领域的合作也朝向更加深入的方向发展。如“第三届中美大学生体育文艺周”、“全国学校篮球教练员高级培训班”、美国篮球职业联赛代表团参加南京青奥会、美国职业棒球大联盟来华、中国棒球协会赴美参加友谊赛等活动层出不穷。在妇女领域，中美双方在女性领导力的培训、预防乳腺癌宣传等方面达成共识。

最后，为便利中美人文交流，中美双方还在签证便利化、航线多样化等方面作出了重要努力。2011 年 11 月，中美双方达成协议，将为对方国家商务、旅游人员颁发 10 年多次签证，为留学人员颁发 5 年多次签证。中国国家主席习近平指出，两国就商务、旅游、留学人员签证达成互惠安排，这将极大便利两国人员往来。美国总统奥巴马表示，这一重大突破对那些经常往返出差的人有好处，这符合双方利益，双方经济都会受益。2014 年，中美之间新开通多条航线，如北京—休斯敦、檀香山—北京、旧金山—成都、广州—纽约、广州—武汉—旧金山等，大大便利了中美之间的人员往来和交流。

三、创新性合作上新台阶

在中美人文交流日益走向成熟的背景下，中美人文交流始终不断开拓创新，成为构建新型大国关系的助推器。2014 年，中美人文交流的创新性和开拓性均不断增强，重点体现在第一夫人外交、智库交流深化、交流对象区分细化等三个方面。

第一，2014 年的第一夫人外交成为中美人文交流的一大亮点。应中国国家主席习近平夫人彭丽媛邀请，美国总统奥巴马夫人米歇尔·奥巴马于2014 年3 月20 日下午抵达北京，开始对中国进行为期 7 天的访问。除北京外，米歇尔一行还访问了西安和成都。米歇尔的母亲罗宾逊夫人，女儿玛利亚和萨莎陪同一起访华。米歇尔此次访问的重点是教育合作和青年交往，通过访问进一步推动中美人文交流。21 日，中国国家主席习近平和夫人彭丽媛在钓鱼台国宾馆会见了美国总统奥巴马夫人米歇尔。习近平在会谈中，欢迎米歇尔女士一行访华，并请她转达对奥巴马总统的亲切问候和良好祝愿。习近平强调，中美关系对两国和世界都十分重要。“我珍视同奥巴马总统业已建立的良好工作关系和友谊。我们通过会晤、通话、通信等方式保持着密切联系。我期待过两天在荷兰海牙同奥巴马总统再次会晤，也欢迎他今年 11 月来北京出席亚太经合组织领导人非正式会议。我相信，通过双方共同努力，中美关系一定会朝着构建新型大国关系的目标不断向前发展。”彭丽媛表示，中美文化和教育各有特色，可以互学互鉴。希望更多的美国朋友能够分享你们在中国的见闻，了解中国悠久的历史文明和当代发展进步，也希望米歇尔把中国人民的友谊传递给美国人民。米歇尔对中方的热情接待表示感谢，并表示将鼓励其女儿和美国青少年多了解和学习其他国家的传统和文化。3 月 22 日，米歇尔在北京大学斯坦福中心发表演讲，与中美学生见面，探讨留学议题以及科技在文化交流中发挥的重要作用。

习近平主席夫人彭丽媛女士和奥巴马总统夫人米歇尔女士共同关心中美两国中小学生友好交流的发展。在两国元首夫人的关心支持下，“千校携手，热爱自然，绿色生活”项目于 2014 年 7 月 10 日在第五轮中美人文交流高层磋商会议全体大会上启动。百余名中美中小学生代表参加了此次活动，共同倡议“热爱自然，节约能源，保护环境，绿色生活，美好明天”。该项目通过搭建千所中美友好校际合作关系，推动中美两国中小学生之间的交流，倡导绿色生活、保护环境理念。国家主席习近平夫人彭丽媛向活动发来贺信，贺信中说：“青少年是两国人民友好关系的未来，加强两国青少年交往是我和米歇尔女士的共同期待，希望两国青少年在人文交流中增进相互了解和友谊”。美国总统奥巴马夫人米歇尔女士在贺信中感谢彭丽媛女士对自己访华的热情接待，她认为两国民众是中美关系的基础，加强人民间的交流意义重大。

第二，2014 年中美人文交流中的智库作用日益明显。基辛格是推动中美关系正常化的重要人物。2008 年 7 月，伍德罗·威尔逊中心成立“基辛格中美关系研究所”，并致力于增进美中相互了解，促进美中关系发展。2014 年 4 月 29 日，基辛格美中关系研究所新标志启用仪式举行，中国驻美大使崔天凯出席并为新标志手书汉字“基”。美国前国务卿基辛格、威尔逊中心总裁、前众议员简·哈曼、前国家安全事务助理斯考克罗夫特、前驻华大使芮效俭、洪博培以及研究所董事会主要成员出席了活动。与基辛格美中关系研究所类似，于 2011 年 6 月创立的芝加哥大学保尔森中心也致力于推进中美两国全方位的合作，以共同应对可持续发展与环境保护等全球性问题。2014 年 7 月 2 日，习近平主席在会见美国前财长保尔森时，赞赏保尔森及其创建的保尔森中心为促进中美交流合作作出的积极努力。习近平强调，中方一贯从战略高度和长远角度看待和处理中美关系，不因一时一事而改变。两国的共同利益和相互联系远大于差异和分歧。双方要充分发挥中美战略与经济对话等机制的作用，加强沟通，探讨合作，善作善成，为中美关系不断凝聚和注入正能量，为两国人民不断带来看得见的成果。保尔森表示，将和保尔森中心积极致力于推动美中关系健康发展。

在中国方面，智库也日益积极地参与到中美人文交流之中，其典型是北京大学中美人文交流基地。2014 年 6 月 21—22 日，北京大学中美人文交流基地和布鲁金斯学会在北京香港马会共同举行第四轮中美民间战略对话，就亚太再平衡、海洋领土争端问题以及中美新型大国关系等问题深入交换意见。北京大学国际关系学院院长、中美人文交流基地执行主任贾庆国教授和美国布鲁金斯学会桑顿中国研究中心前主任波拉克共同主持了此次对话。2014 年 7 月 9—10 日，北京大学中美人文交流研究基地与布鲁金斯学会在北京大学举办“中美青年智库学者对话”，由美国马里兰大学、美国中文同学会和世界银行对话圈项目协办。此次活动由政策研讨、模拟谈判、会议观摩三部分组成。通过展开对话以及模拟谈判，并结合多种文化交流形式，加深了中美青年学者对双方政策和决策过程的了解，培养了未来中美关系使者的文化交流能力与创新能力。

第三，2014 年中美人文交流的创新性合作还体现在对美国交流的对象区分日益细化，与美国的老朋友、华人华侨以及各族裔群体的交往不断深入扩大。

一是推动与“老朋友”往来。应中方邀请，莎拉 · 兰迪夫人率领的美国艾奥瓦州“老朋友”代表团访华，于2014年5月11日至13日对上海和河北省进行了考察。此外，中方还与诸多退休政要保持密切联系，如卡特、老布什、克林顿、小布什、基辛格、奥尔布赖特、布热津斯基、芮效俭等前美国政要及其家人，使越来越多的“老朋友”就中美关系更为客观、平衡地发声。

二是在美的华人华侨。2014年12月15日，由中国海外交流协会、美国百人会、全球华人政治学家论坛联合举办的侨界“纪念中美建交35周年研讨会”在北京召开，中国海外交流协会美国理事、美国百人会成员、全球华人政治学家论坛成员、国内外学者等约130多人参加了研讨会。中国海外交流协会常务副会长裘援平认为，中美共同探讨中美关系的未来发展和华侨华人在其中的促进作用，具有积极的现实意义。与会代表围绕“战略互信与中美关系”和“华侨华人与中美关系”话题进行了深入的研讨。2014年4月24日，哈佛大学商学院在其波士顿校区为赵朱木兰中心举行奠基仪式。这既是哈佛大学历史上第一次以女性命名的建筑，也是第一座以华裔命名的建筑。此外，2014年内中国政府与美国华人华侨的交往也非常密切，与包括百人会、美国华商总会、旧金山湾区中国统一促进会、驻美中华总会馆、美东华人社团联合会、美中文化协会等在内的诸多华人华侨组织及其代表有过会面。诸多知名侨领积极参与到如“十万强”、纪念“飞虎队”等活动中，其典型是方李邦琴女士。刘延东副总理在2014年3月21日会见方李邦琴女士时，对她多年来致力于中美友好交流和推动祖国统一、支持中国教育事业发展表示赞赏，肯定“十万强”基金会为推动美国学生来华留学所做的积极努力，鼓励方李邦琴女士为推动中美人文交流和中美关系的发展作贡献。

三是加强与美国各族裔群体的接触，主要包括泛亚裔、犹太裔和非洲裔三大族裔群体。

促进同泛亚裔的交往。泛亚裔在美国政治中的重要性正持续上升。2014 年 5 月 24 日，首届“美国亚太裔传统月—中国周文化节”在美国首都华盛顿国家广场开幕。2014 年，中国驻洛杉矶总领馆与越柬寮侨胞的联系非常密切，广大越柬寮侨胞还曾为中国云南地震捐款。2014 年 12 月 14 日，中国驻洛杉矶总领馆举行专门的联谊招待会，来自南加州近百位越柬寮侨胞出席。

加强同犹太裔的联系。犹太裔在美国政治中的影响力不言而喻。中国曾在二战中为犹太人提供了重大帮助，因此在纪念二战胜利 70 周年的筹备努力中，动员犹太人的力量既可加大对纪念二战的力度，又可强化中国与犹太人的友谊，使中国在美国国内政治中的可用资源进一步强化。2014 年 5 月 12 日，中国驻美公使陆慷在使馆会见正在华盛顿出席美国犹太人协会年会的部分代表。陆公使表示，中国人与犹太人的友谊源远流长。第二次世界大战期间，中国向犹太人敞开大门，上海接收了 1.8 万余名犹太难民，帮助他们度过了最艰难的时期。美国犹太人协会“生活委员会”主席、前美国国防部副部长扎凯姆表示，他的父亲就是当年在上海生活过的犹太难民之一，他由衷感激二战期间中国人向犹太人提供的宝贵帮助。美国犹太人协会今后将进一步加强与中国驻美使馆的联系和合作，将中犹民族友谊发扬光大。2014 年 6 月 24—29 日，上海犹太难民纪念馆与美国犹太人协会共同举办的“犹太难民在上海”展览在华盛顿沃特·华盛顿中心举行，中国驻美大使崔天凯出席了于 23 日举行的展览招待会暨开幕式。

重视同非洲裔族群的交流合作。2014 年 7 月 9 日，“美国传统非洲裔学院与大学与中国院校圆桌会议”在北京举行。出席会议的美方代表团由霍华德大学、陶格鲁学院等 8 所美国传统非洲裔学院与大学的 14 名校领导组成，中方代表团由中国人民大学、复旦大学、南京师范大学等 13 所院校的 25 名校领导组成。中国教育国际交流协会秘书长生建学与美国传统非洲裔学院与大学代表团团长摩根州立大学校长大卫·威尔逊签署了合作谅解备忘录。第五轮中美人文交流高层磋商也决定，在 2014—2017 年间，中方将为传统非洲裔大学联盟的学生来华学习提供 1000 个奖学金名额。

在上述三方面的创新进取之外，中美人文交流也有诸多具体举措出台，如创立民间性质的中美人文交流基金、“知行中国”青年学者项目、“中美百校合作伙伴关系”、“跨越太平洋—中美文化交流合作项目”等。

四、展望 2015 年

2014 年的中美人文交流在 2013 年基础上取得了新的重要进展，机制化水平进一步提升，地方和社会交往日益深入，推陈出新势头保持良好。需要指出的是，2015 年的道路未必平坦，尽管已有一定合作基础，但有关 2015 年后国际发展议程和 2020 年后全球减排机制的政府间谈判可能使中美在全球治理上的分歧凸显；尽管已有相当进展，但 2015 年即将启动的美国 2016 年总统大选可能使美国国内政治变得更为复杂，进而为中美关系带来更大挑战；前述两个方面的结合，可能使中美既有的矛盾更加突出，同时新的挑战可能出现。所有这些都会为 2015 年的中美人文交流带来重大压力。换句话说，2015 年的中美人文交流机遇与风险并存，但风险有可能上升。中美人文交流需要进一步提升战略意识，促进民间交流为中美关系大局服务；需要进一步强化草根意识，培育更为扎实的中美社会基础；需要进一步开拓创新，出台更具社会分层针对性的政策举措。

二、大事记部分

2014 年中美关系大事记

1 月

1 月 1 日 中国外交部部长王毅发表《继往开来，努力构建中美新型大国关系——纪念中美建交 35 周年》文章。他指出，把握正确方向是发展中美关系的关键所在。积极寻求共同利益是推进中美关系发展的动力源泉。相互尊重是管控好两国分歧的正确方法。人民之间的友谊永远是中美关系发展的重要基础。今天，中美构建新型大国关系更需要双方继续创新思维，积极行动，让中美关系始终走在时代的前列。中美双方要不断增进战略互信，要积极拓展各领域务实合作，要继续加强在国际和地区问题上的沟通与协调，要妥善处理双边关系中的敏感问题，要进一步活跃各界交流，要秉持与时俱进的精神，推动中美关系的航船破浪前行。他表示，我们对中美关系的前景充满信心。只要中美双方坚持两国元首确定的方向，以扎实的行动相向而行，中美构建新型大国关系的宏伟目标就一定能够实现。

1 月 1 日 中国驻纽约总领事孙国祥大使应邀赴纽约市政厅出席纽约市市长白思豪、市公益维护人詹乐霞以及市主计长斯静格的就职仪式。美国前总统克林顿夫妇、纽约州州长库默、纽约州联邦参议员舒默、纽约前市长布隆伯格、丁金斯以及纽约各界人士近 5000 人出席了就职仪式。

1 月 2 日 针对美国国防部和国务院日前宣布，向斯洛伐克移交在关塔纳摩监狱关押的 3 名中国籍维吾尔族嫌犯一事，中国外交部发言人秦刚在答记者问时表示，中方一贯要求美国将关押在关塔纳摩监狱的中国籍嫌犯移交中国，并坚决反对美国将上述嫌犯移交第三国安置，也反对任何国家以任何名义接收他们。上述嫌犯是联合国安理会认定的恐怖组织“东突厥斯坦伊斯兰运动”成员，是地地道道的恐怖分子。他们不仅严重威胁中国国家安全，而且对接收国自身安全也将构成威胁。中方希望有关国家认真履行国际义务，不给犯下恐怖罪行的人员提供安全庇护，早日将嫌犯移交中国。此外，针对美国国务院副发言人日前在回答新疆莎车暴恐案件时称，美方呼吁中方允许公民自由表达不满，希望中国公安部门保持克制之事，秦刚指出，新疆自治区公安部门已就有关案件发布了情况。我想强调的是，这是一起暴力恐怖案件，事实清楚，证据确凿。恐怖主义就是犯罪，是反社会、反人类的国际公害。在打击恐怖主义这个问题上，国际社会是有共识的，认识也应该是统一的。我们一贯坚决反对个别国家在反恐问题上采取“双重标准”。美国国务院副发言人的表态罔顾事实，苍白无力，根本无法自圆其说。美国人民也是恐怖主义的受害者。己所不欲，勿施于人。大家可以设想，如果类似的暴力恐怖案件发生在美国，别的国家也做出类似美国国务院那位副发言人那样的表态，美国人民会作何感想，美国政府又将作何反应。我们敦促美方在反恐问题上摒弃“双重标准”，立即停止这种说一套、做一套的做法，避免向暴力恐怖势力发出错误信号，以实际行动维护国际社会反恐合作。

1 月 2 日 中国外交部发言人秦刚就中国驻旧金山总领馆 1 月 1 日遭不明身份人员纵火一事表示，中国外交部和驻美有关使领馆已就此向美方提出严正交涉，要求美方尽快破案，严惩肇事者，并采取有效措施加强对中国驻美外交机构及人员的安全保护，确保不再发生类似事件。

1月2日 美国国务院副发言人玛丽·哈夫发表声明，对有关1月1日一名纵火犯针对中国驻旧金山总领馆行动所造成破坏的报道深表关切。她在声明中称，美国将会非常严肃地处理这一事件，国务院外交安全局会同联邦调查局和当地部门进行联手调查、逮捕罪犯。美国国务院官员正在与中国官员沟通，将为破案提供各种支持以及最新情况。

1月3日 中国驻美大使崔天凯在中国驻美大使馆举行的记者会上表示，中国驻旧金山总领馆遭纵火是一起“非常严重的犯罪事件”，特别是它发生在新年的第一天，更加令人感到震惊。他透露，案发后中国外交部、中国驻美大使馆和驻旧金山总领馆在第一时间向美方交涉，要求彻查此事，将罪犯绳之以法，并采取切实措施保护中国驻美外交机构及人员的安全。

1月3日 中国驻美大使崔天凯在使馆就中美建交35周年等问题向华文媒体进行吹风并回答了记者的提问。崔大使表示，2014年是中美建交35周年。35年来，中美关系取得历史性发展，总体保持向前发展的势头。35年的历程告诉我们，中美关系是基于两国共同利益的关系，是超越双边范畴的关系，是一种面向未来，与时俱进的关系，是一种相互尊重、妥处分歧的关系。

1月5日 中国驻旧金山总领事袁南生应邀出席美联邦众议员、国会少数党领袖佩洛西新年庆祝会。袁总领事还向出席活动的美联邦参议员广野庆子表示祝贺，祝贺她当选夏威夷州首位女性亚裔国会参议员。

1月6日 青岛高新区正式获批建设中美（青岛）科技创新园。

1月6日 全国社会保障基金理事会理事长谢旭人会见北美信托银行董事长兼首席执行官华德谊先生一行。

1月6日 中国国家宗教事务局二司郭伟司长、外事司肖虹副司长会见了应基督教全国两会邀请来访的美国葛培理布道会副总裁盖里·伦德斯姆一行。双方就进一步加强合作交换了意见。

1月7日 中国财政部副部长朱光耀在京会见了美国布鲁金斯学会资深研究员李侃如。

1月7日 中国教育部副部长郝平会见了微软公司全球资深副总裁、微软大中华区董事长兼首席执行官贺乐赋一行。会见后，双方见证了教育部与微软公司关于《中国教育信息化第三期合作战略合作备忘录》的签署。

1月7日 中国国家卫生计生委副主任孙志刚在京会见了美国哈佛大学卫生经济学教授肖庆伦，双方就我国深化医药卫生体制改革交换了意见。

1月8日 中国国家邮政局局长马军胜在京会见了来访的美国德勤公司邮政行业总监保罗·沃格尔一行。双方就中美两国邮政、快递市场以及电子商务行业发展现状和未来趋势等问题交换了意见。

1月9—10日 中国国家航天局局长许达哲率中国航天代表团赴美出席了在华盛顿举行的“2014年国际空间探索论坛暨国际宇航科学院航天局长峰会”。出访期间，许达哲与美国国家航空航天局局长博尔登进行了会谈，就双方航天合作相关情况进行了交流。

1月10日 首届心智障碍者权益研讨会在北京美国中心召开。此次会议由中国社会福利基金会天天爱基金主办，北京慧灵智障人士服务机构承办，美国大使馆、蜗牛网——心智障碍者自主生活平台协办。会议就“心智障碍者和亲友如何自我倡导，推动《联合国残疾人公约》的落实”“中国智障者现状及对策”“心智障碍者的就业权和养老权益”等主题进行了研讨和交流。专家学者、心智障碍者代表以及来自全国数十家机构代表等100余人出席了此次研讨会。

1月12日 “舞台上的中国——第三届中美演艺合作研讨会”在美国纽约中城希尔顿酒店召开。研讨会由中国文化部外联局、驻纽约总领馆、全美演艺出品人协会共同主办，广州市文化广电新闻出版局和广州国际演艺交易会承办。

1月13日 中国国务院总理李克强在北京中南海紫光阁会见美国《科学》杂志主编麦纳特。李克强表示，尊重科学、尊重知识是中华民族的优良传统。当今时代，科学技术不仅关乎经济社会发展，而且事关民生改善。希望《科学》杂志继续支持中国科技事业进步，促进基础科学研究，向国际社会积极传播中国科学界的声音，扩大中外科研成果交流互鉴。麦纳特祝贺中国“嫦娥三号”不久前成功登月，祝愿中国在航天、空间探索等领域取得更大成就。她表示，中国高度重视科学，充分利用科学技术发展经济，改善民生，积极应对气候变化、环境污染等全球性挑战，开展对外科学合作，为发展中国家培养科技人才，这将有力促进中国和世界的可持续发展。《科学》杂志期待同中方进一步加强交流与合作。

1月13日 中国科学院院长白春礼在京会见了来访的美国《科学》杂志主编麦纳特一行。

1月13日 中国教育部部长袁贵仁会见了美国杜克大学校长理查德·布罗海德一行。袁贵仁积极评价了杜克大学与中国高校开展的交流与合作，对杜克大学与武汉大学合作设立昆山杜克大学所取得的进展表示祝贺，希望昆山杜克大学能够充分利用中美双方的办学优势，探索独具特色的高等教育模式，为中国乃至世界培养国际化高水平人才。布罗海德感谢中国教育部对筹建昆山杜克大学给予的指导和支持，表示将与武汉大学共同努力，将该校建设成为一所高水平大学。

1 月 13 日　中国工业和信息化部副部长杨学山会见了美国 IBM 公司大中华区董事长兼首席执行总裁钱大群，就推动双方合作进行了交流。

1 月 14 日　经中国国务院批准并经中美双方互换照会确认，《中华人民共和国政府和美利坚合众国政府对旧石器时代到唐末的归类考古材料以及至少 250 年以上的古迹雕塑和壁上艺术实施进口限制的谅解备忘录》修订及顺延有效期工作顺利完成。新文本于 2014 年 1 月 14 日生效，有效期 5 年。

1 月 14 日　中国教育部副部长郝平会见了国际商业机器（中国）有限公司（IBM）大中华区董事长兼首席执行官钱大群一行。郝平积极评价了 IBM 公司与中国教育部的合作，感谢 IBM 公司长期以来对中国教育的关注和支持，鼓励该公司继续在教师培训、课程开发、人才培养、联合研究等多个方面支持中国教育的发展。会见后，双方共同见证了《中华人民共和国教育部与国际商业机器（中国）有限公司合作项目备忘录》的签署。

1 月 14 日　中国工业和信息化部部长苗圩会见了美国苹果公司首席执行官蒂姆·库克，就中国信息通信业发展以及苹果公司在华合作等交换了意见。

1 月 14 日　北京市长王安顺会见了来访的美国苹果公司首席执行官蒂姆·库克一行。

1 月 15 日　中国国家粮食局副局长卢景波会见了来访的美国谷物协会董事会主席朱利叶斯·斯查夫先生一行。

1月15日 四川省省长魏宏在成都会见了美国3M公司全球运营执行副总裁辛学哲一行。

1月15日 中国驻纽约副总领事张美芳应邀出席西郊犹太联盟在新泽西举办的“上海圣殿”展览并致辞。活动期间，西郊犹太联盟财务总监霍华德·拉布内向总领馆赠送了感谢牌匾，张副总领事回赠了书籍《犹太人在中国》。

1月15日 中国驻旧金山总领事袁南生在拉斯维加斯市政厅会见该市市长卡洛琳·古德曼。

1月16日 中国驻美国大使崔天凯在纽约接受美国公共电视网（PBS）“查理·罗斯”栏目专访，就中美关系、中日关系、十八届三中全会和中国经济社会发展以及朝核、网络安全等国际地区热点问题等回答了该栏目主持人罗斯的提问。

1月16日 中国驻旧金山总领事袁南生在拉斯维加斯拜会内华达州州长桑多瓦尔和副州长克洛里奇。

1月17日 美国国务院国际儿童事务特别顾问苏珊·雅各布斯大使、美国驻华使馆公使衔参赞兼总领事白智理及美国驻华使馆、驻广州领事馆官员一行6人访问中国儿童福利和收养中心，拜访中心李波主任，并就中美涉外收养合作相关事宜与中心进行交流。

1月18日 中国驻旧金山总领事袁南生会见联邦参院前临时议长泰德·史蒂文斯之女莉莉·贝克夫妇。袁总领事赞赏史蒂文斯参议员长期以来坚持对华友好，积极推动中美交流与合作，感谢其在二战期间作为“飞虎队”成员为支援中国人民抗战所作贡献。

1月19日 美国“飞虎队”历史组织主席、退休空军少将詹姆斯·怀特黑德就日本首相安倍晋三参拜靖国神社致信中国驻美国大使崔天凯，声明该组织在安倍参拜问题上的严正立场。

1月19日 河南省平顶山市市长张国伟与美国华盛顿州贝尔优市市长李瑞麟在郑州签署了建立友好交流城市关系协议书。签字仪式前，张国伟等会见了李瑞麟一行，双方就加强沟通与合作进行了交流。

1月20日 中国国务院副总理汪洋在中南海紫光阁分别会见了美国波音公司副董事长、波音民用飞机集团总裁兼首席执行官雷蒙德·康纳一行和美国前贸易代表、世界银行前行长佐利克一行。在会见雷蒙德·康纳时，汪洋表示，中国在全面深化改革的过程中，将构建开放型经济新体制，继续完善外商投资管理体制，努力为外商投资营造公开透明、平等竞争的环境。在会见佐利克时，汪洋希望中美双方进一步加强沟通理解，深化务实合作，有效管控分歧，积极构建中美新型大国关系。

1月20日 全国社会保障基金理事会理事长谢旭人会见美国前贸易代表、世界银行前行长佐利克一行。

1月21日 中国财政部部长楼继伟在京会见了美国前贸易代表、世界银行前行长佐利克一行。

1月21日 国务院发展研究中心主任李伟会见了美国前贸易代表、世界银行前行长佐利克一行。

1月22日 中国国家副主席李源潮在北京会见了美国常务副国务卿伯恩斯。李源潮说，今年是中美建交35周年。双方应深入落实两国元首重要共识，坚定不移地把握中美构建新型大国关系的方向，积极扩大各领域务实合作，妥善管控分歧和敏感问题，推进各层次全方位交往，推动中美关系良性发展。伯恩斯表示，良好的美中关系不仅对美中两国非常重要，而且对全世界也有重要意义。美方致力于推进与中国的积极全面合作，共同努力构建美中新型大国关系。

1月22日 中国国务委员杨洁篪在北京会见美国常务副国

务卿伯恩斯。杨洁篪说，去年中美关系取得重要积极进展，今年两国关系发展面临新的重要机遇。双方应按照习近平主席与奥巴马总统达成的重要共识，加强互信与合作，妥善处理分歧，推动中美新型大国关系建设不断取得新进展。伯恩斯表示，美方致力于发展积极、合作的美中关系，愿与中方加强双、多边领域对话合作，共同管控好分歧，继续推进新型大国关系建设。

1月22日 中国外交部部长王毅在瑞士蒙特勒会见美国国务卿克里。王毅表示，今年中美两国将有一系列重要的会晤和互访活动。希望双方共同努力，保持两国高层战略沟通的积极势头，深化各领域务实合作，妥善处理分歧和敏感问题，推动中美新型大国关系走实走好，为地区乃至世界的和平与稳定作出积极贡献。克里表示，赞同中方有关发展美中关系的思路和设想，双方应继续加强在重大地区热点问题上的沟通与磋商，不断充实美中新型大国关系内涵。双方还就中日关系、朝鲜半岛局势等问题交换了意见。

1月22日 中国外交部部长助理郑泽光与美国助理国务卿拉塞尔在北京共同主持第五次中美亚太事务磋商。双方就亚太地区形势、中美各自亚太政策等广泛议题坦诚、深入地交换了意见。磋商期间，双方发表了两国在相关领域开展合作的项目清单。

1月22日 中国人民解放军副总参谋长王冠中在八一大楼会见了美国常务副国务卿伯恩斯。王冠中说，在两国元首的亲自推动和双方的共同努力下，两军关系在过去的一年里取得重要进展，确认将共同致力于构建中美新型军事关系，并推动建立重大军事活动通报机制和海空军事安全行为准则，两军交流与合作项目创历史新高。同时，影响两军关系发展的“三大障碍”依然存在。今年是中美建交35周年，希望双方相向而行，以实际行动推动两国两军关系健康稳定发展。伯恩斯表示，美中两国两军关系呈现出积极的发展势头，特别是两国元首达成的共识正逐步得到落实。两军关系是美中新型大国关系的核心部分。美方愿与中方加强各层次的沟通，增进两国两军交流和双方互信。

1月22日 中共中央台湾工作办公室主任张志军在京会见了美国常务副国务卿伯恩斯。双方就当前两岸关系形势、中美关系中的涉台问题交换了看法。

1月22日 中国国家能源局副局长张玉清在京会见美国国务院助理国务卿、国际能源事务特使帕斯卡尔。双方就中美天然气领域合作等事宜交换了意见。

1月22日 美国国务院助理国务卿、国际能源事务特使帕斯卡尔访问中国科技部，与科技部社会发展科技司副司长田保国、国际合作司副司级参赞蔡嘉宁举行了会谈。双方就页岩气技术研发等事宜交换了意见。

1月23日 中国国家卫生计生委副主任马晓伟在京会见了来访的美国强生全球政府事务和政策副总裁凯伦·里奇特拉一行。

1月23日 由中国驻美国大使馆和美国子午线国际中心共同主办的2014年“欢乐春节—中国文化之夜”活动在子午线中心举行。中国驻美国大使馆公使陆慷夫妇，美国子午线国际中心董事会主席、前密歇根州州长詹姆士·布兰查德，美国子午线国际中心总裁兼首席执行官斯图尔特·霍利迪和华盛顿政界、商界、文化界200余人出席了活动。

1月23日 为庆祝中美双方在航空领域的成功合作，美国驻华大使骆家辉在官邸举行招待会，中国民航局局长李家祥、副局长夏兴华，以及长期参与中美民航合作的中美航空界有关代表应邀出席了招待会。双方表示将继续共同推进民航合作，使之成为两国加强交流和深化友谊的桥梁。

1 月 24 日 内蒙古大型舞剧《鄂尔多斯婚礼》在肯尼迪艺术中心演出。该舞剧由内蒙古鄂尔多斯民族歌舞剧院原创，中国对外文化集团公司推出。《鄂尔多斯婚礼》还将在马里兰州创意艺术堂、索尔兹伯里大学、乞沙比克艺术中心等地巡演。

1 月 25 日 肯尼迪艺术中心千禧舞台推出“天津木偶表演”专场，集中展示天津人民艺术剧院的木偶传统剧目和片段。

1 月 25 日 中国驻休斯敦总领事许尔文会见到访休斯敦的美国纽约州联邦众议员孟昭文。我馆张传兵副总领事和美国商务部少数族裔创业咨询委员会委员董继玲等在座。

1 月 27 日 中国外交部发言人秦刚在例行记者会上说，美国国务院对朝鲜政策特别代表戴维斯定于 27—28 日访华，中美将就推进朝鲜半岛无核化和重启六方会谈问题深入交换意见。中国是戴维斯东亚三国之行的第一站，随后他还将访问韩国和日本。

1 月 27 日 武汉直飞美国塞班航线正式开通，这标志着湖北省直航美国第一条航线正式开通。武汉至美国塞班直飞航班为季节性航班，2 月、3 月分别执飞 6 班，4 月执飞 5 班，均采用波音 B767 大型客机，满载 260 人。

1 月 28 日 中国工业和信息化部副部长杨学山会见了美国微软公司全球资深副总裁、大中华区首席执行官贺乐赋，双方就微软公司将终止 WindowsXP 无偿技术服务问题交换了意见。

2 月

2 月 1 日 崔天凯大使在华盛顿出席了“NBA 中国之夜”活动，现场观看了华盛顿奇才队同俄克拉荷马雷霆队的比赛。

2月5日 中国驻美国大使馆公使陆慷应邀赴马里兰州首府安纳波利斯，出席安纳波利斯国际俱乐部举办的“高级外交官讲坛”并发表演讲。安纳波利斯当地政、商、学界人士约150人出席。陆公使在演讲中表明了对中美关系的看法，并重点就有关中国周边海上问题介绍了有关历史经纬和中方政策主张。陆公使还就朝核问题、中国在国际事务中的作用以及中国经济发展、环境治理、反腐败和贸易政策等问题回答了现场听众的提问。

2月8日 针对美国国务卿克里2月7日在与日本外相共见记者时谈及中国划设东海防空识别区问题一事，中国外交部发言人洪磊表示，划设东海防空识别区是中国作为主权国家的正当权利，完全符合国际法和国际惯例。美国早在60多年前就划设防空识别区，美方有什么资格对中方行使正当合法权利说三道四！洪磊强调，我们敦促美方停止发表不负责任的言论，以免损害地区稳定和中美关系。

2月10日 中国财政部副部长朱光耀在京会见了美国财政部美中经济对话高级协调人莎拉·袁。

2月12日 中国民航局局长李家祥在北京应约会见了美国航空集团首席执行官道格·派克一行，双方就美航集团在华业务发展等议题深入交换了意见。

2月12日 重庆市市委书记孙政才会见了美国西部数据公司首席运营官大卫·劳奇一行。

2月12日 中美双方在北京签署《中国作为主宾国参加2015年美国书展全球市场论坛活动协议》。国家新闻出版广电总局副局长邬书林、美国驻华大使馆公使衔参赞康达出席签约仪式并致辞。国家新闻出版广电总局进口管理司司长张福海与美国书展项目总监史蒂芬分别代表中美双方在协议上签字。

2月13日 中国国务院副总理汪洋在北京中南海紫光阁会见美国国际商业机器公司（IBM公司）董事长、总裁兼首席执行官罗睿兰一行。汪洋表示，中国将坚持改革开放，努力为外商投资营造公开透明、平等竞争的环境，希望IBM公司与中方建立更加深入和长期的战略合作关系。

2月13日 中国工业和信息化部部长苗圩会见美国商业机器公司（IBM）董事长、总裁兼首席执行官罗睿兰一行，就进一步加强双方在相关领域的合作交换了意见。

2月13日 中国商务部部长高虎城在京会见了美国驻华大使骆家辉。

2月13日—6月15日 芝加哥大学东亚语言文化系举办了“展望中国——中国文化节”系列活动。期间，推出了“中国戏曲中的视觉文化”展览、“中国戏曲电影节”、天津京剧团“京剧折子戏演出”以及中央音乐学院“兰维薇琵琶独奏音乐会”等活动。

2月13日 中国驻洛杉矶总领事刘健会见美国加州州长布朗。

2月14日 中国国家主席习近平在人民大会堂会见美国国务卿克里。克里转达了奥巴马致习近平的新年祝福，表示奥巴马总统期待着在不久的将来同习近平主席再次会晤并在新的一年里同习近平主席保持密切交往。习近平请克里转达对奥巴马总统的问候并请他转告奥巴马总统：中方坚定致力于同美方共同构建中美新型大国关系，愿同美方加强对话，增进互信，深化合作，妥处分歧，推动两国关系持续健康稳定向前发展。习近平强调，中美双方要保持密切的高层交往和战略沟通，共同维护和发展好中美战略与经济对话、人文交流高层磋商、商贸联委会等机制性对话，拓展经贸、地方、人文、军事、能源等领域合作，加强在重大国际和地区问题上的对话、协调、合作。克里表示，美中双方正在纪念美中建交35周年。35年来，中国快速发展。美方高度重视建设美中新型大国关系。美中作为世界两大经济体，应该加强务实合作，管控好分歧，不断增强两国关系发展的推动力。关于气候变化问题，习近平强调，中国高度重视生态文明建设。在这方面，不是别人要我们做，而是我们自己要做，采取了许多措施，今后我们还会这样做。中美虽然发展阶段不同，但在绿色低碳、节能减排等方面存在利益契合点，也各有所长，希望双方合作取得更多成果。克里表示，美方愿同中方加强沟通与合作，共同致力于推动全球应对气候变化进程。双方还就朝鲜半岛局势交换了意见。习近平阐述了中方有关立场。国务委员杨洁篪参加会见。

2月14日 中国国务院总理李克强在中南海紫光阁会见美国国务卿克里。李克强说，过去一年中美关系取得积极进展。习近平主席同奥巴马总统两次成功会晤，双边贸易额突破5000亿美元。中美作为最大发展中国家和最大发达国家，双方保持战略沟通与合作有利于推动构建中美新型大国关系进程，也有利于促进地区乃至世界的和平、发展与繁荣。双方应坚持相互尊重，平等相待，照顾彼此核心利益和重大关切，以更加务实、开放的态度发展两国关系，实现互利共赢。李克强表示，希望中美积极推进双边投资协定谈判，深化能源、环保等领域合作，加大应对气候变化技术合作。希望美方在直接对华出口液化天然气、联合进行页岩气开发等方面向前走。李克强指出，明年将迎来世界反法西斯战争胜利70周年。只有正视历史、以史为鉴，才能不让战争的惨痛历史重演。中国愿与世界上所有爱好和平的人们一道，共同维护亚太地区和世界的和平与安宁。克里表示，美中开展建设性对话与合作十分重要。美方愿与中方扩大经贸等领域务实合作，推进双边投资协定谈判，加强在应对气候变化等全球性问题上的沟通，推进美中新型大国关系，共同维护地区和平与稳定。双方还就共同关心的国际和地区问题交换了意见。

2 月 14 日 中国国务委员杨洁篪在北京会见美国国务卿克里。杨洁篪强调，中美合作符合两国根本利益，对世界和平、稳定、繁荣至关重要。双方要共同努力，落实好习近平主席和奥巴马总统关于构建中美新型大国关系的重要共识，保持密切高层交往和战略沟通，搞好中美战略与经济对话等机制，加强在双边、地区和全球各个层面的合作，切实尊重和照顾彼此核心利益和重大关切，妥善处理分歧和摩擦，推动中美关系取得新的更大发展。克里表示，美中之间有广泛的共同利益，双方要积极寻求加强务实合作、妥善管控分歧之道，推动美中新型大国关系建设。双方还就叙利亚、伊朗核问题、朝鲜半岛局势、阿富汗及其他共同关心的问题交换了意见。

2 月 14 日 中国外交部部长王毅在北京同美国国务卿克里举行会谈。王毅表示，中方愿与美方共同努力，以纪念中美建交 35 周年为契机，认真落实两国元首达成的重要共识，尊重彼此的核心利益和重大关切，加强各个级别的对话交往，拓展各个领域的务实合作，妥善处理分歧和矛盾，把以不冲突不对抗、相互尊重、合作共赢为特征的新型大国关系真正落到实处，不断积累和释放中美关系的正能量，推动两国关系沿着正确方向持续向前发展。克里强调，美国欢迎中国和平崛起，绝无遏制中国的意图。中国对美国很重要，美中关系对两国和世界都具有重大意义。美方期待在新的一年里同中方加强沟通与合作，共同推动美中新型大国关系建设取得新的实质进展。双方就今年两国高层交往和对话机制以及各领域务实合作深入交换了意见，达成了广泛共识。

2月14—15日 中国国务院侨办主任裘援平率代表团于2月14日在美国奥克兰市会见了加利福尼亚州州长布朗，双方就彼此关心的问题交换了意见。当天，裘援平一行还与美国华商总会和旧金山湾区中国统一促进会的侨胞进行了座谈。2月15日，裘援平一行与旧金山市长李孟贤会面，就中国与旧金山之间多个领域的合作进行了交流。同日，裘援平一行还前往东华医院、驻美中华总会馆和美洲中华中学校看望侨胞。

2月14日 针对美国海军高官近日称，如果菲律宾与中国因为南海争议发生冲突，美国将援助菲律宾一事，中国外交部发言人华春莹说，中方注意到有关报道。中方一贯主张由直接有关的当事国在尊重历史事实和国际法的基础上，通过双边谈判协商解决南海争议。美菲同盟是美菲之间的双边安排，不应损害第三方利益。她说，美方不是南海争端当事方，应恪守在领土主权问题上不选边站队的承诺，谨言慎行，多做有益于亚太地区和平稳定的事，而不是相反。

2月15日 中美两国共同发表《中美气候变化联合声明》。

2月15日 中国国家发展和改革委员会副主任解振华与来访的美国国务卿克里一起参观了北京福田康明斯发动机有限公司，并与美国总统气候变化特使斯特恩共同出席了在现场召开的中美清洁大气清洁排放圆桌会议。参观结束后，国务卿克里发表演讲，强调两国加强气候变化合作的重要意义，充分肯定双方就中美气候变化工作组下五个重点领域合作的实施方案达成一致，并宣布中美就加强气候变化领域的政策对话和信息交流达成新的共识。

2月17日 中国国家能源局副局长张玉清在京会见了美国能源部副助理部长约翰森·奥坎德和胡里奥·弗瑞曼，就中美战略与经济对话、石油市场透明度、战略石油储备备忘录等交换了意见。

2月17日 “知行中国”中美青年交流项目在美国首都华盛顿国会山正式启动。中国教育部副部长郝平出席与美国州立大学与学院协会会长穆里尔·霍华德女士等出席仪式。中国教育国际交流协会秘书长生建学与霍华德女士签署了合作备忘录。“知行中国”该项目由中国教育国际交流协会策划并组织实施，与美国多家机构展开合作，并由中国互联网文化企业完美世界（北京）网络技术有限公司资助，计划在未来10年邀请美国青年来华访问学习。

2月17日 中国国务院新闻办公室副主任李伍峰在京会见新闻集团全球资深副总裁高群耀和贝森资本CEO徐沛欣先生。

2月17日 上海海事局船舶监督处俞勤伟处长会见了来访的美国胡商国际集团及美国霍恩布洛尔船运公司一行。

2月18日 中国国务院副总理汪洋在中南海紫光阁会见了美国贝莱德集团主席兼首席执行官劳伦斯·芬克一行。汪洋表示，当前世界经济呈缓慢复苏态势，存在诸多不稳定、不确定因素。中国正在全面深化包括金融领域在内的各项改革，希望贝莱德集团积极参与中国的改革开放进程，为中美经贸合作多作贡献。

2月18日 中国国家食品药品监督管理总局党组成员边振甲会见了来访的盖茨基金会北京代表处主任叶雷一行。

2月19日 中国驻美大使崔天凯在华盛顿会见了美国中国总商会新一届理事会成员。崔大使代表驻美使馆对总商会2014年第一届理事会成功召开及以袁宁会长为首的总商会新任领导班子和理事会成员表示祝贺，对总商会自2005年成立以来所做的大量工作和取得的成绩予以充分肯定，希望在新一届领导班子带领下，总商会工作再上新台阶。

2月20日 中国驻美大使崔天凯在出席美国进步中心举办的“中美关系：迈向新型大国关系”研究报告发布仪式上致辞。他高度评价中美交流基金会与美国进步中心共同开展的这一联合研究成果，感谢全国政协副主席董建华及所有参与此项工作的机构和学者所作努力。崔大使表示，此份报告分析全面，建议务实，特别是报告提出中美关系应从着力于“危机管控”向“机遇运营”转变，这对两国构建新型大国关系具有积极意义。崔大使说，构建中美新型大国关系关键是双方都要有建设性态度。一些美方人士在重大敏感问题上发表不负责任言论，使用胁迫性语言，声称“不选边站队”却对中方连篇累牍地无端指责，对自己并未加入的国际公约擅作曲解，还要强加于人，都不是建设性态度。

2月21日 中央军委副主席范长龙今天下午在八一大楼会见了来访的美国陆军参谋长奥迪尔诺。范长龙说，中美关系正处于新的历史起点上。去年，习近平主席和奥巴马总统两次会面，就构建中美新型大国关系达成重要共识，明确了两国关系的战略方向，规划了发展蓝图。中美两军关系在过去一年里取得重要进展，双方就建设新型军事关系达成重要共识，在高层互访、磋商对话以及联演联训等领域取得积极成果。双方应进一步增进互信、加强合作、妥处分歧，促进双方在亚太地区的良性互动。中方愿与美方一道，深化两军特别是两国陆军的交流，互鉴互学，推动两国新型军事关系健康稳定地向前发展。奥迪尔诺感谢范长龙的会见。他说，在两国关系健康稳定发展的背景下，双方应按照两国元首明确的方向，积极推进两军关系发展。美中两军深化务实交流与合作，将有效提高共同应对挑战的能力，维护亚太地区和世界的和平稳定。范长龙还就美国总统奥巴马拟会见达赖表明了我方严正立场，双方并就中日关系、朝鲜半岛、台湾等问题交换了意见。副总参谋长王宁等会见时在座。

2月21日　中央军委委员、总参谋长房峰辉今天下午在八一大楼会见了美国陆军参谋长奥迪尔诺。房峰辉说，习近平主席与奥巴马总统就构建中美新型大国关系达成重要共识，提出“不冲突、不对抗，相互尊重、合作共赢”的新型大国关系内涵。要将两国元首关于构建新型大国关系的共识转化为两国军队的具体行动，认清和防止可能发生冲突的各种风险，共同做地区和平稳定的守护者和推动者。着眼构建中美新型军事关系，保持高层交往，加强战略沟通，加快健全机制，深化务实合作，拓宽交流领域，推动两军关系不断向更高层次发展。奥迪尔诺说，作为美中新型大国关系的重要组成部分，两军关系的健康发展和正确走向至关重要。美国陆军愿与中国陆军进一步加强交流，建立强劲关系，深化合作机制，减少误判风险，为推进两国两军关系稳定发展奠定坚实基础。双方应共同努力，促使地区各国通过对话解决相关问题。双方还就有关地区重点问题交换了看法。

2月21日　中国人民解放军副总参谋长王宁中将今天上午在八一大楼与来访的美国陆军参谋长奥迪尔诺上将举行会谈。双方一致同意深化两国陆军务实合作并着手构建中美陆军交流与合作对话机制，积极推进中美新型军事关系。

2月21日　中国外交部副部长张业遂紧急召见美国驻华使馆临时代办康达，就美国总统奥巴马不顾中方强烈反对，执意会见达赖向美方提出严正交涉。张业遂说，美方这一错误行为严重干涉中国内政，严重违反美方不支持“藏独”的承诺，严重违反国际关系基本准则，严重损害中美关系。中方对此表示强烈愤慨和坚决反对。张业遂说，西藏是中国领土神圣不可分割的一部分，西藏事务纯属中国内政，美方无权干涉。中方同达赖的矛盾不是民族问题，不是宗教问题，也不是人权问题，而是维护祖国统一和反对分裂的重大原则问题。中方坚决反对任何外国允许达赖前往窜访，坚决反对任何国家政要以任何形式会见达赖。谁也不能动摇中国政府和人民反对外来干涉、捍卫国家主权和统一的意志和决心。张业遂说，美方一面表示承认西藏是中国的一部分、不支持“西藏独立”；一面又安排领导人会见达赖这个“藏独”分裂集团的总头目。美方执意这样做，将严重损害中美合作和两国关系，也必将损害美国自身利益。张业遂说，尊重彼此核心利益和重大关切，是确保中美关系健康稳定发展的关键。我们强烈敦促美方认真对待中方严正立场，恪守承认西藏是中国一部分、反对“西藏独立”的承诺，立即采取实际行动消除恶劣影响，停止利用涉藏问题干涉中国内政，停止纵容和支持达赖集团的反华分裂活动。美方必须以实际行动取信于中国政府和中国人民。

2 月 21 日　中国驻美国大使崔天凯在华盛顿就美国总统奥巴马会见达赖向美国政府提出严正交涉。崔天凯表示，西藏是中国领土神圣不可分割的一部分，西藏事务纯属中国内政，美国无权干涉。美方一面表示承认西藏是中国的一部分、不支持“西藏独立”，一面又安排领导人会见达赖这个“藏独”分裂集团的总头目，这种做法严重干涉中国内政，严重违反美方不支持“藏独”的承诺，严重违反国际关系基本准则，严重损害中美关系，中方对此表示强烈愤慨和坚决反对。

2 月 22 日　针对美国总统奥巴马在会见达赖时重申他支持保护西藏宗教文化和保障藏人人权，支持达赖所谓“中间路线”，鼓励通过直接对话解决长期存在的分歧一事，中国外交部发言人秦刚表示，事实已经充分证明，达赖绝非一个单纯的宗教人士，而是一个打着宗教旗号、长期从事反华分裂活动的政治流亡者。达赖对外宣称不寻求“西藏独立”，但他从未停止反华分裂活动。达赖标榜所谓“中间道路”，幻想建立占中国领土四分之一、历史上从未存在过的“大藏区”，实际上是要搞“变相独立”。这是中国政府和人民绝对不会答应的。必须指出，西藏是中国领土神圣不可分割的一部分。西藏事务纯属中国内政。美方不顾中方反对，允许达赖窜访美国并安排领导人会见，严重干涉中国内政，严重违反美国政府自己作出的承认西藏是中国一部分、不支持“西藏独立”的承诺，严重违反国际关系基本准则，严重损害中美关系。我们再次敦促美方纠正错误，停止纵容和支持“藏独”反华分裂势力，停止干涉中国内政，采取措施消除恶劣影响，以免给中美关系造成进一步损害。

2月22日　中国驻休斯敦总领事许尔文会见路易斯安那州州务卿谢得乐。

2月24日　国务院发展研究中心张军扩副主任会见了美国高盛集团政府事务全球主管法雅·谢萨德先生一行。

2月24日　针对美方日前任命负责公民安全、民主和人权事务的副国务卿休厄尔为新的所谓“西藏问题特别协调员”一事，中国外交部发言人华春莹指出，中国政府坚决反对任何外国利用所谓的“西藏问题”干涉中国内政。我们从来没有、今后也不会承认美任命的所谓“西藏问题特别协调员”。

2月24日　中国驻美国大使馆举行颁奖仪式，向获评中国国侨办“海外华文教育示范学校”的希望中文学校、美中实验学校、哈维中文学校、春晖中文学校颁发奖金。

2月25日　中国环境保护部部长周生贤在北京会见了美国前财政部长鲍尔森。双方就环保合作等共同关心的议题进行了沟通和交流。

2月25日 中国财政部副部长朱光耀在京会见了美国高盛集团政府事务全球主管法雅·谢萨德。

2月26日 中国国家发展和改革委员会副主任解振华会见了美国前白宫环境质量委员会主席、美国C3能源公司副总裁康诺顿先生，双方就中美两国气候变化政策、智能电网技术等交换了意见。

2月26日 中国财政部部长楼继伟在京会见了美国桥水投资公司总裁戴利奥。

2月26日 中国国家卫生计生委副主任马晓伟在京会见了来访的美国药品研究与制造商协会主席罗伯特·哈金一行。双方就中国医药卫生体制改革、医药产业发展等问题交换了意见。

2月27日 中国财政部部长楼继伟在京会见了美国前财长鲍尔森。

2月27日 中国国家知识产权局局长申长雨在京会见美国药品研究与制造商协会主席罗伯特·哈金一行。

2月27日 针对美国陆军参谋长近日访华期间表示，美中两军将在陆军之间开展机制性对话一事，中国国防部发言人杨宇军表示，中方对于发展中美两军关系持积极态度。两国陆军之间加强对话与交流，对于增进相互信任、促进务实合作具有积极意义。美国陆军参谋长奥迪尔诺前不久访华期间，双方一致同意深化两国陆军之间的务实合作，并着手构建中美陆军交流与合作对话机制。我们愿与美方一道，加强各相关领域的对话、交流与合作，推动中美新型军事关系健康稳定地向前发展。

2月28日 全国社会保障基金理事会理事长谢旭人会见美国景顺集团全球首席执行官兼总裁马蒂·弗拉纳根先生一行。

2月28日 中国国务院新闻办发表了《2013年美国的人权

纪录》。人权纪录全文约1万字，分为导言、关于生命与人身安全、关于公民权利和政治权利、关于经济和社会权利、关于种族歧视、关于妇女和儿童权利、关于侵犯他国人权等部分。人权纪录指出，以世界人权法官自居的美国政府，在刚刚发布的《2013年国别人权报告》中，再次对世界近200个国家和地区的人权状况横加指责，妄作评论，但偏偏对美国自身的人权状况百般遮掩，讳莫如深。事实上，2013年美国的人权问题依然严重，在诸多领域甚至持续恶化。

人权纪录从不同方面列举了美国存在的人权问题。其中包括：

——美国暴力犯罪案件增加，枪击案件不断发生，公民的生命与人身安全环境持续恶化。2013年，美国发生了30起死亡4人以上的枪击案，造成137人死亡。华盛顿海军海洋系统司令部枪击案导致12人死亡。

——美国实施“棱镜计划”，对国内外长期开展大规模的监控，悍然违反国际法，严重侵犯人权。

——美国普遍实施单独囚禁酷刑。美国被单独囚禁者达8万人之多，有的甚至被单独囚禁40年以上。

——美国的就业形势依旧严峻，失业率居高不下，最低收入家庭的失业率高达21%。无家可归者人数持续增加，2011—2013年，美国的无家可归者人数增加了16%。

——种族歧视在美国社会系统性地存在，少数族裔人权状况堪忧。

——美国仍然存在严重的性别歧视，儿童权利保障不力。美国农业童工大量存在，身心健康受到严重侵害。

——美国是世界上侵犯他国人权最为严重的国家。美国频繁在巴基斯坦、也门等国使用武装无人机发动袭击，造成大量平民伤亡。2004 年以来，美国已在巴基斯坦进行了 376 次无人机袭击，造成多达 926 名平民死亡。

——美国仍未批准或加入《经济、社会和文化权利国际公约》《消除对妇女一切形式歧视公约》《儿童权利公约》和《残疾人权利公约》等联合国一系列核心人权公约。

2 月 28 日 中国外交部发言人秦刚就中国国务院新闻办公室当天发表了《2013 年美国的人权纪录》一事答记者问表示，美国国务院日前发表《2013 年度国别人权报告》，对中国的人权状况再次进行无理指责。中国人权状况怎么样，中国人民最有发言权。美国总是喜欢对别国的事情指手画脚、说三道四，对自己的问题却只字不提，这是典型的双重标准。我们愿在平等和相互尊重的基础上，同其他国家就人权问题开展对话交流，但坚决反对利用人权问题干涉别国内政。今天，中国国务院新闻办发表《2013 年美国的人权纪录》，就是让世人看一看美国这个想做“人权教师爷”的国家，其资质到底如何。

3 月

3 月 3 日 中国驻休斯敦总领事许尔文会见德克萨斯州联邦众议员格林。张传兵副总领事和格林众议员的助手罗德里格兹等参加。

3 月 4 日 针对美国国务院发言人称，昆明“3·01”事件是一次恐怖袭击之事，中国外交部发言人秦刚指出，恐怖主义是全人类共同的敌人，类似昆明发生的严重暴力恐怖事件无论发生在哪里，针对的对象是谁，国际社会都应该毫不含糊、毫无保留地予以谴责，共同坚决打击。

3 月 4 日 美国总统奥巴马夫人米歇尔访问华盛顿育英学校孔子课堂，与学习中文的美国学生亲切交流，向孩子们了解中国，学习中文，为3月末的中国之行做准备。

3月5日 中国驻美国大使馆陆慷代办应邀出席“十万强”基金会举办的招待晚宴暨中美关系讨论会。与陆慷代办对话的嘉宾包括美国前驻华大使骆家辉、前助理国务卿坎贝尔等。

3月6日 中国国务委员杨洁篪应约同美国总统国家安全事务助理赖斯通电话。赖斯介绍了美方对当前乌克兰局势的看法和立场。杨洁篪阐述了中方原则立场，强调处理乌克兰事务应充分照顾乌各族人民的合法权益。当务之急是各方保持克制，坚持通过政治和外交途径解决危机，避免局势进一步升级。双方还就中美关系交换了意见。

3月7日 针对3月6日美国国会参众两院领导人及一些议员会见达赖一事，中国外交部发言人秦刚指出，我们对美国国会领导人及少数议员会见达赖表示强烈不满和坚决反对。中方已向美方提出了严正交涉。

3月7日 针对日前美国国会参众两院领导人及一些议员会见达赖一事，全国人大外事委员会负责人发表谈话指出，美国国会领导人及少数议员不顾中方严正交涉，执意会见达赖，这违背美方不支持“藏独”的承诺，是对中国内政的严重干涉。中国全国人大对此表示强烈不满和坚决反对。中国全国人大强烈敦促美国国会认真对待中方严正关切，恪守美方承认西藏是中国一部分、不支持“藏独”的承诺，停止利用涉藏问题干涉中国内政，多做有利于两国人民友好和中美关系发展的事。

3月10日 中国国家主席习近平应约同美国总统奥巴马通电话。两国元首就中美关系及乌克兰局势交换意见。习近平表示，去年，我同奥巴马总统两次会晤，达成了一系列重要共识，推动中美关系进入构建新型大国关系新阶段。中方愿同美方一道努力，坚持构建新型大国关系大方向，尊重和照顾彼此核心利益和重大关切，加强对话、互信、合作，推动中美关系持续健康稳定发展。我期待着不久后同奥巴马总统再次会晤，欢迎你的夫人米歇尔女士近期访华。奥巴马表示，自从去年我们在安纳伯格庄园会晤以来，美中关系取得了积极进展。今年是美中建交 35 周年，美方希望两国在一系列重大问题上的合作取得新成果。我期待着很快同习近平主席会晤，我的夫人也非常期盼即将访华。奥巴马就马来西亚航空公司客机失去联系事件表达慰问，表示美方愿同中方在搜救方面全力开展合作。习近平表示，我们对包括中国、美国乘客在内的机上人员的安危深感担忧。我已在第一时间责成中方有关部门全力开展搜救并做好应急和后续工作。中方将同美方继续保持密切联系。奥巴马还对云南昆明严重暴力恐怖事件遇难者表示哀悼，表示美国谴责一切形式的恐怖主义，愿同中方开展反恐合作。习近平强调，恐怖主义是人类的共同敌人。中方愿同包括美方在内的国际社会加强合作，共同打击各种形式的恐怖主义。奥巴马介绍了美方对当前乌克兰局势的看法。习近平强调，中方在乌克兰问题上秉持客观公正态度。乌克兰形势十分复杂，当务之急是各方保持冷静克制，避免局势进一步紧张升级。要坚持通过政治和外交途径解决危机。希望有关各方通过沟通和协调，妥善处理相关分歧，为推动乌克兰问题政治解决作出努力。中方对一切有助于乌克兰局势缓和的建议和方案持开放态度，愿同美方及有关各方继续保持沟通。

3 月 10 日　中国国家宗教事务局副局长蒋坚永会见了美国库克出版传播集团总裁杜宝思一行。

3 月 11 日　中国国家宗教事务局副局长蒋坚永会见了来访的美国乔治城大学副校长汤姆·班可夫一行。

3 月 13 日　美国国务院发言人普萨基 3 月 12 日称，中国海警船日前驱离两艘向仁爱礁靠近、运送建筑材料的菲律宾船只，中方此举属于挑衅行为，引发紧张局势。普萨基还称，南海领土声索问题尚未解决，不应干涉相关声索国维持现状努力，菲律宾自 1999 年起即在仁爱礁保持存在。中国外交部发言人秦刚针对普萨基此番言论指出，菲律宾船只 1999 年借口所谓“技术故障”在中国南沙群岛的仁爱礁“坐滩”，中方当时就向菲方提出了交涉，菲方曾向中方明确承诺将拖走该船。菲方至今言而无信，不仅没有拖走“坐滩”的旧船只，还派两艘船只向仁爱礁运送建筑材料，其目标是企图建造设施，在中国的岛礁上“保持菲律宾的存在”。菲方船只运送的是钢筋水泥，不是给养，钢筋能吃吗？菲方的行为侵犯了中国的权益，违反了《南海各方行为宣言》，是地地道道的挑衅。中方理所当然有权将两艘菲律宾船驱离。美方表态不讲是非，不符合美国作为非当事国的身份，违背了美方在争议问题上不持立场的承诺，对维护东南亚地区和平稳定带来消极影响，最终也不符合美国自身的利益。

3 月 17—18 日 全国人大常委会委员长张德江在人民大会堂会见由美国国会众议院“美中工作小组”共同主席查尔斯·波斯坦尼和里克·拉森率领的代表团。张德江说，刚刚闭幕的十二届全国人大二次会议，围绕全面深化改革总目标，充分发扬民主，严格依法办事，确定了今年中国经济社会发展的目标任务，也再一次向世界昭示了中国走和平发展道路的坚定决心。构建中美新型大国关系是两国元首达成的重要共识，符合双方的共同利益，双方要相互尊重，加强合作，管控分歧，切实把这一重要共识落到实处。中国全国人大重视同美国国会的交流，欢迎更多的美国会议员来华交流访问，增进共识，共同推动中美关系持续健康发展。波斯坦尼和拉森表示，愿继续为增进美中两国人民友谊贡献力量。同日上午，全国人大外事委员会主任委员傅莹主持了与该代表团的工作会谈和欢迎宴会。双方主要就两国关系、议会交往、经贸往来、国际和地区等共同关心的问题交换了意见和看法。3 月 18 日，全国人大外事委员会委员马泽华在全国人大机关办公楼主持中远集团、三一集团、中建集团和万向集团等企业代表与该代表团进行了座谈和交流，表达中资企业在美投资运营的关切。在京期间，解放军总参谋部副总参谋长王冠中、外交部副部长张业遂、商务部部长助理张向晨、国家发展和改革委员会秘书长李朴民等分别会见了该代表团。除北京外，代表团还访问了陕西省西安市和广东省广州市。

3 月 17 日 新疆维吾尔自治区党委书记张春贤会见了美国美铝公司董事长兼首席执行官克劳斯·柯菲德一行。

3 月 17—19 日 中国外交部军控司司长王群率团出席在维也纳举行的伊朗核问题六国与伊朗对话会。欧盟外交与安全政策高级代表阿什顿、伊朗外长扎里夫、美国副国务卿舍曼、俄罗斯副外长里亚布科夫及英、法、德相应官员出席。各方就伊核问题全面协议要素深入交换了意见。

3 月 18—23 日 由美国少林文化基金会和中国嵩山少林寺主办的加州“嵩山少林寺日”十周年庆典在美国旧金山湾区举行。嵩山少林寺方丈释永信法师率团赴美参加活动。美国加州州长布朗、旧金山市长李孟贤、奥克兰市长关丽珍等多名政要发来贺函，派代表或亲自参与多项活动。中国驻旧金山总领事馆袁南生总领事在官邸会见释永信方丈代表团一行，还现场观看了 22 日晚在旧金山艺术宫剧场举行的“少林古韵”功夫专场演出。

3 月 18 日 中国人民解放军副总参谋长王冠中在八一大楼会见了美国国会众议院“美中工作小组”共同主席里克·拉森

和查尔斯·波斯坦尼一行。

3月18日 中美能源和环境十年合作框架联合工作组第九次会议在美国华盛顿召开。中国国家发展和改革委员会副主任解振华率团与会，中方代表分别来自发改委、外交部、环保部、林业局、能源局、驻美使馆等。美方代表团由国务院助理国务卿琼斯和能源部助理部长埃尔金德共同牵头，参会代表分别来自国务院、能源部、环保局、交通部、商务部、贸发署、电力监管委员会、内政部、美国驻华使馆等。

3月19日 “飞越太平洋—中美邮件交流”展览在史密森学会下属的国家邮政博物馆举行开幕式。通过展出中美邮政史上诸多珍贵的邮票、首日封、实寄封等，让人们从经贸、文化和社区三个方面来了解中美交往的历史。中国驻美国大使馆文化处公使衔参赞李鸿和博物馆集邮首席主任谢里尔·甘茨博士等出席开幕式。

3月19日 中国教育部部长助理林蕙青会见了美国中华医学基金会主席陈致和一行。

3月19日 上海市市委书记韩正会见了美国耶鲁大学校长彼得·沙洛维一行。

3月19日 中国财政部副部长朱光耀在京会见了美国纽约联储执行副行长阿尔伯托·穆萨勒姆、副行长麦克·希茨尔。

3月19—20日 中国驻美国大使馆公使陆慷应邀访问弗吉尼亚州，分别会见了弗州州长麦考利夫和弗州众议长豪厄尔。

3月20日 应中国国家主席习近平夫人彭丽媛邀请，美国总统奥巴马夫人米歇尔·奥巴马20日下午抵达北京，开始对中国进行为期7天的访问。除北京外，米歇尔一行还将访问西安和成都。米歇尔的母亲罗宾逊夫人，女儿玛利亚和萨莎陪同她一起访华。米歇尔此次访问的重点是教育合作和青年交往，希望访问进一步推动中美人文交流。

3 月 20 日 中国财政部副部长朱光耀在京会见了美国全国商会副会长薄迈伦。

3 月 20 日 天津市市长黄兴国在迎宾馆会见了美国前国防部长、科恩集团董事长兼首席执行官威廉·科恩一行。

3 月 21 日 中国国家主席习近平夫人彭丽媛与美国总统奥巴马夫人米歇尔共同参观北京师范大学第二附属中学。当天，彭丽媛和米歇尔及家人还一同参观了故宫。

3 月 21 日 中国国家主席习近平和夫人彭丽媛在钓鱼台国宾馆会见美国总统奥巴马夫人米歇尔。习近平欢迎米歇尔女士偕母亲罗宾逊夫人和女儿访华，请她转达对奥巴马总统的亲切问候和良好祝愿。习近平强调，中美关系对两国和世界都十分重要。我珍视同奥巴马总统业已建立的良好工作关系和友谊。我们通过会晤、通话、通信等方式保持着密切联系。我期待过两天在荷兰海牙同奥巴马总统再次会晤，也欢迎他今年 11 月来北京出席亚太经合组织领导人非正式会议。我相信，通过双方共同努力，中美关系一定会朝着构建新型大国关系的目标不断向前发展。米歇尔向习近平转达奥巴马总统的问候。她表示，我和母亲、女儿一起到国外旅行非常难得，能够到中国访问，更感荣幸。我们全家感谢习近平主席会见和彭丽媛女士邀请，感谢中方热情接待。今天是我们访问活动的第一天。我们有机会同中国青年学生交流，还参观了故宫。这些经历让我们难忘。我希望今后有更多机会来中国访问。我鼓励我的女儿和美国青少年多了解和学习其他国家的传统和文化。现在有越来越多的美国孩子在美国学习中文或到中国留学。青少年交流对美中关系非常重要。习近平对米歇尔说，你们这次访问以教育为主题，这很好。尊师重教是中国的传统，教育事关国家未来，年轻人是国家希望。中美教育交流发展很快，两国年轻一代可以通过交流扩展知识和视野，增进相互了解和友谊。习近平表示，你们这次除北京外，还要去西安和成都。祝你们在中国度过一段愉快、难忘的时光。彭丽媛表示，中美文化和教育各有特色，可以互学互鉴。希望更多的美国朋友能够分享你们在中国的见闻，了解中国悠久的历史文明和当代发展进步，也希望你们把中国人民的友谊传递给美国人民。

3月21日 中国国务院副总理刘延东在京会见了美国“十万强”基金会发起人之一、美国知名侨领方李邦琴女士。刘延东对方李邦琴女士多年来致力于中美友好交流和推动祖国统一、支持中国教育事业发展表示赞赏，肯定“十万强”基金会为推动美国学生来华留学所做的积极努力，鼓励方李邦琴女士为推动中美人文交流和中美关系的发展做贡献。

3月21日 中国财政部副部长朱光耀在京会见了美中贸易全国委员会会长傅强恩。

3月21日 中国国家卫生计生委副主任孙志刚在卫生计生委会见了美国礼来公司首席执行官李励达一行。

3月21日 中国国务院侨办副主任谭天星会见了由美国国际领袖基金会主席董继玲率领的哈佛大学肯尼迪政治学院“中国之旅”精英学生代表团全体成员。

3月21日 针对美国和欧盟已宣布对俄罗斯实施制裁一事，中国外交部发言人洪磊在答记者问时表示，我们已经阐述了中方在克里米亚问题上的原则立场。在当前形势下，我们呼吁各方保持冷静克制，通过对话谈判推动政治解决问题，共同维护地区和平稳定。

3月22日 美国总统奥巴马夫人米歇尔在北京大学斯坦福中心发表演讲，与中美学生见面，探讨留学话题以及科技在文化交流中发挥的重要作用。

3月23日 美国总统奥巴马夫人米歇尔在美国驻华大使馆召开教育圆桌会议。之后，米歇尔一行参观了长城。

3月23日 中国财政部部长楼继伟会见美国经济学家、诺贝尔经济学奖获得者约瑟夫·斯蒂格利茨和英国经济学家、前世界银行首席经济学家尼古拉斯·斯特恩。

3月24日 中国国家主席习近平在海牙会见美国总统奥巴马。习近平强调，今年是中美建交35周年。中方愿同美方一道，始终坚持构建新型大国关系的正确方向，推动两国关系持续健康稳定向前发展。习近平表示，今年中美各自国内都有重要议程，双方将举行一系列重要交往。希望双方共同办好新一轮中美战略与经济对话、人文交流高层磋商、商贸联委会，力争取得更多积极成果。希望双方加快推进双边投资协定谈判。希望美方切实放宽民用高技术物项对华出口，并为中国企业赴美投资提供公平竞争环境。中美双方应继续加强两军各领域各层级对话交流，不断加深相互了解和信任，防止误解误判，开展更多联演联训和务实合作。中方愿同包括美方在内的世界各国继续开展反恐合作。双方还要加强在打击跨国犯罪、追逃追赃等方面的执法合作。习近平强调，在台湾、涉藏问题上，美方应该恪守尊重中国主权和领土完整、不支持旨在分裂中国活动的承诺。在东海、南海问题上，美方应该采取客观公允态度，分清是非，多做有利于推动问题妥善解决和局势缓和的事。双方要落实好商定的应对气候变化合作项目。奥巴马表示，建交35年来，美中关系取得了长足进展，双方交往日益密切，两国利益紧密相关，美中关系已经成为当今最重要的双边关系之一。我愿继续同习近平主席就一系列重大问题保持沟通，共同推动美中新型大国关系建设。美国无意破坏中国的稳定，无意遏制中国，支持中国改革进程。对双方之间存在的分歧和摩擦，美方愿以建设性的方式处理。美方愿同中方一道，释放双方共同致力于发展美中关系的积极信息。奥巴马重申，在台湾、涉藏问题上，美方尊重中国的主权和领土完整，这一立场没有变化。近来，美中两军关系取得稳步进展，我赞成两军深化实质性对话和务实合作。美方愿加快双边投资协定谈判进程，为两国带来更多贸易、投资和就业机会。美方希望加强两国在应对气候变化领域的协调与合作，将其打造成美中积极合作新领域。奥巴马再次对前不久发生在昆明的严重暴力恐怖事件表示谴责，表示美方反对一切形式的恐怖主义，无论它们发生在何处，都要予以强烈谴责。美方愿同中方继续加强合作。双方还就朝鲜半岛问题、乌克兰问题、知识产权保护、人民币汇率、网络安全、伊朗核等问题交换了意见。习近平阐述了中方有关原则立场。

3月24日　中国国家主席习近平同美国总统奥巴马3月24日在荷兰海牙核安全峰会期间举行会晤。中国外交部发言人秦刚指出，两国元首会晤深入坦诚，富有建设性，双方达成的共识可归纳为以下10个方面：

1. 双方积极评价中美建交35年来两国关系取得的历史性发展，表示愿继续致力于构建中美新型大国关系，加强务实合作，建设性管控分歧，推动两国关系持续健康稳定向前发展。

2. 中美将于年中在华举行中美第六轮战略与经济对话和第五轮人文交流高层磋商，共同努力取得更多积极成果。

3. 双方积极评价去年以来中美贸易与投资合作的良好势头，同意加快双边投资协定谈判进程，反对各种形式的贸易和投资保护主义，致力于维护开放透明的国际及地区贸易体系。双方支持彼此国内进行的改革议程。美方表示愿为中国企业赴美投资创造公平竞争环境。

4. 双方积极评价两军关系取得的进展，同意继续加强两军对话与交往。双方同意尽早建立两军重大军事行动相互通报机制和制定公海海域海空军事安全行为准则。

5. 双方表示反对一切形式的恐怖主义，同意继续加强反恐合作。尽早启动中国公安部与美国国土安全部部级年度会晤机制，加强打击跨国犯罪、追逃追赃等方面的执法合作，深化人文、地方等领域的交流与合作。

6. 双方将继续加强在气候变化、清洁能源、环境保护等领域对话与合作，积极推进中美气候变化工作组框架下的务实合作，并通过双、多边渠道就应对气候变化开展政策对话与协调。

7. 双方愿本着相互尊重、平等相待的精神处理分歧和敏感问题。

8. 双方认为两国在亚太地区拥有重要共同利益，表示将加强对话与协调，努力构建积极互动与合作格局，共同维护地区和平、稳定与繁荣。

9. 双方表示坚定致力于推进朝鲜半岛无核化、维护半岛和平稳定，通过对话协商和平解决问题。双方就推动早日重启六方会谈进行了深入沟通，同意共同为此创造积极条件。

10. 双方认为两国在加强核安全方面有共同的目标和责任，核安全是两国在国际安全领域的合作亮点。双方同意稳步推进核安全示范中心建设、高浓铀研究堆低浓化改造等重点合作项目，并进一步深化在核安全领域的双边合作。双方将继续在包括核安全峰会在内的国际核安全进程中保持沟通与协调，共同为提高全球核安全水平和促进核不扩散作出贡献。

3月24日　美国总统奥巴马夫人米歇尔一行到访西安参观兵马俑和古城墙。

3月24日 中国工业和信息化部部长苗圩在荷兰海牙参加第三届核安全峰会期间，应约会见了美国能源部长欧内斯特·莫尼兹，双方就核安全、电动汽车、工业能效等领域合作交换了意见。

3月24日 中国国家知识产权局局长申长雨在京会见了由美中贸易全国委员会会长傅强恩率领的知识产权代表团一行。

3月24日 中国科技部农村中心吴飞鸣副主任会见了美国硕腾公司全球执行副总裁白姗蒂、美国科恩公司高级顾问克里斯蒂·维克一行。

3月24日 中国保监会主席项俊波会见美国史带公司董事长兼首席执行官格林伯格一行。

3月24日 中国环境保护部副部长吴晓青在京会见了美国陶氏化学公司董事长兼首席执行官利伟诚一行。

3月24日 北京市市长王安顺会见了来京出席中国发展高层论坛的美国卡特彼勒全球董事长兼首席执行官道格拉斯·欧博赫曼先生一行。

3月24日 针对有外媒报道，美国国安局近年来对华为公司进行了大规模网络监控和窃密活动，目标还包括中国前领导人和外交、商务等部门以及银行一事，中国外交部发言人洪磊指出，我们对有关报道表示严重关切。一段时间以来，媒体披露了很多美方对包括中国在内的国家实施监听、监控、窃密情况。中方已多次就此向美方提出交涉。我们要求美方就此作出清楚的解释，停止这种行为。

3月25日 中国财政部副部长朱光耀在京会见了美国彼得森国际经济研究所所长亚当·珀森。

3月25日 中国海关总署署长于广洲会见了来访的美国联邦快递集团董事长施伟一行。

3 月 25 日 美国总统奥巴马夫人米歇尔一行访问了成都第七中学。

3 月 26 日 由中国科技部和美国国务院共同主办的第五届“中美青年科技论坛”在美国首都华盛顿举办。今年论坛的主题为“女性与科学”。中方来自科技部、中国科学院、同济大学、云南大学、北京理工大学等单位的 10 名女性青年学者受邀参会，与美方就女性青年科学家面临的挑战、培养女性在科学和工程方面的兴趣、推动女性青年科学家的职业发展等话题展开了积极讨论。美国国务院助理副国务卿乔纳森和中国驻美使馆科技参赞梅建平参加了开幕式并致辞。

3 月 26 日 美国总统奥巴马夫人米歇尔一行参观了成都大熊猫繁育研究基地。

3 月 26 日 中国驻美国大使馆公使陆慷为出席 2014 中美友城大会的中美嘉宾举办欢迎招待会。美国负责东亚和太平洋事务的助理国务卿拉塞尔、美国联邦众议员本田、美国国际姐妹城协会会长阚玛丽、美国国际姐妹城协会主席里斯克、中国人民对外友好协会副会长谢元、美国艾奥瓦州马斯克廷市友人莎拉·兰迪夫人以及来自中美双方省州、城市的 300 余名地方政府领导及代表出席了招待会。招待会期间，山东省济南市与加利福尼亚州萨克拉门托市、广西省柳州市与俄亥俄州辛辛那提市、重庆市万州区与弗吉尼亚州韦恩斯伯勒市、河北省正定县与艾奥瓦州马斯克廷市等 4 对中美友好城市签署了合作备忘录；云南省昆明市与纽约州斯克耐克特迪市签署了正式结好协议。

3 月 26 日 针对美日韩三国领导人昨天在荷兰海牙举行了会晤一事，中国外交部发言人洪磊表示，据我们了解，此次会晤的主要议题是朝鲜半岛核问题。中方一直认为，妥善处理朝鲜半岛核问题、维护半岛和东北亚地区和平稳定符合有关各方共同利益，也需要各方共同努力。中方坚持实现半岛无核化、坚持维护半岛和平稳定、坚持通过对话协商解决有关问题的立场是一贯和明确的。当前形势下，有关各方应着眼大局，多做有利于局势缓和的事，共同维护地区和平稳定，共同为推动重启六方会谈创造有利条件。作为半岛近邻和负责任大国，中方将继续为推动妥善解决有关问题作出不懈努力。

3月26日　中国环境保护部副部长李干杰在京会见美国前国防部长、科恩集团总裁威廉·科恩一行。

3月26—27日　中国人民对外友好协会与美国国际姐妹城市协会在美国华盛顿市共同举办了2014年中美友好城市大会。在大会上共有34对友好省州、城市及4位杰出个人受到表彰。大会鼓励中美友好省州、城市之间加强经贸、文化、教育合作及青年交流，并探讨了增进交流合作的途径。

3月27—29日　中国国家创新与发展战略研究会、中国人民外交学会和耶鲁大学法学院中国中心在北京共同举办第四次中美关系对话。美方代表包括美国原总统国家安全事务助理哈德利、原常务副国务卿斯坦伯格、原参谋长联席会议副主席卡特莱特上将、美国原海军作战部部长拉夫海德上将、原贸易代表巴舍夫斯基、原美国驻阿富汗大使艾江山、耶鲁大学法学院中国中心主任葛维宝、经济学家史蒂芬·罗奇等。中方代表包括国创会会长郑必坚、解放军原常务副总参谋长葛振峰上将、国创会常务副会长吴建民大使、原中国入世首席谈判代表龙永图、原驻美大使周文重、中投公司董事长丁学东、解放军海军原副司令员王玉成中将、解放军空军原副司令员陈小工中将等。会议讨论了有关中美关系的一系列问题，着重就如何促进中美投资合作，特别是如何推进中美双边投资条约（BIT）谈判进程进行了讨论。对话期间，国务院副总理汪洋和前国务委员戴秉国分别在中南海听取了会议报告，并会见了美方代表。

3 月 27 日 针对台湾军方向美军采购 30 架阿帕奇直升机中的第三批近日将抵达台湾。同时，美国会众议院外交委员会近日通过“确认《与台湾关系法》重要性”494 号决议案，重申美国承诺维护台湾安全，包括对台出售军事武器等事宜，中国国防部发言人耿雁生指出，中方坚决反对任何国家向台湾出售武器，这一立场是坚定的、一贯的，也是明确的。今年是中美建交 35 周年，在当前中美共同致力于构建新型大国关系和新型军事关系的背景下，美国内近期再次出现了鼓噪对台售武的不和谐之音。美对台售武无疑会干扰和损害当前两国两军关系及两岸关系发展的良好势头。我们敦促美方恪守一个中国政策和中美三个联合公报特别是“八·一七”公报原则，立即停止售台武器，以实际行动维护中美关系大局和两岸关系和平发展。

3 月 27—28 日 第五轮中美海洋法和极地事务对话在中国青岛举行。中美外交和涉海部门的有关专家就当前海洋和极地领域的多个法律问题进行了深入友好的交流。双方一致认为，对话积极务实，富有成果，同意并期待明年在美举行下轮对话。

3 月 28 日 广东省江门市常务副市长黄悦胜会见了来访的美国河滨市市长威廉·贝利一行。

3 月 29 日 中国国务院副总理汪洋在中南海紫光阁会见了来华参加第四次“中美关系对话”的美方代表团成员。汪洋表示，当前中美关系发展势头良好。习近平主席和奥巴马总统在出席荷兰海牙核安全峰会期间再次成功举行会晤，对推动构建中美新型大国关系具有重要意义。中美双方应全面积极落实两国元首达成的重要共识，加强经贸等各领域沟通、协调与合作，推动中美关系沿着健康稳定轨道向前发展。

3 月 30 日 何凤山义人精神国际研讨会暨何凤山拯救犹太

难民事迹展在中国驻旧金山总领馆举行。中国驻旧金山总领事袁南生、前中国驻英国大使马振岗、美国加利福尼亚州众议院议长佩雷斯、美国犹太人委员会旧金山湾区办公室主任丹克尔、美国著名中国问题专家李敦白、全美湖南同乡联合会会长黄厚斌及名誉会长钟武雄、何凤山女儿何曼礼等共同出席了活动。旧金山湾区犹太和华人社区代表200余人出席了研讨会。旧金山市长李孟贤、市参事马兆光为活动发来贺电。此次活动由美国犹太人委员会旧金山湾区办公室、全美湖南同乡联合会、中国驻旧金山总领馆联合举办。新华社、中央电视台、凤凰卫视、美国广播公司旧金山电视台等十余家中外媒体报道了此次活动。何凤山博士1938—1940年间任中国驻维也纳总领事，期间向数千名犹太难民签发了前往中国上海的“生命签证”，2000年被以色列政府授予“国际义人”的称号。

3月31日 中国商务部国际贸易谈判代表钟山在北京会见了美国康宁公司董事长兼首席执行官魏文德。

3月31日 中国国家卫生计生委主任李斌在京会见了美国哈佛公共卫生学院院长胡里奥·弗兰克一行。

3月31日 美国国务院副发言人哈夫3月30日针对菲律宾向中菲南海争端仲裁庭提交诉状称，美方支持以不具威胁或胁迫的和平方式解决海洋争端，各国都应尊重包括菲律宾在内的海洋法公约缔约国运用公约的争端解决机制的权利。中国外交部发言人洪磊就此事指出，关于菲律宾向中菲南海争端仲裁庭提交诉状问题，我昨天已全面阐明了原则立场。我愿重申，中国对南沙群岛及其附近海域拥有无可争辩的主权。中方不接受菲方提起的国际仲裁。2006年，中国依据《联合国海洋法公约》作出声明，已将上述争端排除出仲裁程序。美方不是南海争端当事国，多次表示在领土主权问题上不持立场。我们敦促美方恪守自己的承诺，多做有益于南海地区和平稳定的事，而不是相反。此外，针对美国国防部长哈格尔28日称，美方不寻求网络空间军事化，希冀使之成为自由与繁荣的“催化剂”，美国国防部对在本国政府网络之外的网络行动保持克制，并敦促其他国家采取同样做法一事，洪磊表示，中方注意到美方的表态。中方一贯认为，信息通信技术应有助于促进各国社会和经济的全面发展和人民福祉。维护网络空间和平、避免成为新的战场符合国际社会的共同利益。中方希望美方能将有关言论切实转化为政策与行动，与国际社会一道推动构建一个和平、安全、开放、合作的网络空间。

4月

4月1日 针对美国国务院副发言人哈夫3月31日称，中方试图阻拦菲方前往仁爱礁的补给船是挑衅和导致不稳定的行为一事，中国外交部发言人洪磊在例行记者会上就此指出，中国对包括仁爱礁在内的南沙群岛拥有无可争辩的主权。中方决不会坐视菲方企图侵占仁爱礁的任何挑衅，将坚决捍卫中国的正当合法权益。如果没有1999年菲方企图利用军舰“坐滩”非法占据仁爱礁以及近来采取行动企图固化菲方在仁爱礁的非法存在，就不会有目前中菲之间围绕这一问题的矛盾升级。菲方才是挑衅者和麻烦制造者，这还有什么疑问？我们敦促美方尊重事实，停止发表不负责任的言论，停止助长有关国家的挑衅和冒险行为。

4月1日 中国国家知识产权局副局长何志敏在北京会见了由美国奥尔布赖特石桥集团联席董事长、美国前国家安全事务助理萨缪尔·伯杰和美国全球生物技术工业组织总裁兼首席执行官吉姆·格林伍德率领的美国全球生物技术工业组织董事会代表团一行。

4月1日 中国国际青年交流中心主任孙俊波会见了美国蒙大拿大学曼斯菲尔德中心青年体育工作者访华团一行。

4月2日 全国政协副主席杜青林在全国政协礼堂会见由轮值总董吴耀庭先生率领的驻美中华总会馆访问团一行。

4月2日 中国国务院侨办裘援平主任、谭天星副主任在钓鱼台国宾馆会见了由轮值总董吴耀庭先生率领的驻美中华总会馆访问团一行。

4月4日 中国国家知识产权局局长申长雨在京会见了来访的美国马歇尔法学院亚洲联盟负责人李汪引兰女士。

4月3日 上海市市长杨雄在衡山宾馆会见了美国玛氏公司董事会主席贝思文一行。

4月4日 针对美国亚太事务助卿拉塞尔近日在国会听证会上称，克里米亚模式可能成为中国在南海通过武力或胁迫手段获取领土的先例一事，中国外交部发言人洪磊表示，无论是乌克兰问题，还是南海问题，中方都已分别多次阐明了立场。美方这名官员为何要将两者相提并论？为何硬要拿中方说事？你们可以问一问他。

4月5—8日 中国教育国际交流协会与美国社区学院协会在美国华盛顿举办了“首届中美高职院校/社区学院校长对话”。会议由美国社区学院国际项目与服务副主席爱丽丝·布莱恩·阿纳德女士和中国教育国际交流协会副秘书长宗瓦先生共同主持。美国国务院常务副秘书长玛瑞尼·克瑞恩女士、中国驻美大使馆一秘周慧女士以及中美高职院校/社区学院校长约60人与会。与会的中美双方院校长们就中国及美国职业教育发展的优势、机遇和挑战等展开了研讨。会上，南京工业职业技术学院大学副校长朱建国代表中国教育国际交流协会职业技术教育国际交流分会与美国社区学院国际发展协会副主席约翰·肯斯莫博士签署了《合作谅解备忘录》。4 月 8 日，中国教育国际交流协会在中国驻美使馆教育处召开了中美“高职院校/社区学院座谈”。中国驻美使馆公使衔参赞方茂田、中国教育国际交流协会秘书长邵巍、副秘书长宗瓦、美国社区学院前副主席吉姆·麦肯尼以及中美高职院校/社区学院校长代表共 80 余人出席了座谈会。

4 月 7 日　应国务委员兼国防部长常万全邀请，美国国防部长查克·哈格尔抵达青岛并开始为期 4 天的访华行程。当日下午，哈格尔一行参观了中国海军航母“辽宁舰”。当日晚，哈格尔抵达北京访问。

4 月 7 日　美国前国务卿奥尔布赖特在华盛顿希德威尔友谊学校演讲时表示，中国是一个正在崛起的全球性大国，是美国不可或缺的战略合作伙伴。她表示，建立良好的对话机制，有助于美中两国更有成效地共同构建新型大国关系。

4 月 8 日　中国驻美国大使崔天凯在纽约出席亚洲协会政策研究所成立仪式，并围绕“2025 年的亚洲，通向和平与繁荣之路”这一主题发表讲话。活动结束后，崔大使还接受了中外媒体的采访，就中美关系、中日关系、海上问题等回答了提问。

4 月 8 日　针对美国国防部长哈格尔 6 日与日本防卫大臣小野寺五典会谈时称，中国是一个大国，应承担新的更广泛责任，应尊重邻国一事，中国外交部发言人洪磊表示，与邻为善、以邻为伴的周边外交政策是中国的自主选择，我们将长期坚持。我们绝不侵犯他国主权和领土完整，也绝不允许任何国家侵犯中国的主权和领土。

4 月 8 日　中国国务委员兼国防部长常万全今天上午在八一大楼与来访的美国国防部长哈格尔举行了会谈。常万全说，今年是中美建交35周年，也是推进中美新型大国关系建设的关键一年。中美两国稳步地、坚定不移地推进新型大国关系建设，既是两国根本和长远利益之所在，也有利于亚太地区和世界的持久和平与稳定。常万全积极评价去年以来中美两军关系取得的重要进展，指出双方应进一步加强对话与沟通，切实尊重彼此核心利益和重大关切，做深做实两军务实交流与合作，有效管控危机风险，妥善解决重大障碍和分歧，推动中美新型军事关系健康稳定发展。哈格尔代表美方对马航失联航班上的154名中国乘客表示慰问，感谢中方安排参访“辽宁号”航母，希望双方加强合作，更好地共同应对重大挑战。哈格尔积极评价当前美中两军关系的发展势头，强调美方将坚定支持美中新型军事关系发展，积极拓展合作领域，持续开展实质性对话，加强在人道主义救援减灾和反海盗领域的务实合作，同时以负责任和建设性的态度管控分歧，减少误判和风险。双方还就国际和地区问题交换了看法。会谈结束后，常部长和哈格尔共同会见记者。会谈前，常万全为哈格尔举行了欢迎仪式，并陪同检阅了中国人民解放军三军仪仗队。

4月8日　中国国务委员兼国防部长常万全在八一大楼与来访的美国国防部长哈格尔举行了联合记者会。常万全表示，中方对哈格尔部长此访非常重视，做了精心和周密的安排，相信这些安排有助于哈格尔部长增进对中国和中国军队的了解。常万全积极评价与哈格尔举行的会谈，认为会谈是坦诚、务实、建设性的，双方就中美两国两军关系、国际和地区问题广泛深入地交换了意见，达成了重要共识。哈格尔表示，建立美中建设性的伙伴关系，对亚太地区的和平稳定至关重要，也有利于两国的繁荣。奥巴马总统多次表示，美方欢迎一个和平、稳定、繁荣和负责任的中国的崛起。两军应通过建立可持续的、有实质内容的对话，深化务实合作，管控双方的分歧。美中两军开展各层级的交流很重要，有利于增进相互理解和相互尊重，希望美中两国两军关系能够继续深入发展。常万全与哈格尔还分别就中美新型军事关系、地区安全、美亚太再平衡、台湾问题、东海和南海问题等回答了中外记者的提问。

4月8日 中央军委副主席范长龙在八一大楼会见了来访的美国国防部长哈格尔一行。

4月9日 中国国家主席、中央军委主席习近平在人民大会堂会见了来访的美国国防部长哈格尔一行。习近平指出，去年，我同奥巴马总统在安纳伯格庄园会晤，一致同意共同构建基于相互尊重、合作共赢的中美新型大国关系。之后，我们又在圣彼得堡和海牙两次会晤。在当前纷繁复杂的国际形势下，中美合作领域更为宽广。中美两军关系是两国关系的重要组成部分，双方应该在构建中美新型大国关系的大框架下发展新型军事关系。双方应该坚持不冲突、不对抗、相互尊重、合作共赢的原则，更加积极有力推动各领域务实合作，有效管控分歧和敏感问题，确保中美新型大国关系始终沿着正确的方向向前发展。哈格尔感谢习近平的会见，转达奥巴马总统对习近平主席的问候。哈格尔表示，此次访华的目的是希望与中方推进奥巴马总统和习主席倡导的美中新型两军关系。此访日程丰富，双方进行了积极、坦率和建设性的对话。21世纪世界的发展在很大程度上取决于美中关系的发展。美方愿与中方加强对话，增进互信，进一步推动两国两军关系发展。双方还就朝鲜半岛问题交换了看法，国务委员兼国防部长常万全等会见时在座。

4月9日 中国驻休斯敦总领事许尔文在亚特兰大拜会了美国前总统卡特。

4月9日 针对近日美国会众议院审议通过“确认《与台

湾关系法》重要性和向台转让海军舰只”议案一事，中国国防部新闻发言人耿雁生表示，在与哈格尔国防部长的会谈中，中方就美国会审议通过有关议案阐明了原则立场，即我们坚决反对美向台出售先进武器，这一立场是明确、坚定和一贯的。美售台武器违反中美三个联合公报特别是“八·一七”公报原则，严重干涉中国内政。在当前中美致力于构建新型大国关系和新型军事关系的背景下，美方不顾中方强烈反对，执意通过推动对台出售武器的议案，这一行动极具破坏性，无疑会对中美两军关系发展和两岸关系和平发展造成严重干扰和损害。台湾问题事关中国主权和领土完整，涉及中国核心利益。中方要求美方充分认识美方上述议案的高度敏感性和严重危害性，切实尊重中方核心利益和重大关切，停止任何损害中美关系和两岸关系和平发展的言行，停止售台武器，多做有利于中美两国两军关系健康稳定向前发展的事。

4月9日 针对美国副总统拜登日前在白宫会见李柱铭和陈方安生时称，美方长期支持香港民主发展及“一国两制”架构下的高度自治一事，中国外交部发言人洪磊表示，香港回归以来，“一国两制”取得了举世瞩目的成功。香港的政制发展是中国的内政，任何外国势力都不得干涉。当前，香港特区政府正依法推进相关工作。美方有关做法是完全错误的，中方对此表示强烈不满和坚决反对。我们敦促美方从中美关系大局出发，切实尊重中方立场和关切，停止以任何形式干涉香港内部事务。

4月10日 由美国和平研究所、中国现代国际关系研究院与复旦大学合作举办的“第六届中美危机规避与合作对话”在华盛顿开幕。中国驻美国大使崔天凯在开幕式上发表主旨演讲表示，中美新型大国关系的目标是合作共赢。崔天凯强调，今年是中美建交35周年，中美关系的发展对两国、亚太地区和世界的和平、稳定和繁荣作出了重大贡献。中美新型大国关系不是两国共治，而是两国顺应世界转型变化的重要努力，将为尽早实现更加均衡的国际格局作出贡献。

4月10日 中国知识产权培训中心与美国马歇尔法学院2013级联合培养研究生毕业典礼在北京举行。中国国家知识产权局副局长甘绍宁、美国马歇尔法学院董事会主席里奥纳德·阿玛利、副院长拉尔夫·鲁伯纳等出席典礼并致辞。

4月11—14日 美国第59届博物馆商店协会博览会在美国休斯顿举办。中国博物馆协会文创产品专业委员会率上海博物馆、浙江博物馆、山西博物院、福建博物院、内蒙古博物院、陈嘉庚纪念馆、扬州双博物馆等7家博物馆首次参展。展会期间，美国博物馆商店协会执行总裁吉玛·瑞思会见了中国博物馆参展代表团，听取了中国博物馆协会文创产品专业委员会的简要介绍，并就今后博物馆文创产品设计、开发和营销合作方面达成共识。

4月11日 福建省省委书记尤权、省长苏树林在福州会见了美国前财政部长保尔森一行。

4月14日 中国外交部副部长李保东应约会见美国副国务卿高特莫勒。双方就叙利亚化武销毁进程、中美防扩散合作、中美副部级战略安全与多边军控磋商等问题交换了看法。

4月14日 中国民航局副局长王志清在北京应约会见了美国联合技术公司航空动力与系统总裁贝尔。

4月15日 中国民航局副局长王志清在上海会见了美国联邦航空局局长迈克尔·胡尔塔。

4月15日 全国人大常委会副委员长张平在上海会见了美国国会参议院临时参议长帕特里克·莱希一行。

4月15日 上海市市委书记韩正会见了美国国会参议院临

时参议长帕特里克·莱希一行。

4月15日 中国国家工商总局商标局法律事务处陈永生副处长、异议形审处贺艺娇副处长会见了美国德克斯公司北京办事处直面消费者部门副总裁魏克先生。

4月15日 针对美国环保署署长麦卡锡4月13—15日赴台湾出席环保教育会议并会见了台湾当局领导人一事，中国外交部发言人华春莹指出，美国环保署长无论出于何种目的赴台访问，都违反中美三个联合公报原则和美方在台湾问题上向中方所作承诺，中方对此坚决反对和强烈不满，并已就此向美方提出严正交涉。我们敦促美方恪守中美三个联合公报原则和美方向中方所作承诺，停止与台进行任何形式的官方往来，慎重妥善处理涉台问题，以免给中美关系造成进一步损害。

4月15日 北京市旅游委副主任王粤会见了来访的美国内华达州旅游局局长克劳迪娅·韦奇奥女士。

4月15日 由鲁迅美术学院美术馆和美国女性艺术联盟联合主办的“中美女性艺术家交流展”在鲁迅美术学院美术馆拉开帷幕，展览将于4月30日结束。

4月16日 中国环境保护部副部长李干杰在京会见美国核管制委员会副主席克里斯汀·斯温尼基女士。双方就中美核安全合作等共同关心的议题交换了意见。

4月16日 中美合作职业安全与健康研讨会在京召开。中国国家安全监管总局副局长杨元元出席会议并讲话。3M公司副总裁兼3M中国总裁金福来先生及有关专家参加了会议。

4月17日 中国国务院总理李克强在中南海紫光阁会见美国新闻集团总裁汤姆森。李克强向客人介绍了当前中国经济形势。他指出，去年以来，面对国内国际各种挑战，中国政府坚持稳中求进，统筹稳增长、调结构、促改革，创新宏观调控方式，实现了经济社会发展主要预期目标。今年一季度，中国国民经济开局平稳，总体良好，经济运行保持在合理区间。李克强指出，像中国这样大的经济体，保持7.5%左右的中高速增长很不容易。中国经济持续向好是有条件的。我们将全面深化改革，推动新一轮对外开放，继续推进简政放权，放管结合，进一步激发市场活力和社会创造力，促进中国经济持续健康发展。希望国际媒体全面、客观报道中国，为增进中外相互认知、促进友好合作发挥积极和建设性作用。汤姆森表示，新闻集团高度关注中国经济发展进程，重视对华报道，愿为增进世界和中国的相互了解与合作作出积极努力。

4月17日 山东省菏泽市副市长黄秀玲会见了来访的美国德克萨斯州民主党联邦众议员阿尔·格林一行。同日，山东省济宁市副市长石中和在曲阜会见了阿尔·格林一行。

4月17日 中国国家广播电影电视总局副局长童刚会见了应邀来华参加第四届北京国际电影节的美国电影协会主席多德一行。

4月17—19日 2014国际舞蹈沙拉艺术节于在美国休斯敦沃特汉姆中心卡伦剧场拉开帷幕，来自北京的北京雷动天下现代舞蹈团和中华龙韵功夫表演团应邀参加该节。

4月17日 中国驻休斯敦总领事许尔文在美国莱斯大学贝克研究所拜会了美国前国务卿、前财长贝克。

4月18—26日 美国国务院国际残疾人权利的特别顾问朱迪思·休曼赴中国北京和广州访问。期间她与有关人士一起讨论了有关残疾人的权利问题，包括教育、就业、立法等。休曼女士还总结了美国残疾人运动的经验、教训并分析了其面临的挑战，希望加强国际合作并分享最佳实践。

4月18日 由中国国家卫生计生委和美国卫生与公众服务

部举办的中美艾滋病防治合作项目第三周期第一次管理委员会全体会议在北京举行。

4月19日 应美国哈佛大学“哈佛中国论坛”邀请，山西省运城市市长王清宪在哈佛大学作了题为“中国城镇化的逻辑与运城的实践”的演讲。

4月20日 美国华人公共外交协会宣布，敦聘美国“十万强”基金会发起人、执行董事，全美知名华裔社会活动家方李邦琴女士为名誉主席。

4月21日 全国人大外事委员会傅莹主任委员在北京人民大会堂会见了由美国国会众议院民主党副督导詹姆斯·马西森率领的美国联邦众议员代表团一行。双方就两国关系、政治制度、议会交往、立法交流、经贸关系、知识产权保护等共同关心的问题交换了意见和看法。该代表团是应中国人民外交学会邀请来华访问的。

4月21日 中国外交部美大司司长谢锋会见美国国会众议院民主党副督导、联邦众议员马西森、民主党关岛代表鲍戴洛、共和党联邦众议员比利·朗等众议员，就中美关系等问题交换了意见。

4月21日 中共中央台湾工作办公室陈元丰副主任会见了美西中国和平统一促进会访问团一行，介绍了当前两岸关系发展情况，并就访问团关心的问题交换了意见。

4月21日 中国科技部万钢部长在北京会见了美国特斯拉公司首席执行官埃隆·马斯克一行。

4月21日 中国商务部国际贸易谈判代表钟山在北京会见了美国联邦巡回上诉法院首席法官雷德一行。

4月21日 中国国家新闻出版广电总局副局长蒋建国在京会见了美国电影协会主席、首席执行官克里斯托弗·多德一行。

4月21日 参加第14届西太平洋海军论坛年会的各国海军代表团陆续抵达青岛。中央军委委员、海军司令员吴胜利今天分别礼节性会见了先期抵达的澳大利亚海军司令格里格斯、韩国海军参谋次长朴庆一、菲律宾海军司令阿拉诺、美国海军作战部长格林纳特和美太平洋舰队司令哈里斯等。

4月22日 全国政协副主席、中共中央对外联络部部长王家瑞在北京会见美国新任驻华大使博卡斯。

4月22日 中国外交部发言人秦刚在例行记者会上介绍了中国政府朝鲜半岛事务特别代表武大伟上周与美国国务院对朝鲜政策特别代表戴维斯举行会晤的情况。他说，上周，应美国国务院对朝鲜政策特别代表戴维斯邀请，中国政府朝鲜半岛事务特别代表武大伟访问了美国，同美方就重启六方会谈、实现朝鲜半岛无核化、维护半岛和平稳定进行了坦诚、深入的会谈，充分地交换了意见。从访问情况看，双方的共识在扩大，分歧在缩小，中方愿意同美方以及其他有关各方继续保持沟通与协调，继续发挥我们劝和促谈的建设性作用。

4月22日 中国国家发展和改革委员会和美国能源部在北京联合举办中美气候变化工作组碳捕集、利用和封存研讨会。会议就中美各自碳捕集、利用和封存试验示范项目进展、相关技术经验、潜在合作领域和项目等问题进行了交流讨论，为下一步在中美气候变化工作组下识别确定双方合作项目奠定了基础。

4月22日 中国国家发展和改革委员会副主任解振华会见了美国能源基金会创始人、能源创新政策与技术公司首席执行官何豪先生。

4月23日 中国国家能源局副局长张玉清在京会见了美国能源部助理部长克里斯·史密斯。

4 月 23 日 中国国侨办裘援平主任会见了以美东华人社团联合会共同主席梁冠军为团长的美国东部侨领代表团一行。

4 月 23 日 美国商会全球知识产权中心在华盛顿举行第二届知识产权捍卫者年会，赞扬中国公安机关打击网络制售假药犯罪“云端行动”取得丰硕战果。中国驻美国使馆警务参赞胡彬郴代表中国公安部经济犯罪侦查局领取“全球知识产权捍卫者奖”并就中国知识产权保护发表演讲。

4 月 23 日 美国国际贸易委员会做出肯定性裁定，决定继续对中国输美圆形焊接碳钢管征收反补贴和反倾销“双反”关税。

4 月 23 日 中国国务院发展研究中心韩俊副主任会见了美国孟山都公司总裁伯格曼一行。

4 月 23—25 日 中国国家林业局和美国鱼和野生动物局召开联合委员会会议。双方表示，愿意加强渔业和湿地保护、自然保护区管理、游客服务和环境教育以及《濒危野生动植物种国际贸易公约》履约工作。

4 月 24 日 全国人大常委会委员长张德江在北京人民大会堂会见美国众议院多数党领袖坎托一行。

4 月 24—25 日 美中人民友好协会在华盛顿举行第 21 届美中关系华盛顿研讨会并庆祝其成立 40 周年。

4 月 24 日 中国驻美大使崔天凯大使及夫人在波士顿大学看望了去年在波士顿马拉松爆炸案中受伤的中国留学生周丹龄。

4 月 24 日 哈佛大学商学院在波士顿校区为赵朱木兰中心举行奠基仪式。中国驻美国大使崔天凯出席赵朱木兰中心奠基仪式并发表讲话。

4 月 25 日 中国国务委员杨洁篪在中南海会见美国众议院多数党领袖坎托一行。杨洁篪说，中国政府始终致力于维护和促进亚太地区和世界的和平、稳定与发展。同时，任何人也不能动摇我们捍卫国家主权和领土完整的坚定意志和决心。一个良好的中美关系符合两国人民和世界人民的根本利益。希望美方与中方相向而行，认真落实习近平主席同奥巴马总统达成的重要共识，推动中美关系沿着构建新型大国关系的正确轨道向前发展。坎托表示，美国愿意促进美中两国相互了解。

4月25日 中国驻休斯敦总领馆举行总领事许尔文离任招待会，包括国会议员和美国前总统老布什的小儿子尼尔·布什在内的当地政要和侨学界近400人出席。许尔文感谢大家的帮助和支持，并表示今后会继续关注休斯敦、关注德克萨斯和美南地区。尼尔·布什代表布什家族和父亲出席招待会，宣读了老布什写给许尔文的信，对其在促进中国和美南地区的经贸、文化等各领域合作作出的努力表示赞赏。

4月25日 中国驻芝加哥总领事赵卫平在印第安纳州拜会印州农业厅长麦金尼，就促进中国与印州双边农业合作等问题交换了意见。此外，赵总领事还拜会了印州经济发展局执行副总裁皮特曼。

4月25日 中国国家知识产权局局长申长雨在京会见了美国联邦巡回上诉法院首席大法官雷德一行。

4月25日 由中国电子学会和中美能源合作项目主办，中国电信上海公司、美国劳伦斯伯克利国家实验室、上海通信学会等单位协办的中美绿色数据中心研讨会在上海召开。

4月25日 针对美日双方发表的联合声明中称《美日安保条约》适用于所有日本施政下的区域，包括钓鱼岛，声明还对东海防空识别区以及南海争端等问题发表了评论等情况，中国外交部发言人秦刚指出，我们对美日联合声明的一些内容表示严重关切。利用一些问题对其他国家指手画脚，将会对有关问题的妥善解决和地区稳定造成不利影响。他说，外交部负责人25日下午分别约见美国和日本驻华大使，提出严正交涉。在钓鱼岛问题上，中方的立场是一贯、明确的。钓鱼岛及其附属岛屿是中国的固有领土。《美日安保条约》是冷战时期的产物，无法改变钓鱼岛属于中国这一事实。任何人无论说什么、做什么，都动摇不了中国政府和人民捍卫国家主权和领土完整的坚定决心和意志。划设东海防空识别区是中国作为一个主权国家的应有权利，完全符合国际法和国际惯例。美国、日本几十年前就划设了自己的防空识别区，他们根本没有资格对中方此举说三道四。中国对南海诸岛及其附近海域拥有无可争辩的主权，这是建立在充分的历史和法理依据之上的。有关国家就南海争议提起国际仲裁的做法本身就违背了此前达成的双边共识和各方在《南海各方行为宣言》中作出的承诺。中方有充分的诚意通过当事方之间的直接对话协商和平解决争议和分歧，但我们绝不允许中国的国家主权和领土完整受到侵犯。从根本上讲，利用《美日安保条约》来强化集团政治、损害第三方利益不仅不合时宜，而且违反国际关系基本准则。我们已经进入了21世纪，和平发展、合作共赢是当今亚太地区的主流，也是本地区各国人民的普遍愿望是大势所趋。我们敦促美、日摒弃冷战思维，切实尊重本地区其他国家的利益和关切，以免给地区和平稳定造成进一步干扰。美、日应该如何做才有利于地区的和平、稳定和繁荣？60多年前的冷战思维到今天是不是需要进行反思了？我建议他们从两千多年前中国的先哲孔子的智慧中得到一些启示。孔子曰：“君子和而不同”“君子周而不比”。

4月27日　湖南涉外经济学院校长张放平在北京丽思卡尔顿酒店为美国前国务卿康多莉扎·赖斯颁发聘书，聘请她担任学院荣誉教授。

4月28日 中国外交部发言人秦刚就美国总统奥巴马亚太之行指出，进入21世纪，无论是亚太地区的时代潮流，还是本地区各国人民的普遍愿望，都是和平发展、合作共赢。希望美方以及本地区有关国家都能够从这一历史潮流以及各国人民的普遍愿望出发，为本地区的和平、稳定与繁荣切实做出积极努力。秦刚称，最近有的媒体说，奥巴马总统此次亚太之行没有来中国或意在针对中国。是不是针对中国，要看美方是怎么说、怎么做的。至于来不来中国，一句话：你来，或者不来，我就在这里。此外，针对中美双方近来已开始就削减二氧化碳排放进行谈判一事，秦刚说，近年来，中美双方把气候变化以及节能减排领域作为两国合作一个新的增长点，两国元首在这方面有共识，双方在中美战略与经济对话框架下，成立了气候变化工作组，建立了相关机制，制定了相关方案。秦刚指出，中美作为在气候变化领域有着重要影响的国家，双方应进一步加强沟通、协调与配合，同国际社会其他各方一道努力，共同应对气候变化带来的挑战。但是中美国情不同，发展阶段不同。美国是世界上最大的发达国家，中国是世界上人口最多的发展中国家。在气候变化问题上，我们主张要本着“共同但有区别的责任”原则，通过磋商对话加强相互理解，扩大共识，带动其他国家共同参与到应对气候变化的国际合作中来。秦刚表示，明年将在巴黎举行第21届联合国气候变化大会，这是一次非常重要的会议，中方愿意和美方以及其他国家共同努力，推动本次大会取得预期成果。

4月28日 中国驻美大使崔天凯出席在纽约大学华盛顿学习中心举行的该校校友招待晚宴。在致辞中，崔大使对上海纽约大学的设立表示祝贺，对纽约大学为促进中美教育交流所作努力给予高度评价。

4月28日 中国驻旧金山总领事袁南生亲切会见了美国"飞虎队"历史委员会主席詹姆斯·怀特黑德、总裁拉里·乔布及副总裁马宽池一行。

4月29日 中国国务院总理李克强在中南海紫光阁会见美国前财长盖特纳。李克强表示，不久前两国元首在海牙成功会晤。面对复杂变化的国际形势，中美坚持不冲突不对抗、相互尊重、合作共赢的原则，积极推进新型大国关系建设，妥善管控分歧摩擦，符合双方利益，有助于促进世界和地区的和平与稳定。李克强应询介绍了中国改革与经济增长的关系。他强调指出，中国经济发展取得的巨大成就靠的是改革。当前中国仍是一个发展中国家，经济发展既蕴藏着巨大潜力和回旋余地，也面临城乡区域不平衡、资源环境瓶颈制约等挑战。要保持中国经济持续健康发展，解决好遇到的问题还必须依靠改革。改革是经济增长的动力和支撑。中国全面深化改革和进一步扩大开放将为中美经贸合作开辟更加广阔的空间。盖特纳表示，面对世界经济下行压力，中国全面深化改革，经济保持良好发展势头。相信中国能够发挥自身优势，取得更大发展。美中关系前景广阔，两国应加强沟通与合作，他将继续为此发挥积极作用。

4月29日 中国国务院副总理刘延东在北京中南海会见美国林肯中心总裁杰德·伯恩斯坦。刘延东指出，人文交流在促进中美两国人民相互了解和友谊、构建中美新型大国关系方面发挥着重要作用。她希望林肯中心发挥自身优势，继续与中方加强合作，为促进中美关系的发展做出积极努力。

4月29日 中国驻美大使崔天凯出席美国威尔逊中心基辛格美中关系研究所新标志启用仪式并为新标志手书汉字"基"。美国前国务卿基辛格、威尔逊中心总裁、前众议员简·哈曼、前国家安全事务助理斯考克罗夫特、前驻华大使芮效俭、洪博培以及研究所董事会主要成员出席了活动。

4 月 29 日 中国驻芝加哥总领事赵卫平拜会密苏里州圣路易斯市市长斯莱，就促进中国与圣路易斯市交流与合作交换了意见。

4 月 29 日 中国驻休斯敦总领事许尔文拜会了美国前总统老布什。同日，中国驻休斯敦总领事许尔文拜会了达拉斯市市长劳林斯。达拉斯世界事务委员会主席福克、达市礼宾事务负责人哈德斯顿等在座。

4 月 30 日 针对美方昨天宣布缉捕涉嫌非法向伊朗出售导弹零部件的中国商人李方伟一事，外交部发言人秦刚称我们注意到了相关报道。中方坚决反对美援引国内法对中国企业、个人实施单边制裁。美方有关做法无助于问题解决，而且有损双方防扩散合作。我要强调的是，中国政府高度重视防扩散出口管制工作，对任何违反中国防扩散法律法规的行为，都将依法严肃查处。美方的有关关切应通过与中方开展防扩散执法合作予以解决。中方敦促美方停止制裁中国公司、个人的错误做法，回到防扩散合作的正确轨道上来。针对美菲签署的《加强防务合作协议》一事，秦刚表示，我们认为，有关各方都应为增进本地区国家互信合作、促进地区共同和平、稳定与繁荣作出积极努力，而不是相反。要让太平洋永远是太平的。我们也认为，维护亚太地区和平与稳定符合地区各方利益，需要各方共同作出努力。人们有理由要求美菲签署的任何协议均符合这一原则，不损害地区国家间相互信任以及本地区和平稳定。

5月

5月1日 针对美国国务院日前发布《2013年反恐形势国别报告》提到中国在反恐领域与美国合作很少、信息交换不对等，并称中方对国内一些恐怖案件的定性缺乏可信、翔实证据之事，外交部发言人秦刚指出，中方注意到美国国务院发布的有关报告，对该报告涉华不实之词表示不满。他强调，中国是恐怖主义的受害者，一贯坚决反对任何形式的恐怖主义，反对任何人以任何名义实施或支持恐怖主义活动。在反恐斗争中，中国政府坚持原则，坚决依法打击，同时主张标本兼治，综合治理，消除滋生恐怖主义的土壤，反对将恐怖主义同特定的民族或宗教相联系。恐怖主义是人类的公敌，国际社会应该合力予以打击。在反恐问题上对别国说三道四、搞“双重标准”，无助于国际反恐合作。中方一贯重视并积极参与国际反恐合作，愿继续本着相互尊重、平等合作的原则同其他国家开展反恐交流合作。

5月1—6日 美国波士顿交响乐团到访中国举行巡回演出，分别于北京（5月1日、2日）、上海（5月4日）、广州（5月6日）完成了4场高水准演出。

5月1日 “中国电影之夜”开幕式在硅谷蓝光影院举行。中国驻旧金山总领馆副总领事毕刚、文化参赞肖夏勇，库比蒂诺市市长黄少雄，市议员张昭富等嘉宾出席了开幕式。“中国电影之夜”活动由丁丁电视与蓝光影院共同策划。

5月2日 美国商务部表示，美方初步认定来自中国和印尼的味精在美国市场存在倾销行为，其中中国产品的倾销幅度为52.24%—52.27%，印尼产品的倾销幅度为5.61%。美国商务部将通知海关和边境保护部门向相关产品生产商和出口商征收现金保证金。

5月2—15日 “2014中华刺绣美国巡回展”先后在美国纽约闽侨文化中心、波士顿麻省州立大学、华盛顿、布法罗大学艺术馆四地展出5名艺术家的40多件作品。此次巡回展由厦门大学非物质文化遗产研究中心、湖南湘绣研究所、厦门杨臻珠绣艺术公司、姚惠芳刺绣艺术研究所主办，美国湖南同乡会、美国侨商联合会协办。

5月4—7日 赴美访问的全国政协副主席、中共中央对外联络部部长王家瑞与美民主党和共和党领导人共同出席于5月5日在华盛顿召开的第七届中美政党高层对话，双方围绕中国全面深化改革、美国政治经济形势及构建中美新型大国关系等问题深入交换了看法。在美期间，王家瑞还分别会见美国国务卿克里、前国务卿基辛格和新泽西州州长克里斯蒂。王家瑞介绍了十八届三中全会主要精神，强调一个推进改革、致力发展的中国对美、对世界是机遇而不是挑战。美方表示，关注中国改革进程，愿通过政党对话加深相互了解，推动美中新型大国关系不断深化和发展。

5月4日 中国财政部副部长史耀斌在哈萨克斯坦首都阿斯塔纳会见美国财政部部长助理拉戈。

5月4日 针对近日美国国际宗教自由委员会发布2014年度报告，继续将中国列为“特别关注国”一事，中国外交部发言人秦刚指出，中国政府依法保障公民的宗教信仰自由，中国人民依法享有充分的宗教信仰自由。同时，中国法律不允许任何人假借宗教名义从事违法犯罪活动。多年来，美国这个委员会发表的报告涉华部分总是充满不实之词，误导舆论。我们敦促美方摒弃偏见，停止利用宗教问题干涉中国内政。

5月5日 中国外交部发言人华春莹就菲律宾和美国当天举

行了联合军演一事说，关于菲美同盟及联合军演等问题，中方多次表明了有关立场。我们认为，维护亚太地区的和平与稳定符合地区各方利益，同时也需要各方作出努力。我们希望菲美之间的有关行动能朝着这个方向努力，应有助于地区国家间互信及地区和平稳定。

5月5日　美国商务部公布初裁结果，认定中国、德国等七国输美取向电工钢产品存在倾销行为。美方初步认定来自中国、捷克、德国、日本、韩国、波兰和俄罗斯的取向电工钢产品在美国市场存在倾销行为，其中中国产品的倾销幅度为159.21%，其他六国输美同类产品的倾销幅度从5.34%—241.91%不等。美国商务部将通知海关和边境保护部门向相关产品生产商和出口商征收现金保证金。

5月6日　中共中央台湾工作办公室陈元丰副主任会见了纽约中国和平统一促进会访问团一行，向访问团介绍了当前两岸关系发展情况和对台方针政策，并交换了意见。

5月6日　中国、美国、俄罗斯、英国、法国5个核武器国家和哈萨克斯坦、吉尔吉斯斯坦、塔吉克斯坦、土库曼斯坦和乌兹别克斯坦5个《中亚无核武器区条约》缔约国6日在纽约联合国总部举行《中亚无核武器区条约》议定书签署仪式。中国常驻联合国代表刘结一大使代表中国政府签署议定书，并宣读中国政府关于签署《中亚无核武器区条约》议定书的声明。

5月6日　“共筑梦想——中美青年创客大赛”启动仪式在北京举行。此次大赛由中国教育部国际司主办，教育部留学服务中心、清华大学及新奥集团共同承办，北京海外学人中心协办。

5月7日　针对美国助理国务卿拉塞尔近日访港时对香港政改和特首普选过程作出了评论一事，中国外交部发言人华春莹指出，政制发展问题是香港的内部事务，是中国的内政，他国无权干涉。中国政府坚决反对任何外国以任何方式介入香港政改问题，或以任何方式干涉香港内部事务。中方要求美方停止对香港政改指手画脚，不做损害香港繁荣稳定的事。

5月7—18日 由美籍华人陈灿培捐赠的469件珍贵抗战文物在重庆抗战遗址博物馆展出，其中包括10多件“飞虎队”飞行员服装，20余枚美国军人的银星、铜星勋章、空军指南针等。

5月7日 中国驻纽约副总领事程雷应邀出席了纳尔逊·洛克菲勒夫人为费城交响乐团赴华演出举办的招待会。美国前驻华联络处官员卜励德大使、费城交响乐团副总裁汉密尔顿等均出席了招待会。

5月8日 中国国防科工局局长、国家原子能机构主任许达哲在京会见了到访的美国核废物技术审查委员会主席尤因一行。

5月8日 中国民政部优抚安置局局长邹铭会见美国海外战争退役军人协会斯特劳德会长一行。

5月8—10日 以“兼蓄融通，汉语东西南北中”为主题的第七届全美中文大会在美国洛杉矶举行。本次大会由孔子学院总部/国家汉办与美国大学理事会、亚洲协会联合主办，历时3天，共有来自美国各州政府教育部门官员、大中小学校长、汉语教育专家及教师等1200多名代表与会。

5月9日 印第安纳波利斯儿童博物馆“带我去中国”、“秦兵马俑——皇帝的彩绘军”展开幕。中国驻美国大使崔天凯、驻芝加哥总领事赵卫平、美联邦参议员乔·唐奈利、联邦众议员苏珊·布鲁克斯、印第安纳州副州长埃尔斯伯曼、印第安纳波利斯市市长巴拉德、印第安纳波利斯儿童博物馆董事会主席戴维·格雷、馆长潘杰夫、陕西省文物代表团、美赞助商代表等社会各界人士600余人出席了开幕活动。

5月9日 吉林省省长巴音朝鲁在长春会见美国农业部副部长迈克·斯邱思一行。

5月11日 内蒙古自治区党委副书记、自治区主席巴特尔在呼和浩特会见了来访的美国南达科他州州长丹尼斯·多加德一行。

5月11—13日 上海市友协常务副会长汪小澍会见了来访的莎拉·兰迪夫人率领的美国艾奥瓦州"老朋友"代表团一行。

5月12—13日 由中国国土资源部和美国国务院能源资源局主办，中国地调局油气中心协办的中美非常规油气可持续发展论坛在北京召开。双方从政策、经济、技术等方面进行了讨论交流。

5月12日 中国农业部副部长、中国农业科学院院长李家洋在京会见了来访的美国农业部副部长迈克·斯邱思一行。

5月12日 中国驻美公使陆慷在使馆会见正在华盛顿出席美国犹太人协会年会的部分代表。陆公使表示，中国人与犹太人的友谊源远流长。今年，上海方面将与美国犹太人协会合作，在华盛顿和休斯敦办展，预祝展览再次取得成功。美国犹太人协会"生活委员会"主席、前美国国防部副部长扎凯姆表示，他的父亲就是当年在上海生活过的犹太难民之一，他由衷感激二战期间中国人向犹太人提供的宝贵帮助。美国犹太人协会今后将进一步加强与中国驻美使馆的联系和合作，将中犹民族友谊发扬光大。

5月12日 针对有媒体报道美国军舰"蓝岭"号与中国军舰在黄岩岛附近海域相遇一事，中国外交部发言人华春莹在例行记者会上就此表示，中方对包括黄岩岛在内的南海诸岛及其附近海域拥有无可争辩的主权。中国海军舰艇在相关海域进行例行巡逻是正当合法的，很正常，没有必要大惊小怪。

5月13日 中国外交部长王毅应约同美国国务卿克里通电话。王毅强调，推动中美新型大国关系建设是两国元首达成的重要共识，符合两国共同利益。双方要加强合作，排除干扰，确保两国关系健康稳定向前发展。下阶段中美之间将有一系列重要交往，双方要密切配合，推动取得积极成果。克里表示，美方愿本着构建美中新型大国关系的精神，同中方就重大问题保持沟通与合作。双方还就朝鲜半岛局势交换了意见。王毅强调，中方坚持实现半岛无核化、坚持维护半岛和平稳定、坚持通过对话协商解决有关问题，这一立场明确而坚定。希望各方着眼大局，保持冷静克制，多做有利于增进互信和局势缓和的事情，为重启六方会谈创造必要条件。中方愿继续做出不懈努力。克里表示，美方坚定推动半岛无核化，愿同中方继续保持密切沟通和协调。关于当前海上局势，王毅介绍了有关问题的历史经纬、事实真相及中方原则立场，敦促美方客观公允看待，恪守有关承诺，谨言慎行，避免助长有关方面的挑衅行为。克里表示，在领土主权归属问题上，美方不持立场，不选边站队，也无意进行评判。美方希望各方妥善处理，保持地区和平稳定。

5月13日 中国国务院总理李克强在人民大会堂会见美国总统特别代表、财政部长雅各布·卢。李克强表示，一个良好的中美关系对两国和世界都很重要，有助于促进全球经济复苏，维护世界和平稳定。新形势下，中美双方要切实尊重和照顾彼此核心利益，确保中美关系健康稳定向前发展。李克强介绍了中国经济改革的主要目标。他表示，中美分别作为最大发展中国家和最大发达国家，经济互补性突出，共同利益远大于分歧。中国巨大的市场潜力是美国巨大的市场机遇。中方愿与美方拓展贸易投资、能源环保、气候变化等领域务实合作，推进双边投资协定谈判进程。希望美方采取切实措施放宽民用高技术物项对华出口，为中国企业赴美投资提供公平竞争环境。雅各布·卢表示，近年来，在双方共同努力下，美中关系不断得到深化和加强。中国的改革令人鼓舞，中国的发展有利于促进美国和世界经济增长。美方期待中国取得更大发展，愿与中方密切配合，确保新一轮美中战略与经济对话取得成功，就应对气候变化等全球性问题加强沟通、合作，推动两国关系取得更大发展。双方还就共同关心的国际和地区问题交换了意见。

5 月 13 日　中国国务院副总理汪洋在京与美国总统特别代表、财政部长雅各布·卢举行会谈。汪洋表示，作为全球两大重要经济体，中美两国密切协调，相向而行，保持了经济合作的积极势头。今年是中美建交 35 周年，7 月初将举行第六轮中美战略与经济对话，希望通过对话进一步落实两国元首达成的重要共识，取得更多成果，丰富中美新型大国关系的经济内涵。卢表示，美国乐见中国经济保持良好增长态势，中国经济平稳增长对美有利，美国经济复苏也对中国有利。美国致力于加强美中经济合作，愿与中方建立更加开放、平衡的经济关系。美国政府把落实 2010 年国际货币基金组织改革方案作为优先政策目标。美方支持中方今年成功主办亚太经合组织第 22 次领导人非正式会议。双方还就两国重点经济政策、双边投资协定谈判、全球和区域贸易问题等深入交换了意见。

5 月 13 日　中国国务院副总理刘延东在人民大会堂会见美国“飞虎队”飞行员格伦·本尼达家人及美国“飞虎队"历史组织主席詹姆斯·怀特黑德一行。刘延东高度评价中美两国在二战中并肩作战共同抗击法西斯侵略的合作历史，以及美国“飞虎队”队员等援华防空人员为此所作贡献。这段体现两国人民互助互爱、友好合作的历史，对于新时期中美关系的发展具有重要启示意义。希望中美两国人民在历史合作基础上扩大交流，增进友谊，为中美新型大国关系的发展作出不懈努力。

5 月 13—14 日 中国交通运输部、美国交通运输部、美国驻华大使馆、中国贸易发展署在四川成都联合举办了中美道路运输安全与公路应急研讨会。来自中美两国政府、科研院所和相关企业的 260 余名代表，就芦山地震灾区公路应急处置、公路桥梁抗震减灾管理策略、美国交通运输应急体系、交通运输安全与灾难救援新技术与装备等议题进行了交流研讨。

5 月 13 日—15 日 应美军参联会主席邓普西邀请，中国人民解放军总参谋长房峰辉率团离京，对美国进行正式友好访问。主要随行人员有沈阳军区司令员王教成、总参谋长助理乙晓光、海军副司令员徐洪猛、空军参谋长麻振军等。5 月 13 日，房峰辉一行在美国加州圣迭戈市访问时，参观了“罗纳德·里根”号航空母舰和“科罗拉多”号濒海战斗舰，并访问了美国海军陆战队的新兵训练营。美军参谋联议会主席邓普西全程陪同。5 月 14 日，总参谋长房峰辉参观了位于华盛顿的美国国防大学，向对方赠送了《孙子兵法》等中国历史文化军事典籍。房峰辉当天告诉媒体记者，中美双方应该不断加强军事院校间交流，进一步推动两军关系健康发展。5 月 15 日，美国副总统拜登在白宫会见了中国人民解放军总参谋长房峰辉。拜登说，构建美中新型大国关系至关重要，不仅对美中两国有益，对整个世界也是有利的。美中在诸多领域拥有共同利益，应该加强合作。房峰辉转达了李源潮副主席对拜登副总统的问候。房峰辉说，去年中美两国元首就构建中美新型大国关系达成了重要共识，具有重大的历史意义。中美两军关系发展到今天的程度非常不易，双方要倍加珍视，防止一些干扰因素破坏两军关系发展。同日，房峰辉还会见了美国代理国防部长沃克、代理国务卿伯恩斯，与美军参联会主席邓普西举行大小范围会谈。房峰辉与邓普西在推动开展更多人道主义救援减灾、联合实兵演练、继续推进陆军交流与对话机制等方面达成重要共识。

5月13日 河北省省委书记周本顺，省长张庆伟在石家庄会见了到访的莎拉·兰迪夫人率领的美国艾奥瓦州“老朋友”代表团一行。

5月13日 中国人民对外友好协会在京举行电视连续剧《血符》发布会，会长李小林和美国“飞虎队”历史组织主席詹姆斯·怀特黑德出席该发布会并致辞。《血符》以美国“飞虎队”飞行员格伦·本尼达为原型，讲述本尼达驾机被日军击落后的近60天中，被中国军民救助并成功脱险的故事。

5月13日 美国国防大学国家安全战略研究课程学员一行赴中国国家海洋局访问交流。会议由国家海洋局国际合作司主持，海警司和海洋发展战略研究所相关人员参加。我方向美方介绍了重组后国家海洋局的职能和任务以及中国海洋强国战略的主要内容，双方随后就中美海洋战略和海上安全政策等共同感兴趣的议题进行了沟通和讨论。

5月13日 中国钢琴家郎朗在美国波士顿艺术学校的钢琴实验室与学习古典音乐的学生进行互动交流。该校的钢琴实验室是郎朗国际音乐基金会在美国公立高中针对中低收入家庭设立的首个钢琴推广实践项目。

5月14日 中国外交部长王毅在外交部会见美国国会众议院外委会亚太小组委主席查博特。双方就中美关系和共同关心的国际和地区问题交换了意见。

5月14日 全国人大常委会副秘书长、外事委员会副主任委员曹卫洲应约在北京人民大会堂会见了美国国会众议院外委会亚太小组委主席查博特一行。双方就中美关系、东海、南海和朝核等共同关心的问题交换了意见和看法。查博特是作为美国驻华使馆的客人来华访问的。

5 月 14 日　湖北省省委书记李鸿忠会见了来访的美国驻华大使博卡斯一行。

5 月 14 日　中国国务院发展研究中心办公厅主任隆国强出席并主持外经部与美国高盛集团联合举办的“国际投资法律、双边投资协定与中美 BIT 谈判”专题讲座。

5 月 15 日　中国政府非洲事务特别代表钟建华应约会见美国国务院助理国务卿帕斯卡尔，双方就南苏丹局势等问题交换了看法。

5 月 15 日　中国人民解放军总参谋长房峰辉在华盛顿会见了“飞虎队”老兵杰·温雅德、“飞虎队”指挥官陈纳德将军的外孙女尼尔·凯乐威、时任美军驻中缅印战区司令兼盟军驻中国战区参谋长史迪威将军的长孙约瑟夫·史迪威及其家人。

5 月 15 日　美国国务院国际儿童事务特别顾问苏珊·雅各布斯大使在国务院儿童事务办公室跨国父母诱拐处主管亚当·森特、公民服务专家姗德琳·塞勒斯及美国驻华使馆公民服务处处长托尼·格鲁贝尔的陪同下来到中国儿童福利和收养中心访问，拜访李波主任，就 1980 年《国际诱拐儿童民事方面的公约》及中美涉外收养合作相关事宜进行交流。

5 月 15 日　美国匹兹堡大学康复科学与技术学系马克·施梅勒教授一行 7 人到中国民政部国家康复辅具研究中心参观访问。国家康复辅具研究中心主任王喜太、党委书记蔡山涛等接待了马克·施梅勒教授一行。

5 月 15 日　第二届南京青奥委会及城市宣传海外推广活动在美国洛杉矶核桃市奥斯沃特学校举行，南京青奥组委会常务副秘书长、南京市对外文化交流协会会长徐宁、中国驻洛杉矶总领事馆文化参赞车兆和、核桃市市议员苏王秀兰共同触摸启动水晶球，开启迎接青奥委会倒数计时的“时间伐门”。

5 月 16 日 中国和美国联合培训阿富汗外交官中方培训班开班仪式在外交学院举行。中国外交部亚洲司副司长黄溪连、阿富汗驻华大使法拉希、美国驻华使馆公参李凯安、外交学院常务副院长秦亚青出席并致辞。各方一致认为，项目增进了中美阿三方了解，体现了国际社会支持阿富汗和平重建的共同努力，是中美在第三国合作的成功范例。今年培训项目将继续突出美中在促进阿富汗稳定、安全与繁荣上的合作。

5 月 17 日 中国商务部部长高虎城在山东青岛会见美国贸易代表弗罗曼。双方就中美加强 APEC 合作和双边经贸合作交换了意见。

5 月 18 日 中国文化部副部长、国家文物局局长励小捷在南京博物院会见了美国著名慈善人士、环球健康与教育基金会主席、世界轮椅基金会主席肯尼斯 · 尤金 · 贝林先生。贝林先生主持的世界轮椅基金会向中国博物馆协会捐助 500 台轮椅。中国博物馆协会授予了贝林先生“中国博物馆友好使者”的荣誉称号。

5 月 19 日 全国人大外事委员会傅莹主任委员会见了来访的美国媒体记者代表团一行。双方就两国关系、经贸关系、国际和地区等共同关心的问题交换了意见和看法。该代表团是美国“百人会”组织来华访问的。

5 月 19—21 日 中国海关总署与美国能源部共同主办的第二届“海关出口管制商品识别”培训研讨班在中国海关管理干部学院举办。在为期 3 天的培训中，来自中国外交部军控司以及美国能源部国家核安全署、美国洛斯阿洛莫斯国家实验室、橡树岭国家实验室等有关方面的专家学者为学员授课并组织了实地演练。

5 月 19—20 日　由全球清洁炉灶联盟、中国农业部和国家发展改革委主办，中国农业部农业生态与资源保护总站、中国农村能源行业协会承办的“中国清洁炉灶与燃料国际研讨会”在北京召开。国家发展和改革委员会副主任解振华、农业部总经济师钱克明、美国驻华大使博卡斯、全球清洁炉灶联盟执行主任穆斯哈、科技部国际合作司参赞蔡嘉宁、中华全国妇女联合会国际部部长牟虹、壳牌中国集团公共事务副总裁程力新出席会议并致辞。联盟执行主任穆斯哈在会上向解振华副主任授予了“全球清洁炉灶联盟领导理事会中国理事”聘书。来自 10 多个国家政府部门、教学科研单位、企业和多个国际机构的 200 多名代表参会，代表们就清洁炉灶与燃料领域工作进展、中国清洁炉灶行动计划、中国与联盟未来开展清洁炉灶与燃料南南合作等议题开展了广泛交流。参会的非洲企业代表还应邀参观了北京周边的炉灶生产企业。

5 月 19 日　中国国家邮政局副局长刘君在京会见了来访的美国联合包裹公司（UPS）国际公共政策高级副总裁莱斯莉·格里芬女士。

5 月 19 日　中国外交部发言人秦刚就美国司法部宣布起诉 5 名中国军官一事发表如下谈话：5 月 19 日，美方蓄意捏造事实，以所谓网络窃密为由宣布起诉 5 名中国军官，此举严重违反国际关系基本准则，损害中美合作与互信。中方已在第一时间向美方提出抗议，敦促美方立即纠正错误、撤销所谓起诉。中国政府在网络安全问题上的立场是一贯的、明确的。中国是网络安全的坚定维护者，中国政府和军队及其相关人员从不从事或参与通过网络窃取商业秘密活动。美方对中方人员的指责纯属无中生有，别有用心。长期以来，美国政府和有关部门违反国际法和国际关系基本准则，对外国政要、企业、个人进行大规模、有组织的网络窃密和监听、监控活动，现已遭到世界各国和国际舆论的广泛谴责。中国是美方网络窃密和监听、监控的严重受害者。根据公开披露的大量信息，美方有关机构一直对中国政府部门、机构、企业、大学、个人进行网络侵入和监听、监控。中方就此多次向美方提出严正交涉。我们再次强烈敦促美方作出清楚的解释，立即停止此类活动。鉴于美方对通过对话合作解决网络安全问题缺乏诚意，中方决定中止中美网络工作组活动。中方将根据形势发展，对美方所谓起诉作出进一步反应。

5月19日 中国外交部部长助理郑泽光召见美国驻华大使博卡斯，就美国司法部不顾中方强烈反对，执意宣布起诉5名中国军官一事提出严正交涉和抗议。郑泽光说，美方蓄意捏造事实，以所谓网络窃密为由宣布起诉中国军方人员，严重违反国际关系基本准则，严重破坏中美在网络安全领域的合作，严重损害中美关系。中方对此表示强烈愤慨和坚决反对。郑泽光说，中国是网络安全的坚定维护者。中国政府和军队及其相关人员从不从事或参与通过网络窃取商业秘密的活动。美方对中方人员的指责完全是无中生有，别有用心。大量公开披露的信息表明，美方长期以来对中国和其他国家的政府部门、机构、企业、大学甚至个人进行大规模、有组织的网络窃密和监听监控，中方就此多次向美方提出交涉，国际社会也予以广泛谴责。美方迄今不但没有向中方和国际社会作出清楚解释，反而颠倒黑白、倒打一耙。这种做法进一步暴露了美方在网络安全问题上的霸道和虚伪。中方再次要求美方做出清楚的解释，切实停止此类活动。郑泽光说，鉴于美方对通过对话合作解决网络安全问题缺乏诚意，中方决定中止中美网络工作组活动，并将根据形势发展，对美方所谓起诉作出进一步反应。中方再次敦促美方立即纠正错误，撤销针对中方人员的所谓起诉。

5 月 19 日 中国驻美大使崔天凯就美国司法部以网络窃密为由宣布将对中国 5 名军方人员进行起诉向美国国务院负责人提出严正交涉。崔大使说，美方捏造事实，以所谓网络窃密为由宣布起诉 5 名中国军官，此举严重违反国际关系基本准则，损害中美合作与互信。中方敦促美方立即纠正错误、撤销所谓起诉。中国政府在网络安全问题上的立场是一贯的、明确的。中国是网络安全的坚定维护者，中国政府和军队及其相关人员从不从事或参与通过网络窃取商业秘密活动。美方对中方人员的指责纯属无中生有，极其荒唐。长期以来，美方有关部门对外国政要、企业、个人进行大规模、有组织的网络窃密和监听、监控活动，这已是路人皆知。中国是美方网络窃密和监听、监控的严重受害者。根据公开披露的大量信息，美方有关机构一直对中国政府部门、机构、企业、大学、个人进行网络侵入和监听、监控。中方就此多次向美方提出严正交涉。我们再次强烈敦促美方作出清楚的解释，立即停止此类活动。鉴于美方对通过对话合作解决网络安全问题缺乏诚意，中方决定中止中美网络工作组活动。中方将根据形势发展，对美方所谓起诉作出进一步反应。

5 月 19 日 湖北省省长王国生在武汉会见了由会长葛国瑞率领的中国美国商会代表团一行。

5 月 19 日 由中国人民对外友好协会主办的“向友谊致敬——二战中美合作图片展”在美国华盛顿雷伯恩众议院大厦开幕。中国人民对外友好协会会长李小林在开幕式上发表讲话。现场展出的 100 多幅图片由美国国家档案馆提供，是二战期间的美军拍摄的珍贵历史资料的一部分。

5 月 19 日 中国国务院发展研究中心李伟主任会见了美国

彼得森国际经济研究所所长亚当·珀森一行，双方就世界经济形势、中国深化改革以及双方合作等议题交换了意见。

5 月 20 日 中国国务院侨办副主任谭天星在京会见全美中国和平统一促进会联合会（简称“全美和统会联合会”）“和平之旅”参访团，与侨办展开深入交流。

5 月 20 日 中国国防部新闻发言人耿雁生就美国司法部起诉中国军人发表如下谈话：北京时间 5 月 19 日，美国司法部以所谓“网络商业窃密”为由，起诉 5 名中国军人。中方对此表示强烈愤慨和坚决反对，已向美方提出严正交涉。中方在网络安全问题上的立场是一贯的、明确的。中方是网络安全的坚定维护者，中国政府和军队从未从事或参与任何通过网络窃取商业秘密的活动。美方所谓“网络商业窃密”等说法无中生有，混淆视听，是别有用心的。长期以来，美方有关部门倚仗所掌握的先进技术和基础设施，对外国政要、企业、个人进行大规模、有组织的网络窃密和监听、监控活动，这已是世人皆知的事实。从“维基解密”到“斯诺登”事件，美方在网络安全问题上的虚伪性和双重标准早已昭然若揭。中国军队是美方此类行径的严重受害者。据统计，中国军队接入国际互联网用户终端近年来遭受了大量境外攻击，根据 IP 地址显示，其中有相当数量攻击源来自美国。中方要求美方就针对中方的网络窃密和监听监控活动作出清楚的解释，并立即停止此类行为。当前，中美两军关系总体发展良好，美方此举与其“致力于建设健康、稳定、可靠的两军关系”的承诺背道而驰，严重损害双方互信。美方应切实拿出诚意，以实际行动推动中美两国两军关系健康稳定发展。

5 月 20 日 中国驻美国大使崔天凯接受美国有线电视新闻网（CNN）“阿曼普”栏目专访，就美国司法部宣布“起诉”中方人员、中越海上摩擦、美国亚太再平衡战略、乌克兰局势等问题回答了主持人阿曼普的提问。关于美国司法部以网络窃密为由宣布将“起诉”5名中国军官，崔天凯表示，在“斯诺登”事件后，美国竟然还有人相信自己在网络安全问题上仍占据道义制高点、拥有动辄指责别人的权利，这令人感到惊讶和难以置信。中国才是网络攻击的受害者，一直有来自美国的针对中国政府部门、机构、企业、大学，甚至个人的大规模网络侵入和监听、监控。中方就此多次向美方提出严正交涉，要求美方予以明确和全面的澄清。但中方迄今未得到美方任何回应。崔天凯说，美方一直声称，出于国家安全目的和出于商业利益目的的网络攻击有所不同，但美方又如何解释其针对中国公司、学校和普通个人的网络攻击行为！中美两国政府之间设有网络工作组，双方曾在该机制下就网络安全问题进行良好沟通。然而，美方此次却单方面采取行动，完全违反了工作组成立的初衷，即通过对话合作解决网络安全问题。美方这一举动是错误的，非建设性的。中方已决定中止中美网络工作组活动。美方应立即纠正错误、撤销所谓起诉。中方将视美方下步举措采取相关行动。崔天凯强调，中方致力于同美方一道构建中美新型大国关系，但确保两国关系始终运行在正确轨道上，需要中美双方的共同努力。关于中越海上摩擦，崔天凯表示，中方企业是在中国西沙群岛的中建岛毗连区内进行正常钻井作业。该区域距离中建岛仅17海里，但距离越南海岸线却有150海里。迄今为止，越方在南海争议地区已经开展了30多处作业，但中方却仅在西沙群岛这一无争议地区进行了一处钻井作业。中方在钻井作业现场仅有民用和政府公务船只，但越方却派出包括武装船只在内的大批船只对中方进行强力干扰和野蛮冲撞。谁是谁非，一目了然。近日，越南多地还发生打砸抢烧外国企业的严重暴力事件，造成中国公民伤亡和财产损失。中方敦促越方冷静下来，不要采取可能导致局势进一步复杂化和扩大化的行动。关于美国亚太再平衡战略，崔天凯表示，判断美国亚太再平衡战略成功与否的一个重要标准是看美国能否与亚太各国都保持良好关系，特别是中国。从该战略近期效果和影响来看，该战略本身可能也需要“再平衡”。中国始终致力于维护亚太地区的和平稳定，不愿看到地区国家间发生冲突对抗，但中国维护领土主权和海洋权益的决心和意志也是坚定不移的。关于乌克兰问题，崔天凯表示，中方坚持独立自主的和平外交政策，一贯根据事情的是非曲直决定自身立场。中方在联合国安理会的投票立场一贯符合自身原则，是客观公正的。中方密切关注乌克兰局势发展，呼吁有关各方通过对话磋商推动局势走向缓和，最终由乌克兰人民决定自己的发展道路与前途命运。

5月20日　中国国防部外事办公室官员召见美国驻华使馆代理国防武官，就美国司法部起诉5名中国军官提出严正交涉和抗议。中方表示，美方对中方人员的指责毫无根据，有关霸道行径严重违反国际关系基本准则，严重诋毁中国军队形象，中方完全不能接受，并表示强烈抗议。中方要求美方立即撤销错误决定，切实维护两军关系发展大局。

5月20日　中国外交部部长助理郑泽光会见美国百人会新闻团，就中美关系、中国的周边政策、中国改革发展等介绍了情况。

5月21日　全国人大外事委员会傅莹主任委员会见了来访的美国国会前众议员代表团一行。双方就中美关系、议会交往、国际和地区等共同关心的问题交换了意见和看法。该代表团是应中国国际友好联络会邀请来华访问的。

5月21日　全国社会保障基金理事会理事长谢旭人会见美

国凯雷集团联合创始人兼联席首席执行官大卫·鲁宾斯坦先生一行。

5 月 21 日　中国外交部发言人洪磊在主持的例行记者会上就美国国务院主管东亚事务的助理国务卿帮办梅建华访华并与中国外交部官员进行会谈的有关情况作了介绍。他说，今天上午，外交部美大司司长丛培武会见来华磋商的美国国务院助卿帮办梅建华。中方就日前美司法部宣布起诉中国 5 名军官事件进一步向美方提出严正交涉。指出美方所谓起诉纯属无中生有、别有用心，进一步暴露了美方在网络安全问题上的虚伪和霸道。强调中方坚定致力于维护网络安全，中国政府和军队及相关人员从来不从事或参与通过网络窃取商业秘密的活动。美方所谓起诉严重违反国际关系基本准则，给中美关系造成严重干扰和损害。中方再次敦促美方纠正错误，撤销所谓起诉。

5 月 21—29 日　美国费城交响乐团于 5 月 21—23 日参加中国国家大剧院“五月音乐节”，与国家大剧院管弦乐团合办音乐会。5 月 24—25 日，费城交响乐团分别在上海商城剧院和上海大剧院举行音乐会。5 月 29 日，费城交响乐团在深圳音乐厅举办音乐会。

5 月 22 日　全国妇联副主席孟晓驷会见了来华参加 APEC 妇女与经济论坛的美国代表团团长、美国国务院全球妇女事务大使凯瑟琳·罗素。双方就如何发挥 APEC 妇女与经济论坛 r 作用、更好地促进妇女参与经济发展以及推动“中美妇女领导者交流与对话”的进一步发展等问题进行了深入友好的讨论。

5 月 22 日　上海市副市长赵雯会见美国嘉年华集团首席运营官艾伦·巴克鲁一行。

5 月 22 日　中国外交部领事司司长黄屏与美国国务院代理助理国务卿邦德在京举行中美第八轮双边领事磋商。双方就推进领事关系发展、便利人员往来以及加强公民合法权益保护等问题深入交换了意见。同日，中国外交部副部长谢杭生会见了来华参加中美第八轮双边领事磋商的美国国务院代理助理国务卿邦德女士，双方积极评价中美领事关系现状，一致认为便利人员往来和保障双方公民合法权益有利于促进两国关系健康发展，希冀双方继续加强领事合作，造福两国人民。

5月22日　中国驻美国大使馆与美利坚大学国际关系学院联合举办“外交官演讲”活动，使馆刘为民公参等就中国的改革及其给中美关系带来的机遇与出席活动的美国师生进行了交流。

5月22日　美国白宫新闻秘书杰伊·卡尼发表声明称，美国谴责中国新疆乌鲁木齐发生的令人发指的恐怖袭击事件，美方注意到相关报道显示事件已造成31人死亡，90余人受伤。声明表示，这是一起针对无辜平民卑鄙凶残的暴行，美国坚决反对各种形式的恐怖主义行为，我们向此次袭击事件中的遇难人员、他们的家属和所有受到影响的人员表示哀悼和慰问。

5月23日　徐匡迪名誉主席、周济院长在中国工程院会见了来华访问的美国杜克大学校董会主席、上海市长国际企业家咨询会议前主席、通用汽车前董事长兼首席执行官瑞克·瓦格纳先生。

5月23日　针对美国白宫发言人称，美方支持运用外交和其他和平方式管控、解决分歧，包括使用仲裁和其他国际法律机制，美方支持越南方面采取法律等手段解决与中方的南海争端之事，中国外交部发言人洪磊表示，我们敦促美方采取客观公正立场，谨言慎行，不要再发出错误信号。

5月24日　首届“美国亚太裔传统月—中国周文化节”在美国首都华盛顿国家广场开幕。

5月24—6月3日 由温州肯恩大学主办的“2014中美高校体育与文化交流活动”于5月24日拉开帷幕。来自美国肯恩大学的37人足球访问团分别在北京、杭州、温州与北京体育大学、浙江大学、温州肯恩大学进行足球友谊赛，并展开体育文化交流。

5月25—27日 第十届中美工程技术研讨会“水生态建设组”研讨会在苏州召开，来自中国、美国、加拿大、新加坡等国家的专家和学者参加了研讨。中国水利学会理事长敬正书、江苏省水利厅副厅长陆桂华出席研讨会开幕式。与会的专家和学者就中国水环境形势、供水安全、洪水管理、水生态修复等内容做了专题研讨。

5月26日 中国保监会副主席黄洪会见美国大都会集团亚洲区总裁克里斯托弗·汤森一行。

5月26日 中国人民对外友好协会会长李小林会见了由洛杉矶前市长维拉莱戈萨率领的美国西部市长访华团。代表团由来自美国加利福尼亚州和内华达州的8位现任市长、副市长或前市长组成。

5月26日 中国交通运输部副部长、国家铁路局局长陆东福在北京会见了以美国加利福尼亚州洛杉矶市前市长维拉莱戈萨为团长的美国西部市长访华团。中方向美方重点介绍了中国铁路发展改革、高速铁路情况等。双方表示希望通过此次交流增进彼此了解，共同推动两国间经贸、人文、铁路基础设施等多领域合作。

5月26日 中国互联网新闻研究中心发表《美国全球监听行动纪录》。纪录全文约1万字，分为导言、美国在全球范围广泛从事秘密监听、美国把中国当成秘密监听的主要目标、美国秘密监听不择手段、美国全球监听受到广泛批评等部分。纪录指出，美国的监听行动，涉及到中国政府和领导人、中资企业、科研机构、普通网民、广大手机用户等等。中国坚持走和平发展道路，没有任何理由成为美国打着“反恐”旗号进行的秘密监听的目标。美国必须就其监听行动作出解释，必须停止这种严重侵犯人权的行为，停止在全球网络空间制造紧张和敌意。

5月26日 中国科技部万钢部长会见了来访的美国国家科学基金会主任科多瓦博士。

5月26日 中国教育图书进出口有限公司宣布，与托尔公司完成了关于中国科幻作家刘慈欣的著作《三体》三部曲英语版全球出版合同的全部签署程序。《三体》三部曲——《三体》《黑暗森林》《死神永生》的英文版将分别于2014年10月、2015年5月、2016年1月在美国出版发行。

5月26—30日 应美国国际教育工作者协会（NAFSA）邀请，中国教育国际交流协会宗瓦副秘书长率中国高校代表团赴美国参加了NAFSA第66届年会及教育展。与会期间，协会主办了主题为“如何与中国的大学合作共同开发留学中国项目”的专场论坛，宗瓦副秘书长及北京师范大学、中国电子科技大学、北京语言大学的领导就来华留学及中国院校开展国际合作等内容报告了情况，分享了经验。

5月27日 人民日报社社长杨振武在报社会见了美国驻华大使博卡斯一行。人民日报社副社长张建星和人民日报社副总编辑、秘书长阎晓明陪同会见。会见结束后，博卡斯大使一行前往人民网参观，并同人民日报社编辑记者代表座谈交流。

5月27日 中国国家新闻出版广电总局副局长孙寿山在京会见来访的美国亚马逊公司全球副总裁麦森纳一行。

5月27日 湖北省副省长甘荣坤在武汉会见了以洛杉矶市前市长维拉莱戈萨为团长的美国西部市长代表团。

5月28日 湖北省红安县县委书记余学武、县长田胜辉会见了来访的洛杉矶前任市长维拉莱戈萨率领的美国西部市长代表团。期间，美国加利福尼亚州约巴琳达市与红安县签署缔结友好城市协议。

5月28日 北京市市长王安顺会见了来访的洛杉矶前任市长维拉莱戈萨率领的美国西部市长代表团。

5月28日 中国外交部发言人秦刚在主持的例行记者会上就美国考虑在韩国部署高级反导系统一事答记者问说，当前朝鲜半岛局势存在不确定、复杂敏感的因素，中方坚定维护朝鲜半岛的和平稳定，坚定实现半岛的无核化，坚定致力于对话协商解决半岛的有关问题。我们绝不允许在中国家门口出现局势紧张导致生战生乱，我们也敦促有关各方共同努力，以半岛和平稳定大局为重，不要做加剧局势紧张的事情。关于反导系统，中方的立场是一贯、明确的。我们认为在这个地区部署反导系统，不利于地区稳定和战略平衡。我们希望美方能够充分考虑本地区有关国家的合理关切。

5月29日 中国科技部万钢部长会见了美国驻华大使博卡斯一行。

5月29—31日 2014年美国书展在美国纽约市贾维茨国际会展中心举办。国家新闻出版广电总局新闻报刊司司长艾立民率中国出版展团参加了此次活动。中国出版展团由来自北京、上海、安徽、江苏、山东等地的41家出版集团、出版社的参展代表组成。

5月29日 四川省副省长钟勉会见了来访的洛杉矶前任市长维拉莱戈萨率领的美国西部市长代表团。

5月30日 第十届中美工程技术研讨会外方专家座谈会在北京召开，中国国务院副总理马凯出席会议并讲话。

5 月 30—6 月 2 日 山东省省长郭树清率代表团分别在加利福尼亚州旧金山市、佐治亚州首府亚特兰大市举办投资合作交流会。在加州期间，郭树清省长一行还会见了加州州长布朗，并前往惠普集团总部参观。在佐治亚州期间，郭树清省长一行还会见了州政府财务官员，并出席了佐治亚州立大学孔子文化图片展开幕式。

5 月 30 日 中国首部 3D 京剧电影《霸王别姬》在美国洛杉矶杜比剧院举办海外首映式。中国驻洛杉矶总领事刘健、担任电影导演的上海市文化广播影视管理局艺术总监滕俊杰等出席了首映式。美国国会图书馆以及哈佛大学燕京图书馆、斯坦福大学东亚图书馆等 5 所美国高校图书馆对《霸王别姬》3D 电影拷贝进行了收藏。

5 月 31 日 美国国防部长哈格尔 5 月 31 日上午在新加坡香格里拉防务安全对话会第一次全体会议的演讲中，为美国重返亚太战略辩护，声称《美日安保条约》适用于钓鱼岛，支持日本谋求解禁集体自卫权，并把演讲的重点放在公开指责中国上，甚至多处使用威胁性语言。在哈格尔演讲结束后，中国人民解放军副总参谋长王冠中迅即接受了中外记者的采访。针对有记者问中方对哈格尔部长的演讲有何评价，王冠中表示，刚才美国国防部长哈格尔先生做了一个非常过分的演讲，它的过分程度超出了中方的预想，迫使中方不得不做出回应。在香格里拉对话会第一次全体会议这样一个大庭广众的场合，哈格尔部长以非常坦率的方式和语言，把他演讲的主要篇幅用于公开点名地无端指责中国，这些指责完全都是毫无根据、毫无道理的。我认为，第一，这个演讲是一篇充满着霸权主义味道的演讲；第二，这个演讲是一篇充满着威胁和恐吓语言的演讲；第三，这个演讲是一篇充满着鼓动、怂恿亚太地区不安定因素起来闹事、挑事言辞的演讲；第四，这个演讲是一篇充满着非建设性态度的演讲。中国在事关主权、领土和海洋权益问题上，从未主动挑起事端，中国都是在有关方首先挑事的情况下，不得不采取应对措施。这都有事实摆在那里，是谁也否认不了的。在这次会议上，正是日本和美国主动挑起争论、挑起纷争。昨天晚上，安倍是不点名地含沙射影地无端指责中国，今天上午，哈格尔是公开点名地无端指责中国，这就迫使我不得不作出回应。中美构建新型大国关系是中国国家主席习近平向美国总统奥巴马提出来的，得到奥巴马总统的积极回应，并在去年的中美战略与经济对话和战略安全对话上得到了最终确认。习近平主席也提出要构建与中美新型大国关系相适应的中美新型军事关系，并在去年 9 月份中美国防部防务磋商中以纪要的形式得到确认。构建中美新型大国关系和与此相适应的新型军事关系，给中美关系的发展确立了新的目标和方向，给中美关系的发展注入了新的动力。构建中美新型大国关系需要双方平等相待，相互尊重，以建设性的态度相向而行，而中国包括中国军方一直是努力这样做的。但是今天哈格尔的演讲对构建中美新型大国关系和相应的新型军事关系实在是不具有建设性。中美之间构建新型大国关系是大势所趋。在中美包括两军之间，第一，要扩大共同利益，努力寻找双方的利益会合点；第二，要管控并且努力缩小矛盾和分歧；第三，要及时消除误解和误判。中国正是从这三个方面进行努力的。今天哈格尔的演讲，无助于中美之间消除分歧。我认为中美之间在这次会议和在其他场合上，就一些问题发生分歧和争论并不奇怪、也不可怕。美方把它对中国的指责坦率地公开地讲出来，中国把对美方的批评也坦率地公开地讲出来，双方进行公开的平等的讨论，我倒认为这也具有“建设性”。最后，我说一句话，我还是对中美构建新型大国关系和与之相适应的新型军事关系充满信心，这个目标一定能够实现。

另外，针对有记者问哈格尔在演讲中多次强调美日同盟关系，这是否意味着中国未来的军事斗争将面临一个新的、更加严峻的局面？中国如何做好军事斗争准备？王冠中表示，美国和日本在各种多双边场合不断强调两国军事同盟关系，认为这是亚太安全的基石。那么，在美日同盟之外的采取不结盟政策的广大亚太国家做何感想呢？这值得各方面认真研究。军事同盟是20世纪以前的历史陈迹和遗留物，本不应该再带入21世纪。军事同盟政策是旧的国际关系理论、国际政治的产物，现在它不仅无助于地区和世界的和平和安全，而且会妨碍地区和世界的和平与安全。对于美日之间不断强化军事同盟，包括中国在内的亚太其他国家当然会非常关注和关切，因为它必定要影响到其他国家的安全利益。中国军事力量的建设，目的就是保卫中国的和平发展，保卫中国的主权、独立和领土完整，我们当然会不断地分析、研判我们周边安全形势的变化，做好自己的准备。

5月31日　中美学生领袖会议在北京大学英杰交流中心举行，来自美国加州大学伯克利分校、佐治亚理工大学和中国北京大学、北京外国语大学等中美50余所大学和重点中学的360名学生参加了本次活动。此次会议由环识国际集团与北京大学国际关系学院主办，中国教育国际交流协会、北京大学中美人文交流研究基地、清华大学附属中学、“十万强”基金会、北京大学国际关系学院国际青年发展研究中心等单位协办。

6月

6月1日　广东省揭阳市市长陈东会见了来访的以洛杉矶市

前任市长维拉莱戈萨率领的美国西部市长代表团。美国加州安大略市与揭阳市签署了发展友好城市关系备忘录。

6月3日 中国国务院新闻办公室主任蔡名照在京会见了美国微软公司首席执行官资深顾问克瑞格·蒙迪一行。

6月3日 针对美国总统奥巴马提议在2030年前，将现有电厂的温室气体排放从2005年的水平降低30%一事，中国外交部发言人洪磊表示，中方注意到美方提出的清洁发电计划，中方对此表示欢迎并希望该计划早日通过有关听证程序。中方乐意见到美国在应对气候变化的全球行动中发挥带头作用。中国作为一个负责任的国家，已经并将继续大力开展节能减排，建设生态文明和美丽中国。中国政府已宣布到2020年单位GDP二氧化碳排放比2005年下降40%—45%。中方将努力完成既定目标。关于2020年以后的目标，中方有关部门和专家正在进行深入研究和论证。

6月3日 广东省省委书记胡春华在广州会见美国商会主席、安利集团董事长史提夫·温安洛一行。

6月4日 中国外交部亚洲司司长孔铉佑应约会见美国国务院负责中亚和南亚事务的助理国务卿比斯瓦尔，重点就南亚形势、各自与印度关系、阿富汗问题等交换了看法。

6月4日 美国负责东亚及太平洋事务的前助理国务卿坎贝尔近日在英国《金融时报》上刊文指出，美国下一阶段要增加与中国的高级别接触，中美战略对话具有至关重要的意义。坎贝尔回应对美国“转向亚洲”或“再平衡”战略的严肃性和可持续性的质疑。他称，应当重视类似质疑，因为那些明确渴望美国建立持久、连贯亚洲战略的国家，几乎无一不存在挑战，美国方面应采取多方面行动，将“亚太再平衡”策略落实。文章称，奥巴马的幕僚们深刻认识到了这些纷乱的问题，这位美国总统近期出访日本、韩国、菲律宾和马来西亚，就反映出美国正积极努力将“转向”战略更多地从空谈变成现实。坎贝尔称，尽管如此，美国仍可付出更多努力，消除亚洲的疑虑，阐明一个细致、持久和全面的亚洲战略。文章称，美国亚洲战略的下一阶段要求其增加与中国的高级别接触，中美增加战略对话显然具有重要意义。由于海上安全问题和网络安全行为导致两国之间愈发的互不信任，两国明确找出可展开切实合作的领域，就具有至关重要的意义。这些领域包括军事互信的构建、发展、能源安全和救灾等等。文章认为，当前的局势要求中美两国通过在双方的共同目标上切实合作来增进谅解。作为对话的一部分，美国应向中方传达一个信息，即美国对朝鲜越来越没有耐心，越来越倾向于加大对平壤方面的施压力度。此外，美国还应表明，美方明确支持采取措施改善中日关系。

6月4日 安徽省安庆市市长魏晓明会见美国辉门公司亚太区运营总监斯蒂夫·克劳斯。

6月5日 中国科技部万钢部长会见了来华参加2014国际工程科技大会的美国国家工程院院长莫特博士。

6月5日 中国外交部副部长程国平同美国助理国务卿比斯瓦尔在北京举行了中美战略与经济对话框架下的中亚事务磋商。

6月5日 据人民网报道，美中关系全国委员会主席斯蒂芬·欧伦斯近日在接受记者采访时表示，他基本上赞同奥巴马最近在西点军校的讲话，美国的确不应该在世界范围内再陷入任何规模的战争。他认为奥巴马的对华政策明显出现了偏差，而这一政策走偏的主要原因就是孤立地看待近期发生的每一次事件，导致错误地认为中国不是和平崛起，中国崛起具有威胁性。欧伦斯认为，如果将钓鱼岛问题和南海近期发生的每一个事件联系起来综合分析，就会看到中国的确是无辜的一方，都是对方先单方面改变现状，然后中国被迫做出一些反应，但是无论中国如何辩解并不被美国以及部分国家所接受。欧伦斯希望中美双方利用 7 月初召开的中美战略经济对话这一契机，就近期发生的网络攻击问题、东海、南海等问题坐下来坦诚交换意见，相信双方合作产生的效果会远远大于对抗产生的结果，目前的紧张局面也一定会得到缓解。对于南海问题，欧伦斯认为共同开发南海资源也许是最好的解决方案，毕竟每个国家都需要发展。此外，美中关系全国委员会副主席白丽娟女士对记者表示，今年是中美建交 35 周年，美方对此高度重视。9 月初，前总统卡特将率团赴上海，与中方一道共同庆祝两国关系中这一重大事件。

6 月 5 日　重庆市市委书记孙政才会见了美国商会主席、安利公司董事长史提夫·温安洛一行。

6 月 5 日　浙江省省委书记夏宝龙在杭会见了来访的美国雅培公司全球执行副总裁约翰·兰格拉夫一行。

6 月 6 日　针对美国国防部 6 月 5 日发表 2014 年度《中国军事与安全态势发展报告》，国防部新闻事务局表示，美方年复一年发表所谓《中国军事与安全态势发展报告》，对中国正常的国防和军队建设妄加指责，渲染“中国军事威胁”，是极其错误的做法。我们对此表示坚决反对。关于美 2014 年度有关报告的具体内容，我们正在评估，将视情作出进一步反应。

6 月 6 日　针对美国国防部日前发表 2014 年度《涉华军事与安全发展报告》，延续去年渲染“中国军事威胁论和军力不透明”的基调，对中国提升军力表示关注，并称将促使中国提高军事透明度一事，中国外交部发言人洪磊表示，美方年复一年发布所谓中国军力报告，对中国正常国防建设说三道四，中方从来坚决反对。报告质疑中国正常的国防和建设、战略意图及维护领土主权和安全利益的正当行为，对中国军力发展妄加揣测和评论，完全是别有用心的。中国始终不渝地走和平发展道路，奉行防御性国防政策，是维护亚太乃至世界和平与稳定的坚定力量。中国的国防建设完全是为了维护国家独立、主权和领土完整，是作为一个主权国家的正常权利。中方注意到报告肯定中美两军交流的重要性。中方致力于加强中美两军交往。希望美方摒弃冷战思维，客观、理性看待中国的军事发展，停止对中国军事战略的曲解和指责，停止发表此类报告，以实际行动推动中美两军关系健康发展。

6月7日　广东省省长朱小丹在北京会见美国卡内基梅隆大学校长苏布拉·苏雷什一行。

6月8—17日　应中国人民外交学会邀请，由香港中美交流基金会组织的美国媒体人士代表团先后访问了北京、武汉和上海。在京期间，全国人大外委会主任委员傅莹和外交学会副会长张平分别会见代表团，代表团还拜会了外交部、中国工商银行有关负责人，并与清华大学、中国公众与环境研究中心等机构的专家学者举行了座谈。在武汉和上海，代表团与湖北省社科院、上海国际问题研究院的学者、武汉大学的学生举行了座谈，参观了武汉东湖高新技术开发区、华为上海公司。双方就中美关系、地区安全、网络安全等广泛议题交换了意见。

6月9日　经中央军委批准，由海军导弹驱逐舰海口舰、导弹护卫舰岳阳舰、综合补给舰千岛湖舰、和平方舟医院船组成的舰艇编队，9日分别从海南三亚、浙江舟山军港起航，赴美参加“环太平洋－2014”演习。海军副司令员徐洪猛代表中央军委委员、海军司令员吴胜利和海军政委刘晓江到码头送行。此次参加“环太平洋－2014”演习共有22个国家。中国海军这次派出4艘水面舰艇、2架直升机、1个潜水分队、1个特战分队，共1100余名官兵参演。这次演习分为航渡、港岸训练、海上实施、总结撤收4个阶段。我海军舰艇编队将在关岛以东海域与美国、新加坡、文莱海军舰艇会合，然后一起航渡至夏威夷参加联合演习。演习结束后，海口舰、岳阳舰和千岛湖舰将赴美国圣迭戈进行友好访问，和平方舟医院船将赴汤加、斐济、瓦努阿图、巴布亚新几内亚4国执行“和谐使命－2014”医疗服务任务。

6月9日 山西省委书记、省人大常委会主任袁纯清在太原会见了由美国怀俄明州众议院议长卢博诺率领的代表团一行。

6月9日 美国前总统国家安全事务助理布热津斯基在华盛顿直截了当地批评美国“亚太再平衡”战略，称其军事色彩浓厚，并在含蓄地传递遏制中国的信息。他当天在出席美国智库战略与国际研究中心研讨会时对美国“亚太再平衡”战略提出批评，称自己从这一概念提出之日起就对其持某种保留态度，现在依然如此。

6月9日 中国驻旧金山总领事袁南生应邀出席了美联航举办的“旧金山—成都直飞航线首航仪式”并致辞。参加首航仪式的还有旧金山市长李孟贤及夫人、美联航高级副总裁大卫·希夫曼、旧金山机场首席运营官埃瓦尔·萨特罗等。

6月10日 中国国务院副总理张高丽在中南海紫光阁会见了美国通用电气公司董事长兼首席执行官杰夫·伊梅尔特一行，双方就加强中国与通用电气公司的合作，推动中美经贸关系发展等交换了意见。

6月10日 中国国家知识产权局副局长、中国知识产权研究会常务副理事长甘绍宁在京会见了美国知识产权法律协会会长韦恩·索邦一行。

6月10日 国家工商总局商标局法律事务处戴山鹏副处长、

申请受理处杨剑宇副处长会见了美国知识产权法律协会执行董事塔德·迪肯森先生。

6月10—12日 中国国家林业局和美国林务局举行了联合工作组会议，双方决定在绿色发展和低碳经济框架下确定今后三年的合作活动，包括在森林经营单位层面的合作，与孟菲斯动物园合作，通过森林经营，改善和恢复森林廊道与动物栖息地等。此外，双方还探讨了林业生物防治实验室结对的可能性。

6月10—11日 第五次中美能效论坛在北京举行。国家发改委副主任解振华、美国能源部助理部长丹尼尔森出席了论坛开幕式并致辞。会上，中美有关研究机构和企业签署了能效人才培养、加强中美低碳生态城市示范点项目合作、企业能源和资源绩效提升及能力建设、分布式用能等领域的4个合作备忘录。双方同意继续加强拓展互利共赢的机会，增强工业设施、建筑、消费者产品和城市领域的能效工作。

6月10日 中国驻美大使崔天凯出席在我馆举行的中国国际航空公司北京至华盛顿直航首航庆祝招待会。华盛顿市市长格雷、弗吉尼亚州商贸厅长琼斯、国航副总裁王银香、使馆陆慷公使、吴玺公使等300余位中外嘉宾出席。当天下午2时30分许，国航首班北京至华盛顿的CA817航班满载245位乘客顺利飞抵杜勒斯国际机场。崔大使专程赴机场迎接并出席抵达仪式。

6月10—8月3日 由中国科技部、中科院、国家自然科学基金委和美国国家科学基金会共同主办，中国科学技术交流中心承办的2014年“中美科技人员交流计划”于6月10日在中国农业科学院启动。来自美国耶鲁大学、马里兰大学、加州大学伯克利分校等高校的40名美国博士研究生参加了此次活动。美方学生先在北京进行了为期一周的适应性培训，之后，他们分赴清华大学、北京大学、中科院等国内知名学府及科研院所，在中方导师指导下，进行为期 7 周的合作研究，专业涉及地球与环境、工程学、生物技术、化学、物理、计算机、材料科学等。

6 月 11 日　中国国家铁路局党组成员郑健在北京会见中国工程院外籍院士、美国工程院院士、澳大利亚蒙纳士大学常务副校长塞泊一行。

6 月 11 日　中国保监会副主席周延礼会见美国加州州立大学富乐顿保险研究中心主任鲁维丽一行。

6 月 11 日　中美两国在北京签署一揽子提高能效的合作协议，涉及能效管理人才培养、中美低碳生态城市示范试点项目、企业能源和资源绩效提升及能力建设。在中美能效论坛上，中国国家发展和改革委员会副主任解振华和美国能源部助理部长丹尼尔森见证了上述协议的签署过程，并分别发表讲话，呼吁加强中美两国在节能减排等领域的合作。中国节能环保集团、美国通用电气公司、施奈德电气、英特尔、卡特彼勒、霍尼韦尔等中美企业代表出席了此次活动。

6 月 11 日　中美林业工作组第 6 次会议在美国华盛顿召开。会议中方主席为中国国家林业局国际合作司副司长章红燕，美方主席为美国林务局负责研发的副局长吉姆·里弗斯。双方回顾了 2011—2014 年合作活动，决定继续在森林健康、气候变化、林产品、森林防火以及打击木材非法采伐等方面开展合作并商定了 2014—2017 年工作计划。

6 月 11 日　宁夏回族自治区主席刘慧在银川会见了美国怀俄明州众议院议长汤姆·卢布诺一行。

6 月 11 日　中国驻美大使崔天凯出席由美亚学会和美国国会参、众两院“美中工作小组”在国会山共同举办的“中美建交35周年纪念招待会”，并发表主旨演讲。崔大使表示，过去40多年中，历任中国领导人和美国8位分别来自民主、共和两党的总统携手努力，共同领导和推动两国关系取得巨大发展。今天，中美关系再次站在重要的历史关头。中国政府作出全面深化改革的重大决定。几乎与此同时，习近平主席和奥巴马总统作出了中美共同致力于构建新型大国关系的抉择。这也并非巧合，因为两国领导人均认识到，21世纪的挑战是全球性的，任何国家都无法独自应对。中美两国可以率先建立相互尊重、合作共赢的伙伴关系。我相信，在双方共同努力下，中美关系将在今后的35年里取得更加辉煌的成就。崔大使指出，中美两国间仍然存在一些不理解甚至误解。中国的“大战略”是公开和透明的，那就是努力实现中华民族的伟大复兴。所谓“中国的崛起”，是为了超越自己，而不是压倒别人。三四十年前，中美两国老一辈政治家开启了建立中美新型关系的征程，从战略高度推进两国的共同利益，建设性地处理彼此分歧。中国人民和美国人民都是伟大的人民。我们不应该让罗斯福总统所说的“一种莫名其妙、丧失理智的、毫无根据的恐惧”控制我们的思维和政策，从而破坏我们共同的未来。让我们向全世界表明，中美有智慧和勇气，拒绝害怕，让最美好的愿望变成现实，这最符合两国和全世界的利益。美国国会参院“美中工作小组”共同主席广野庆子、“国会亚太裔议员小组”主席赵美心、众议员斯沃韦尔、国务院助卿帮办梅建华及美亚学会会长卢肯分别致辞，纷纷高度评价35年来美中关系取得的历史性成就及其给两国人民带来的巨大利益，表示美方愿与中方携手努力，推动双边关系进一步向前发展。美亚学会共同创始人兼董事会荣誉主席刘德光还向崔大使颁发了“美亚学会35周年友谊奖”。参加此次招待会的还有众议员阿尔·格林、菲茨帕特里克、斯托克曼、基尔默等。

6月11日 美国航空公司正式开通从达拉斯每日直飞中国上海和香港的航班。

6月11日 美联航正式开通成都直飞旧金山国际航线。

6月12日 中国外交部副部长程国平会见美国白宫国安会俄罗斯和欧亚事务高级主任沃兰德，就中美各自对俄罗斯政策、中亚地区形势、乌克兰问题及中美关系交换了意见。双方一致认为，中美就共同关心的国际和地区问题加强沟通，有助于构建中美新型大国关系，为世界和平与发展作出贡献。

6月12日 天津市市委书记孙春兰在迎宾馆会见美国通用电气公司董事长兼首席执行官杰夫·伊梅尔特一行。

6月12日 浙江省省长李强在杭州会见了美国默沙东公司董事会主席福维泽。

6月12日 青海省省长郝鹏会见了美国雷鸟资本管理有限公司董事长尤金·科里克一行。

6月13日 中国农业部副部长张桃林应邀访问美国农业部，分别与斯邱思、渥特基和伯尼三位副部长举行会谈，就加强双边农业合作交换了意见，并商议研究了更新两国农业合作备忘录文本等有关事宜。

6月13日 中国驻休斯敦总领馆举行李强民总领事到任招待会，美国联邦众议员、德克萨斯州和休斯敦市的各界嘉宾以及大休斯敦地区侨学商界代表约300人出席。

6月14日 北京市旅游委城市形象与市场推介处处长张靖、世界旅游城市联合会副秘书长严晗、北京市旅游委城市形象与市场推介处副处长刘京安会见了美国旧金山市市长夫人林进敏女士、旧金山希尔顿酒店董事总经理杰夫理·包利谋先生一行。

6月16—17日 应美国国务卿约翰·克里邀请，中国国家海洋局局长刘赐贵访问美国，出席了由美国国务院举办的主题为“我们的海洋”的世界海洋大会，并在“海洋健康与科学”专题做主旨演讲。在美期间，刘赐贵局长应邀分别与美国副国务卿凯瑟琳·诺维莉、美国国家海洋与大气局局长凯瑟琳·苏利文、美国海岸警卫队副司令海军中将皮特·涅芬格举行了工作会谈。我驻美大使馆吴玺公使和刘为民公参出席了上述活动。

6月16日 中国国务院发展研究中心刘世锦副主任会见了福特汽车公司总裁兼首席执行官艾伦·穆拉利先生。

6月16日 据人民网报道，美国核动力航空母舰“乔治·华盛顿号”于6月16日抵达香港停靠维多利亚港青衣水域。该舰载有约5500名船员及70架战机。“乔治·华盛顿号”将在香港停留5天，将接待逾500名香港政界要人，部分美军官兵将参与当地的体育活动及社区服务等活动。

6月16日 由中国青海大学和美国犹他大学联合组建的高原医学重点实验室在青海省西宁市揭牌，这是中美在高原医学领域联合建立的第一个重点实验室，也是在青藏高原设立的首个高原医学国际重点实验室。青海大学校长王光谦和犹他大学副校长迈克·哈德曼出席揭牌仪式并致辞。

6月17日 中国国务院副总理汪洋在中南海紫光阁会见了比尔及梅琳达·盖茨基金会联合主席比尔·盖茨一行。双方就加强药品监管、推进农业技术研发和开展对非援助合作等方面深入交换了意见。

6月17—18日 全国人大常委会副委员长张平在美国华盛顿分别与中美议会（参院）交流机制美方主席贝格奇参议员、副主席钱伯利斯参议员举行会晤。

6月17日 福建省省委书记尤权在福州会见了来访的美国俄勒冈州议会代表团一行。

6 月 17 日　中国驻休斯敦总领事李强民在华盛顿会见美国国务院领事事务代理助卿米歇尔·邦德。

6 月 17 日　中国商务部举行例行新闻发布会，商务部新闻发言人沈丹阳在谈及中美贸易摩擦时表示，今年以来，美方对中国发布的贸易保护措施，显然是对贸易救济措施的滥用，势必使中美光伏贸易纠纷再度升级。沈丹阳指出，中方认为，光伏产品作为清洁能源代表产品之一，为人类的可持续发展作出了重要贡献。过去 10 年，得益于全球分工下的高效合作，光伏产品价格明显下降，光伏发电正在走进千家万户，造福全球福祉。美方所为，损害的不仅仅是中国光伏企业的利益，更是全球光伏产业的健康发展。对此，不仅中国业界强烈不满，坚决反对，就连美国国内光伏产业的上游与下游产业也纷纷提出质疑。频繁采取贸易救济措施，究竟能不能解决美国光伏产业自身发展的问题呢？事实已经摆在那里，美方这么做于事无补。既然如此，这种损人不利己，有时甚至是搬起石头砸自己脚的事，美方还是不做或者少做为妙。沈丹阳表示，希望美方审慎处理此次调查，尽快终止调查程序，中方将密切关注案件进展，并保留采取措施维护中国企业合法权益的权利。对于美国钢铁工人联合会提交申请，要求对中国乘用车和轻卡轮胎启动“双反”调查一事，沈丹阳表示，要提醒美方注意的是，该会曾于 2009 年就同一产品针对中国提出特保调查申请，并且对中美经贸关系造成了严重负面影响和伤害，希望美方吸取 2009 年轮胎特保案的教训，不滥用救济调查，为两国相关产业的贸易合作创造良好的氛围。

6 月 17 日　美国农业部部长汤姆·维尔萨克宣布，美国和香港已就新的条款和条件达成一致，为扩大向香港出口美国牛肉和牛肉制品打开了通道。根据新达成的条款，香港允许进口美国各类牛肉和牛肉制品，达到 2003 年 12 月以前的准入水平。新条款于 6 月 17 日生效。

6 月 18 日　美国负责东亚和太平洋事务的助理国务卿拉塞尔在华盛顿智库威尔逊国际学者中心发表演讲时表示，中国国家主席习近平将在不久后访问韩国，此访是地区关系的“非凡里程碑”，美国全力支持中韩合作。与中韩关系继续提升形成鲜明对比，日韩关系依然紧张。对此，拉塞尔表示担忧。他说，日韩都是美国的重要盟友，两国正通过历史问题对话机制就敏感问题保持磋商，但双方都需要努力改善关系，仅有一方努力是不行的，目前两国关系的改善正因为“信任的侵蚀”而变得更加困难。拉塞尔还重申了对亚太再平衡战略的“持续投入”，包括加大对东盟峰会和东亚峰会的参与力度、加强与地区新兴大国的合作等，表示美国对地区事务的参与有利于整个亚太地区。

6 月 18 日　前美国驻华大使芮效俭在《赫芬顿邮报》上发表题为《美国梦与中国梦是否兼容》的署名文章，指出中国梦和美国梦相容互通的任务虽然十分艰巨，但仍可实现。构建美中新型大国关系对实现中国梦和美国梦的相容互通十分重要。芮效俭指出，一个国家最高尚的梦想就是有能力为世界和平、安全、繁荣与幸福作出贡献，这应该是中国和美国共同的梦想。芮效俭承认，不管在中国还是美国，都有人担心中国梦和美国梦是否兼容。尽管两国在诸多领域有着共同利益，但仍有不容忽视的摩擦。对于未来中美关系的主流是合作还是竞争，两国国内也都有不同看法。但他在文章中强调，一百年来，中国的改革者都梦想实现国家富强，这并非意味着中国的发展将以他国利益为代价，而是体现出中国保卫国家、重拾尊严、让人民过上好日子的远大志向。芮效俭认为，良好的中美关系有助于实现这一梦想。

6 月 18 日 美国犹他州议会在州参议院举行纪念中美建交 35 周年向中方颁发荣誉状仪式，驻美使馆查立友参赞作为崔天凯大使代表受邀出席并简短致辞。仪式由犹他州参议长尼德豪斯主持，州参院议会助理宣读了荣誉状全文，全体出席议员呼声表决全票通过。

6 月 19 日 中国环境保护部副部长李干杰在北京会见美国泰拉能源公司董事长比尔·盖茨一行。

6 月 19 日 中国林业科学研究院副院长、国际竹藤中心党委书记刘世荣研究员会见了到访的美国北德克萨斯大学工学院陶永心院长一行。

6 月 19 日 美国国会众议院中国小组主席福布斯、成员汉娜布萨在出席华盛顿智库战略与国际研究中心活动时表示，美国无法遏制中国，也不能让美国盟友在美中之间做出选择，而需发掘美中之间的“共性”。福布斯和汉娜布萨都认为，目前为止美国没有一个意图明确、目标清晰的亚太再平衡战略，一些基本问题依然没有得到解答。汉娜布萨认为，可以确信的是，美国不能再像以前那样“居于中心位置与各国谈判”，必须依赖盟友合作网络，但亚太地区的文化和历史差异正为亚太再平衡带来更大难度，如日本首相安倍晋三参拜靖国神社导致地区信任受挫，这为美国推进盟友合作带来困难。

6 月 20 日 上海市副市长周波会见了美国硅谷地区市长代表团一行。代表团由硅谷地区城市群的 11 位市长和副市长组成，包括苹果公司所在城市库伯蒂诺和谷歌公司所在地山景城等。周波副市长向代表团介绍了上海的城市发展情况及中国（上海）自由贸易试验区的情况。他表示，上海愿意与硅谷地区的城市在创新、教育、环境保护等方面开展全面而深入的合作，也愿意为刚刚起步的创新项目提供有力的支持。11位市长分别介绍了自己的城市及其优势。

6月21—22日 北京大学中美人文交流基地和美国著名智库布鲁金斯学会在北京香港马会共同举行第四轮中美民间战略对话，就亚太再平衡、海洋领土争端问题以及中美新型大国关系等问题深入交换意见。北京大学国际关系学院院长、中美人文交流基地执行主任贾庆国教授和美国布鲁金斯学会桑顿中国研究中心前主任波拉克共同主持了此次对话。

6月23日 中国国务院副总理汪洋与美财政部长雅各布·卢通话。双方就中美经济关系、第六轮中美战略与经济对话框架下的经济对话准备工作交换意见。

6月23日 崔天凯大使出席美国犹太人协会在国会山举办的“犹太难民与上海”展览招待会暨开幕式。孟昭文、舒尔茨、恩格尔、本田、贝拉、赵美心等联邦众议员、奥巴马总统犹太人事务顾问诺萨楚克、美国犹太人协会国际关系委员会主席里奇、美国有关国会议员助手，以及百人会、以色列驻美使馆、前上海犹太难民等的代表共约200余人参加。此次展览由上海犹太难民纪念馆与美国犹太人协会共同举办，于6月24—29日在华盛顿沃特·华盛顿中心举行。

6月23日 中国国务院发展研究中心李伟主任会见美国夕宾西法尼亚大学“智库与公民社会”项目负责人麦甘教授一行。

6月23日 湖北省省委书记李鸿忠在武汉会见了由美国伯林格姆市市长迈克尔·布朗瑞格率领的美国硅谷市长代表团。

6月24日 中国外交部副部长张业遂会见美国布鲁金斯学会贝德、李侃如、波拉克等学者，就中美关系及共同关心的问题交换了意见。

6月24—28日 中国国家能源局副局长史玉波率团访问美

国，会见了美国能源部首席助理副部长克里斯托弗·史密斯，就第六轮中美战略与经济对话期间拟签署的合作文件、中美清洁能源论坛、建立煤炭清洁利用合作机制等议题充分交换了意见。史玉波一行还会见了美国联邦能源监管委员会（FERC）主席谢莉尔·拉弗勒，并与北美电力可靠性管理中心（NERC）高级副总裁马克·劳彼等专家进行了交流。

6月24日 中美商贸联委会信息产业工作组会议在京召开，工业和信息化部国际合作司副司长赵永红与美国商务部副助理部长钱德拉·布朗共同主持会议。中方就美方关注的上海自贸区增值电信业务开放、移动通信转售业务试点、电信业务分类目录修订情况进行了介绍，并就中方关注的美立法限制政府采购中国信息技术产品、中国移动国际有限公司美国子公司申请美业务牌照未获批准、美对华输美太阳能光伏产品“双反”调查及相关贸易惩罚性措施与美方进行了沟通。双方认为，中美信息产业工作组在增进互信、扩大共识、推动合作方面发挥了积极作用。会后，工业和信息化部国际合作司司长屠森林与美国商务部副助理部长钱德拉·布朗共同签署中美商贸联委会信息产业合作工作组 2014 年工作计划。工业和信息化部电子信息司、通信发展司、电信管理局、国际合作司以及美商务部、美贸易代表办公室、美驻华使馆相关人员参会。

6月24日 中国驻美使馆武官处与美国陆军战争学院 20 余名校级军官学员在使馆进行了座谈，国防武官徐南烽少将出席并作总结发言。期间，我向美方介绍了中国防御性的国防政策，阐述了我对构建中美新型军事关系的看法与主张。我与美方就中美两国两军关系、美亚太“再平衡”战略、南海、钓鱼岛、伊拉克、阿富汗等热点问题充分交换了意见，阐明了中方立场。美方感谢中方的邀请，认为此次座谈坦率、务实，表示过去 10

年来，美大部分中下层军官主要考虑如何在伊、阿作战，对美中两国两军关系等战略问题思考不多。中方的介绍对他们全面了解和思考两国两军关系很有帮助，希望今后双方继续加强交流，增进互信。

6月24日 中国驻芝加哥总领事赵卫平在密歇根州大激流市会见了该市市长乔治·哈特维尔，就促进中国与大激流市的交流与合作交换了意见。总领馆商务领事舒骆玫参赞参加。

6月25日 由中国对外文化交流协会和美国史密森学会共同主办、中国对外文化集团公司和美国史密森民俗与文化遗产中心共同承办的2014年史密森民俗节“中国：传统与生活的艺术”主题活动于6月25日在美国华盛顿国家广场开幕。此次活动由文化部外联局等相关部门组织筹办。此次活动向美国民众展示了中国非物质文化遗产，传播了中华优秀的传统文化。

6月26日 中国国务委员杨洁篪在北京会见了由前参谋长联席会议主席理查德·迈尔斯率领的美国对外政策理事会代表团。杨洁篪表示，习近平主席与奥巴马总统去年共同决定构建中美新型大国关系，这为两国关系指明了方向，中美双方应认真落实两国元首达成的重要共识，进一步扩大合作领域，妥善处理分歧，推动中美关系沿着正确健康的轨道向前发展。希望美对外政策理事会发挥积极影响，促进美各界客观全面认识当今中国和中美关系。迈尔斯表示，美对外政策理事会愿成为美中两国加强沟通、增进理解的渠道。

6月26日 中央军委委员、总参谋长房峰辉今天下午在八一大楼会见了由美军参联会前主席迈尔斯率领的美国对外政策理事会代表团。房峰辉说，当前中美关系进入新的发展时期。习近平主席与奥巴马总统就构建中美新型大国关系以及与之相适应的新型军事关系达成重要共识，为新形势下发展两国两军关系指明了方向。当前，中美之间虽然有一些磕磕碰碰，但两国两军关系总体上向前发展，双方应坚定不移地落实两国元首达成的重要共识，珍惜当前来之不易的良好局面，妥善管控分歧，避免增加新的影响中美关系的干扰因素。中美两军应加强高层交往，在反恐、联合演训等方面加强合作交流，推动两军关系健康稳定发展。希望迈尔斯将军和美国对外政策理事会继续发挥影响力，为构建中美新型大国关系作出积极努力。迈尔斯表示，美中两国关系非常重要，不仅关系到美中两国，也关系到本地区乃至世界的和平稳定。当前美中两军关系发展良好，未来会更好。美国对外政策理事会愿在积极促进两国两军关系顺利发展方面作出贡献。总参谋长助理乙晓光等会见时在座。

6月26日　全国政协副主席、中共中央对外联络部部长王家瑞在北京分别会见了由前参谋长联席会议主席迈尔斯率领的美国对外政策理事会代表团和日本国土交通大臣太田昭宏。

6月26日　针对美国驻华大使博卡斯昨日在演讲中提出，美中关系是最重要的双边关系之一，两国加强合作有助于更好地建立互信、处理分歧，并称中国进行的网络商业窃密活动威胁美国家安全的说法，中国外交部发言人华春莹在主持的例行记者会上表示，中美关系保持健康稳定发展，符合两国和两国人民的根本利益，也有利于亚太地区乃至世界的和平与稳定。我们希望，中美双方按照两国元首去年6月安纳伯格庄园会晤达成的重要共识，加强对话、增进互信、深化合作，以建设性方式处理分歧，不断推进中美新型大国关系建设。中美作为社会制度、历史文化、现实国情不同的两个大国，难免会在一些问题上出现分歧，关键是要正确对待、妥善处理。我们希望美方尊重中国利益与关切，多做有利于双方互信与合作的事，以实际行动维护两国关系大局。关于网络安全问题，此前中方已经多次表明了有关立场，请查阅。

6月26日 针对美国国务院发言人日前称，如果香港民众能够真正选择符合其意愿的候选人，相信特首的认受性能大大提高一事，中国外交部发言人华春莹指出，政制发展问题是香港的内部事务，是中国的内政，他国无权干涉，中国政府坚决反对任何外国以任何方式介入。

6月26日 针对本次环太军演开始前不久，美国连续抛出了起诉5名中国军人、中国军力报告等一系列不太友好的信号，在这种背景下，中国军队依然如约参加“环太平洋”联合军演一事，中国国防部发言人杨宇军在例行记者会上表示，中美双方在拥有广泛共同利益的同时，确实还存在一些分歧。我们认为，美方应该与中方共同努力，相向而行，共同推动中美新型军事关系进一步向前发展。他介绍了中国参演的情况，他说，根据“环太平洋”联合军演的习惯做法，一般只邀请首次参加者观摩演习。这一次是中国海军首次派舰艇参加演习，但经过与主办方协商，中国海军舰艇编队将要参加火炮射击、综合演习、海上安全行动、水面舰艇演练、军事医学交流、人道主义救援减灾和潜水等7个科目。参加此次演习，有助于深化中方与有关国家海军的专业交流和务实合作，提高共同应对多种安全威胁的能力。此外，针对中国国防部发言人针对菲律宾和美国从6月26—7月1日在南海海域举行联合军演一事，杨宇军表示，关于菲美举行联合军事演习问题，中方一贯主张，有关国家之间的防务安全合作不应损害地区和平与稳定，也不应针对任何第三方。针对这周蒙古和美国正在举行“可汗探索”的多国演习，有些报道称有中国军人在演习现场一事，杨宇军说，应蒙古军队邀请，我军连续多年派员观摩在蒙举行的“可汗探索”多国维和演习。今年中方派出了5人小组赴蒙观摩“可汗探索－2014”演习。关于今后有关安排，有关部门会综合考虑各方面因素而定。

6月26—7月4日 应美国国务院副国务卿理查德·斯坦格尔、洛杉矶世界事务委员会总裁泰利·麦卡锡邀请，中国文化部部长蔡武率中国政府文化代表团访问美国。6月27日，文化部部长蔡武与美国国务院主管文教的副国务卿伊文·瑞恩、主管亚太事务的副国务卿丹尼尔·拉塞尔举行会谈，同商讨《中美两国政府文化交流协定2014—2016年度执行计划》续签事宜。双方还就两国政府如何促进中美文化交流与合作交换了看法，进行了深入探讨。双方一致认为，中美人文高层磋商机制为两国构建新型大国关系发挥了积极作用，将继续积极推进中美文化交流全方位深入发展。会谈结束后，美国国务院召集美国国家人文基金会、国家艺术基金会、中大西洋艺术基金会、探索视觉剧场、弗吉尼亚州艺术博物馆等重要文化机构负责人与代表团举行了会谈，美各文化机构代表向蔡武介绍了与中国文化机构的交流情况及未来合作设想，并就扩大中美文化交流与合作深入交换了意见。6月28日，蔡武与史密森学会副秘书长约翰·克莱斯在华盛顿举行了工作会谈，双方就积极推动博物馆和研究机构间开展务实合作与交流交换了看法。7月2日，应洛杉矶世界事务委员会总裁泰利·麦卡锡邀请，蔡武在该会发表了题为《面向新时代的中国文化》的主旨演讲，详细阐述了中国文化理念，介绍了中国文化政策制定、文化产业发展以及对外文化交流情况，洛杉矶及加州文化界、政界、商界和学术界嘉宾300余人出席了该活动。蔡武访问洛杉矶期间，还走访了亨廷顿图书馆等主要文化机构，并与梦工厂、迪斯尼等文化企业高层进行交流，就中美文化产业合作交换意见。

6月28—9月27日 上海博物馆与美国克拉克艺术学院合

作举办“上海博物馆珍藏青铜展”。

6月30日 《美华商报》举行创刊20周年庆典。中国驻美国大使馆公使吴玺发来贺词。美国联邦政府前劳工部长赵小兰出席庆典。

6月30日 美国海军在夏威夷举行“环太平洋－2014”演习欢迎开幕式和记者招待会。美海军太平洋舰队司令哈里·哈里斯上将在记者招待会上介绍了中国海军编队参加的火炮射击、海上安全行动、水面舰艇演练、军事医学交流、人道主义救援减灾等课目。他表示，这些课目体现了中美两国也包括其他环太平洋国家海军可能遇到的共同挑战。中国海军参加演习能够增进参演国家的军事透明度，加深相互了解，共同应对太平洋上出现的危机。中国海军参演编队指挥员赵晓刚表示，中国海军参演的主要目的有三个：一是致力于推动中美新型军事关系健康稳定向前发展；二是深化与各国海军专业交流和务实合作；三是展示中国军队维护世界和平与地区安全稳定的积极态度。

6月30—7月1日 中国科学院—美国能源部第三届协调委员会会议在中科院合肥物质研究院等离子体研究所召开。中国科学院前沿与教育局局长许瑞明与美国能源部科学办公室副主任埃德蒙·西纳科沃斯基共同主持了会议。双方与会专家分别就高能物理、聚变能源科学、核物理、基础能源科学等领域的发展和合作进展情况等进行了交流和探讨。与会的美方官员和专家会后访问了合肥物质院和中科大的有关实验室。国际合作局副局长曹京华、等离子所、高能所、国家纳米中心、上海应物所以及近代物理所等负责人出席了会议。

6月30日 为庆祝史密森民俗节“中国主题活动”开幕，崔天凯大使为参加第48届史密森民俗节“中国主题活动”的国内艺术家举办招待会。来自内蒙、贵州、四川、陕西、福建等

15个省市、自治区的120位民俗艺术家、非物质文化遗产传承人和民俗专家出席了招待会。

7月

7月1日 中国科技部万钢部长会见了来访的美国前商务部长、奥尔布赖特石桥集团董事长古铁雷斯和高通公司首席执行官莫伦科夫。双方就信息通信技术合作等话题交换了意见。

7月1日 中国财政部副部长朱光耀会见了高盛亚太区研究主管慕天辉。

7月1日 中国保监会副主席周延礼会见美国安泰集团副总裁理查德·贝内迪托一行。

7月1日 由北京洛杉矶文创国际投资有限公司在美国建设的文化创意产业园区——北京·洛杉矶文化创意产业园在美国伯班克市落成。

7月2日 中国国家主席习近平在人民大会堂会见美国前财长保尔森。习近平赞赏保尔森及其创建的保尔森中心为促进中美交流合作作出的积极努力。习近平强调，中方一贯从战略高度和长远角度看待和处理中美关系，不因一时一事而改变。两国的共同利益和相互联系远大于差异和分歧。发展中美关系，双方要始终坚持增进和积累互信，扩大利益契合点，加强合作。希望美方客观认识中国的基本国情和内外政策。双方要充分发挥中美战略与经济对话等机制的作用，加强沟通，探讨合作，善作善成，为中美关系不断凝聚和注入正能量，为两国人民不断带来看得见的成果。保尔森表示，我和保尔森中心积极致力于推动美中关系健康发展。美国工商界支持早日签署美中双边投资协定，希望两国关系尤其是经贸合作取得更多实际成果，愿为促进美中友好合作继续作出积极贡献。

7 月 2 日 中国国务委员杨洁篪应约同美国国务卿克里通电话。杨洁篪表示，近来中美关系总体保持稳定。在两国元首共识指引下，中美新型大国关系建设取得积极进展。双方要保持高层战略沟通，推进合作，以建设性方式处理分歧，推动两国关系沿着正确轨道持续向前发展。中方高度重视即将举行的新一轮中美战略与经济对话和人文交流高层磋商，期待同美方一道，共同推动对话和磋商取得积极成果。克里表示，美方愿与中方共同努力，办好此轮美中战略与经济对话和人文交流高层磋商，推进美中新型大国关系建设。双方还就共同关心的国际和地区问题交换了意见。

7 月 2 日 全国人大外事委员会傅莹主任委员在京会见了美国国会参议院卫生、教育、劳工和养老金委员会主席汤姆·哈金一行。双方就两国关系、议会交往、食品安全、残疾人事业合作与保障等共同关心的问题交换了意见和看法。哈金一行是应全国人大教科文卫委员会邀请来华访问的。

7 月 2 日 中国国家卫生计生委主任李斌在京会见了美国国会参议院卫生、教育、劳工和养老金委员会主席汤姆·哈金一行。

7 月 2 日 中国驻纽约副总领事程雷在罗得岛州州府普罗维登斯会见该州州长林肯·查菲。

7 月 2 日 中国外交部发言人洪磊就美国国务院发言人日前针对香港“七一游行”发表的言论指出，香港政制发展是中国的内政，中国政府坚决反对任何外国以任何方式干涉，希望有关国家停止对香港内部事务说三道四。在当天例行记者会上，洪磊说，香港回归 17 年来，“一国两制”方针和基本法得到了贯彻落实，香港居民依法享有的基本权利和自由得到充分保障。根据基本法和全国人大常委会有关决定，2017 年香港特首可由普选产生，特区政府正在依法循序推进相关工作。

7 月 3 日　中国国家工商总局局长张茅会见了来访的中国美国商会总裁杜骁勇一行。

7 月 3 日　美国驻广州总领事馆在广州举行盛大招待酒会，庆祝美国独立 238 周年。美国驻广州总领事郭瑾、广东省常务副省长徐少华、广州副市长骆蔚峰，以及各国驻穗领馆代表以及广东省、广州市有关部门代表共约数百人出席了此次活动。

7 月 3 日　中国教育国际交流协会与美国英语学会合作 30 周年大会在北京召开。中国教育国际交流协会副秘书长宗瓦在发言中赞赏与美国英语学会的合作，感谢北美志愿者的无私奉献，为我国英语师资作出了积极贡献，并向来华志愿工作 10 年以上的志愿者颁发了奖章。

7 月 4 日　中国人力资源和社会保障部副部长胡晓义会见了来访的美国参议院卫生、教育、劳工和养老金委员会主席汤姆·哈金一行。

7 月 4 日　中国国务院侨办副主任何亚非在京会见了“2014 美国侨报小记者访华团”一行 23 人。

7 月 7—11 日　由北京国际版权交易中心与华盛顿市政府合作举办的“2014 中美创新艺术设计展”在华盛顿举行。

7 月 7 日　中国国家邮政局副局长刘君在京会见了来访的美国 UPS 航空公司总裁布兰登·卡纳万一行。

7 月 7 日　上海市市长杨雄在兴国宾馆会见了来华出席第六轮中美战略与经济对话的美国商务部长普里茨克一行。

7 月 7 日　美国内华达州旅游文化事务局在成都举办庆祝其驻中国办事处成立十周年的新闻发布会。在新闻发布会上，四川省旅游局局长郝康理与内华达州旅游文化事务局克劳迪娅·韦奇奥局长重新签署了《中国四川省旅游局与美国内华达州旅游文化事务局友好交流合作谅解备忘录》。美国驻成都总领事何孟德、内华达州副州长布莱恩·克洛里奇等参加了此次活动。

7月7日 中国驻旧金山总领事袁南生应邀出席由著名侨领方李邦琴女士发起筹建的海外首家抗日战争纪念馆启动仪式新闻发布会。该纪念馆设立在旧金山中国城，将于2015年9月3日中国抗战胜利纪念日当天开馆。

7月7日 中国驻旧金山总领事袁南生在官邸举行了“纪念全民族抗日战争爆发77周年暨旧金山湾区抗战文物文献展”，向旧金山湾区各界人士展示数百件抗战历史文物文献。美国华人收藏协会秘书长招思虹、美国“飞虎队”历史委员会主席詹姆斯·怀特黑德、世界抗日战争史实维护联合会会长贺英明等团体代表以及新华社、凤凰卫视、《侨报》、《星岛日报》、《世界日报》等十余家媒体记者近百人出席了活动。

7月8日 在第六轮中美战略与经济对话的战略对话框架下，第四次中美战略安全对话在北京举行。外交部副部长张业遂和美国常务副国务卿伯恩斯共同主持了对话，中国人民解放军副总参谋长王冠中、中国驻美国大使崔天凯及美国国防部副部长沃穆思、美驻华大使博卡斯等参加。双方就共同关心的战略安全、综合安全问题深入交换了意见。双方同意共同维护好、发展好中美战略安全对话这一机制，进一步增进双方互信与合作。

7月8日 中央军委委员、总参谋长房峰辉在八一大楼会见了美军太平洋总部司令洛克利尔。房峰辉对洛克利尔来华参加对话表示欢迎，并积极评价中美战略安全对话的意义。他表示，两国元首就构建中美新型大国关系以及与之相适应的新型军事关系达成的重要共识，对中美两国两军以及地区和平与稳定具有重要意义。当前中美关系的良好局面来之不易，要倍加珍惜爱护，不要增加新的干扰因素。双方应妥善管控矛盾和分歧，积极寻求共同点，发展共同点，在双边关系中形成正能量，共同推进中美两国两军关系发展。房峰辉说，回望历史，教训深刻，我们要警惕日本军国主义死灰复燃的危险，共同维护地区和世界和平稳定。洛克利尔表示双方在战略安全对话中的沟通和交流非常顺畅。他说，在两国领导人的不断推动下，美中关系取得了巨大进展，双方对话、互动与友好的水平不断提高。我们应着眼长远，管控分歧，按照两国领导人的要求推动两国两军关系发展。

7月8日　中国外交部国际司司长李军华和美国国务院负责国际组织事务的代理助理国务卿皮特曼共同主持中美第五次联合国维和事务磋商，中国外交部、国防部、公安部和美国国务院、国防部有关官员参加。维和事务磋商是在中美战略与经济对话框架下举行的活动之一。双方就联合国维和行动现状、改革以及中美在维和领域双边合作等议题深入交换了意见。双方同意，继续深化两国在维和领域的交流与合作，共同推动联合国维和行动健康可持续发展，为国际和平与安全事业发挥更大作用。

7月8日　中国政府非洲事务特别代表钟建华在北京与美国南北苏丹问题特使布斯举行第六轮中美战略与经济对话框架下南北苏丹问题对口磋商。双方就南苏丹局势、南北苏丹关系等问题交换了意见。

7月8日　中国外交部亚非司司长陈晓东应约会见美国国务院助理国务卿帕斯卡尔，就伊拉克局势和地区能源安全等问题交换了看法。

7月8日　在中美第六轮战略与经济对话、第五轮中美人文交流高层磋商即将召开之际，中国驻美国大使崔天凯在《美国新闻与世界报道》发表题为“文化使中美关系更密切”的文章。崔大使指出，将中美两国紧密联系在一起的不仅仅是经济合作，中美文化交流也在促进两国人民相互理解中发挥着越来越重要的引领作用。通过教育、文化交流，我们不仅学习对方的历史、文化，同样也学习如何解决共同面临的问题。在这种交流基础上建立起的友好关系将持久不衰。中美文化、教育交流项目取得了长足进展，但仍处于发展之中。两国每天都在通过贸易、教育、旅游等进行着人文交流，但还需要我们进一步努力推进。

7月8日 第五次中美创新对话在北京举行。科技部万钢部长与美国总统科技助理、白宫科技政策办公室主任约翰·霍尔德伦博士共同主持会议，来自两国政府相关部门、产业界和学术界代表与会发言。双方认为，中美两国之间通过创新对话加深了理解，在多个领域形成了合作与竞争的紧密关系。双方与会代表围绕跨部门创新政策的实践与挑战、通过政府财政及其他激励措施支持创新的经验与最佳实践、营造生物制药创新与合作的生态体系、城镇化进程中的智能基础设施等议题深入交换意见。与会代表还听取了创新对话联合专家组报告。中方科技部曹健林副部长、工业和信息化部毛伟明副部长、外交部郑泽光部长助理、商务部张向晨部长助理、国家知识产权局何志敏副局长和发展改革委、财政部、国资委、食品药品监管总局等部门代表及驻美使馆李朝晨公参等与会。美国驻华大使博卡斯、国务院副国务卿诺威莉、商务部副部长赛里格、贸易发展署署长扎克以及财政部、能源部、国际贸易署、贸易代表办公室等部门代表出席会议。

7月8日 中国国家发展和改革委员会和美国国务院与能源部共同主办的“2014年中美绿色合作伙伴计划研讨会”在京举行。中国国家发展和改革委员会副主任解振华，美国国务院副国务卿诺维莉和美国能源部助理部长埃尔金德共同出席会议并致辞。中美双方有关部门和新老绿色合作伙伴代表共约 100 人参会。

7 月 8 日 中国国家发展改革委副主任解振华与来京出席第六轮中美战略与经济对话的美国白宫气候变化事务特别顾问波德斯塔、气候变化特使斯特恩举行“中美气候政策与行动”对话会谈，双方就中美气候变化工作组的进展和成果、2020 年前目标完成进展及 2020 后行动目标等问题深入交换了意见。此外，双方参与相关决策的技术专家还就气候变化行动目标的经济社会情景，涉及的相关模型、假设及方法学问题，相关的潜力、成本及困难和挑战等话题进行了研讨。当天下午，中美气候变化工作组举行了成果签约仪式。8 对两国相关企业和研究机构签署了项目合作文件，将在碳捕集、利用和封存、削减氢氟碳化物、城市和水泥行业的低碳转型等应对气候变化相关领域开展合作。

7 月 8 日 第十一次中美经济发展和改革对话在北京举行。改革发展委朱之鑫副主任与美国国务院诺维莉副国务卿共同出席并主持对话。改革发展委综合司、体改司、价格司、外事司以及国家统计局统计设计管理司有关负责人，美国白宫、国务院、财政部、商务部、驻华使馆有关官员参加会议。对话期间，双方就国民经济统计制度改革、中美经济中监管者的角色、两国经济形势和政策等议题进行了深入交流。双方同意，将继续通过经济发展和改革对话就共同感兴趣的议题进行交流，深化各领域的合作。

7 月 8 日 中国国家铁路局副局长陈兰华赴美与美国联邦铁路署副署长凯伦・海德伦德共同主持召开中美交通论坛铁路工作组会议。双方围绕第六次中美交通论坛商定的“开展铁路事故调查与分析合作、交流两国铁路安全监督经验、确立铁路装备认证流程进行合作并分享信息”三个议题进行了探讨交流。

7 月 8 日 中美共建“中国园”项目施工设计费捐赠仪式在北京举行，中国企业英成集团有限公司向全美中国园基金会捐赠资金 3000 万元人民币，专款用于中国园项目的施工设计费用。中国国家林业局局长赵树丛与美国农业部常务副部长克丽斯塔·哈登出席捐赠仪式。仪式之前，赵树丛与克丽斯塔·哈登进行了座谈。全国政协人资环委副主任、中国园项目中方总执行人江泽慧，国家林业局副局长、中国园项目中方建设领导小组组长张永利，全美中国园基金会主席鲍勃·斯多曼以及外交部、商务部、美国驻华使馆和江苏省林业局、扬州市政府、捐赠企业代表等参加了捐赠仪式。

7 月 8 日 中国国家邮政局局长马军胜在京会见了来访的美国德勤公司全球邮政和物流行业总监保罗·沃格尔。

7 月 8 日 中国国务院发展研究中心韩俊副主任会见了美国嘉吉公司首席执行官彭国瑞先生。

7 月 9 日 中国国家主席习近平出席在北京钓鱼台国宾馆举行的第六轮中美战略与经济对话和第五轮中美人文交流高层磋商联合开幕式并发表题为《努力构建中美新型大国关系》的致辞。习近平回顾了建交 35 年来中美关系发展取得的成就，强调中美双方要审时度势，登高望远，相互尊重，增进互信，加强合作，携手推进新型大国关系建设。习近平指出，战略与经济对话和人文交流高层磋商是中美之间参与部门最多、讨论议题最广的重要平台。希望双方立足现实、着眼长远、深入沟通、相向而行，为构建中美新型大国关系注入更多正能量。习近平强调，构建中美新型大国关系是一项前无古人、后启来者的事业。为此中美双方应增进互信，把握方向；相互尊重，聚同化异；平等互利，深化合作；着眼民众，加深友谊。习近平最后强调，构建中美新型大国关系是一种使命和责任。让我们用积土成山的精神，一步一个脚印，携手推进新型大国关系建设，努力开创中美关系更加美好的明天。美国总统奥巴马在书面致辞中表示，美中两国联系不断加强，经济相互依存日益加深，双方需要围绕共同利益、共同责任和共同挑战建设两国关系。美方欢迎一个稳定、和平、繁荣的中国，致力于同中方一道构建新型大国关系，加强务实合作，以建设性方式处理分歧。我和习近平主席保持着交往和沟通，以确保美中关系稳定、充满活力、富有成效。我期待着今年 11 月访问北京并出席亚太经合组织领导人非正式会议。我们应该利用本轮对话和磋商证明，美中双方决心让合作成为美中关系的主旋律。国务院副总理刘延东、国务院副总理汪洋、国务委员杨洁篪以及美国总统奥巴马特别代表国务卿克里、财政部长雅各布·卢等出席联合开幕式。

7 月 9—10 日　第六轮中美战略与经济对话在北京举行。中国国家主席习近平特别代表、国务院副总理汪洋和国务委员杨洁篪，同美国总统奥巴马特别代表、国务卿克里和财政部长雅各布·卢共同主持对话。双方围绕落实两国元首重要共识、努力构建中美新型大国关系，就一系列战略性、长期性、全局性问题坦诚、深入交换了意见，达成广泛共识，取得重要积极成果。双方积极评价中美建交 35 年来两国关系取得的发展，重申致力于加强两国高层及其他各级别的交往。两国元首将继续通过访问、会晤、通话、通信等方式保持经常性沟通。双方表示将共同努力为今年 11 月习近平主席和奥巴马总统北京会晤做好各方面准备工作。美方表示支持中方办好今年亚太经合组织第 22 次领导人非正式会议。

在经济对话中，双方承诺进一步加强宏观经济政策沟通与合作。美方继续支持转向以更高投资和国民储蓄为支撑的增长方式，高度关注其货币政策对国际金融体系的影响。双方将继续加强在 20 国集团框架下的合作，推进国际金融治理改革。双方支持对世界银行投票权结构进行定期审议，美方承诺尽快完成对 2010 年国际货币基金组织份额和执行董事会改革方案的国内审批。双方同意争取 2014 年就双边投资协定文本的核心问题和主要条款达成一致，并承诺 2015 年早期启动负面清单谈判。美方承诺对各类中国投资者保持开放的投资环境。双方同意加强金融合作。美方承诺在出口管制体系改革过程中给予中国公平待遇，鼓励和便利民用高技术产品对华出口。

在战略对话中，双方同意加强在反恐、执法、反腐、海关、渔业、海事、交通、领事、残障人士保护、能源与气候变化、核安全、环保、科技与农业、卫生、地方等广泛领域的合作。双方同意认真落实两国两军领导人就发展两军关系的共识，深化两军交流与合作，推动中美新型军事关系建设。双方承诺为建立一个更加稳定、和平与繁荣的亚太地区作出努力，并就亚太事务加强沟通与协调。双方认为，中美两国对维护世界和平稳定负有重要责任，将就朝鲜半岛核、伊朗核、阿富汗等问题保持密切磋商与协调。中方强调双方应该尊重彼此主权和领土完整，尊重各自对发展道路的选择，以建设性的方式处理分歧和摩擦。中方重申了在台湾、涉藏等问题上的原则立场。中方重申了在东海、南海等问题上的原则立场，要求美方秉持客观、公正立场，恪守不选边站队的承诺，为维护地区和平稳定发挥建设性作用。汪洋强调，理解和互信是中美两个大国实现合作共赢的重要前提，对话与沟通是两国友好相处的重要途径。本轮对话取得来之不易的重要成果，为今年 11 月份两国元首会晤打下了基础，也为构建中美新型大国关系注入了正能量。

7月9日 第五轮中美人文交流高层磋商工作会议今天在京举行。中国教育部副部长郝平和美国国务院副国务卿斯坦格尔作为中美双方协调人出席会议并致辞。郝平指出，一批人文交流旗舰项目的积极开展和有效落实，使两国普通民众从中受益，加深了两国人民的了解，拉近了两国民众的距离，使两国关系更具有韧性、更富活力。郝平强调，今年是中美建交35周年，也是中美人文交流高层磋商机制建立的第五年。中方愿以此为契机，与美方共同努力，举办好本轮磋商，落实好中美两国元首重要共识，深入扎实细致地开展人文交流活动，开创中美人文交流新局面。斯坦格尔表示，双方在教育、科技、文化、体育、妇女、青年等领域分别举行磋商，今年的成果更丰富。他特别强调青年就是未来，要信任年轻人，鼓励年轻人发展他们的领导力。中美人文交流高层磋商机制双方成员单位代表、参与中美人文交流各项活动的单位代表等近180人出席了会议，达成了广泛共识。

7月9日 第六轮中美战略与经济对话气候变化问题特别联合会议在钓鱼台国宾馆举行。中国国家主席习近平特别代表、国务院副总理汪洋和国务委员杨洁篪，同美国总统奥巴马特别代表、国务卿约翰·克里和财政部长雅各布·卢以及两国相关部门负责人出席。会上，双方特别代表听取了两国有关部门负责人介绍各自在应对气候变化方面取得的进展以及两国在汽车减排、智能电网、碳捕捉及温室气体等气候变化领域合作成果，并核准了中美气候变化工作组的工作进展报告。

7月9日 中国国务院副总理张高丽在北京中南海紫光阁会见美国总统气候变化及能源政策顾问波德斯塔、能源部长莫尼兹一行，双方就全球应对气候变化及进一步加强气候变化领域的交流与合作等交换了意见。

7月9日 中国国务院副总理汪洋在钓鱼台会见美国商务部长普里茨克和贸易代表弗罗曼。双方就中美商贸联委会机制、知识产权保护、《信息技术协定》扩围谈判、农产品贸易等问题进行了交流。

7月9日 全国妇联与美国国务院全球妇女事务办公室在北京联合举办了第六届中美妇女领导者交流对话会。全国妇联副主席、书记处书记孟晓驷与美国白宫妇女和女童事务委员会执行主任陈远美共同主持了会议并分别致辞。会议围绕“妇女与健康”和“反对对妇女的暴力”两个议题展开对话，来自中国最高人民法院、卫生和计划生育委员会、中华女子学院、全国妇联发展部和权益部以及地方妇联的代表与来自美国政府妇女机构、联邦卫生与公众服务部、华盛顿特区地方政府、全国妇女法律中心以及加州和路易斯安那州两所大学的12位代表在对话会上进行了交流。

7月9日 由中国国家体育总局和美国国务院体育联合办公室联合举办的首届中美体育研讨会在北京举行。中国国家体育总局副局长、中国奥委会副主席杨树安和美国国务院民间交流办公室副主任希拉·凯西出席并分别致辞。中美两国体育专家围绕“体育运动与青少年创新能力培养”的主题进行了讨论交流。

7月9日 中国国家林业局和美国国务院在北京举行第六轮中美战略与经济对话打击野生动植物非法交易对口磋商。国家林业局局长赵树丛和美国副国务卿凯瑟琳·诺维莉出席开幕式并讲话。中美双方与会代表就加强国家、区域和国际层面执法，减少国内和国际非法获取和交易野生动植物行为，加强对野生动植物保护和打击非法交易合作等内容进行了交流。

7月9日 中国国务院副总理刘延东、国务委员杨洁篪同美国国务卿克里在钓鱼台国宾馆共同出席中美打击野生动植物非法交易宣传活动。刘延东在致辞中表示，中国政府一贯高度重视野生动植物保护，已建立起完备的法律法规体系和保护管理制度，有近百万志愿者投身这一事业。中国积极参与国际合作，已加入多个国际公约和组织，与多国签署政府间合作协议，同20多个国家联手打击野生动植物非法交易违法犯罪。杨洁篪在致辞中表示，中美携手保护野生动植物是落实两国元首共识，推进中美新型大国关系建设的具体体现。中方愿与美方加强协调合作，同国际社会一道，为实现全球生态优化和人类经济社会的可持续发展作出新贡献。克里在致辞中说，野生动植物非法交易是一个全球性问题，需要各国共同应对。美中就此积极合作，并同世界其他国家开展合作，将有力推动这一事业。

7月9—10日 “中美青年智库学者对话”在北京大学举办，此次活动由北京大学中美人文交流研究基地与美国布鲁金斯学会主办，由美国马里兰大学、美国中文同学会和世界银行对话圈项目协办。此次活动由政策研讨、模拟谈判、会议观摩三部分组成。通过展开对话以及模拟谈判，并结合多种文化交流形式，加深了中美青年学者对双方政策和决策过程的了解，培养了未来中美关系使者的文化交流能力与创新能力。

7月9日 “美国传统非洲裔学院与大学与中国院校圆桌会议”在北京举行。出席会议的美方代表团由霍华德大学、陶格鲁学院等8所美国传统非洲裔学院与大学的14名校领导组成，中方代表团由中国人民大学、复旦大学、南京师范大学等13所院校的25名校领导组成。中国教育国际交流协会秘书长生建学与美国传统非洲裔学院与大学代表团团长摩根州立大学校长大卫·威尔逊签署了合作谅解备忘录。

7月9日 中国国家旅游局副局长杜江在京会见美国内华达州副州长布莱恩·克洛里奇一行。

7月9日 全国友协副会长谢元出席了美国内华达州旅游局中国办事处成立十周年招待会并致辞。全国政协常务委员、原国家旅游局局长何光伟、北京市旅游发展委员会宋宇主任、美国内华达州副州长布莱恩·克洛里奇等出席了招待会。

7月9日 中国科技部战略院在北京召开中美创新评价国际研讨会。美国加州大学伯克利分校布赖恩·怀特教授、美国宾夕法尼亚州立大学雷震博士等以及来自北京大学、对外经济贸易大学以及科技部计划司、战略院等单位的专家及有关人员参加了会议。会上，中外学者围绕中美两国创新调查、创新评价、高校科研成果转化等主题进行了交流研讨，并就国家创新调查制度建设、大学专利成果产业化等议题交换了意见。

7月9日 中国商务部部长高虎城在钓鱼台国宾馆会见了美国贸易代表佛罗曼。

7月10日 中国国务院副总理刘延东与美国国务卿克里在北京共同主持第五轮中美人文交流高层磋商全体会议。刘延东和克里听取了机制双方协调人关于工作磋商成果汇报，以及“中美留学35周年”留学生代表发言，并分别致辞。刘延东说，在两国元首关心支持和双方共同努力下，中美人文交流呈现出前所未有的良好态势，交流规模持续扩大，合作水平不断提升，引领作用日益显现，为两国关系发展注入了不竭动力。人文交流在中美关系中，既是“探路者”，也是“铺路者”，必须始终把人文交流作为构建新型大国关系的助推器、增信释疑的润滑剂，为中美关系发展提供正能量。双方应相互尊重，务实合作，持之以恒，共创和平与发展的美好未来。克里表示，美中人文交流范围广泛，成果丰硕。美方欢迎中国和平崛起，希望与中国发展真正合作、共同繁荣的伙伴关系。美方重视并支持加强两国人文交流，增进两国人民的相互理解与信任，扩大共同利益，承担共同责任，应对共同挑战，共同努力构建美中新型大国关系。会后，刘延东与克里举行小范围会见，双方就下阶段中美人文交流相关工作交换了意见。

7月10日　中国国家主席习近平在人民大会堂会见来华出席第六轮中美战略与经济对话和第五轮中美人文交流高层磋商的美国国务卿克里、财政部长雅各布·卢等美方代表团主要成员。习近平表示，第六轮中美战略与经济对话和第五轮中美人文交流高层磋商取得了积极成果，释放了改善和发展中美关系的重要信息。我对双方团队的辛勤努力表示赞赏，希望双方落实好这些成果，让其尽快发挥出积极效应，使两国和两国人民尽早受益。双方要重点做好以下几方面工作：一是加强沟通交流：二是促进合作；三是减少麻烦。习近平指出，中美建交35年来，两国关系走过了不平凡的历程，经验教训弥足珍贵、值得记取。中美双方应该坚持构建不冲突、不对抗、相互尊重、合作共赢的新型大国关系的大方向，增进互信，扩大利益契合点，管控分歧，推动中美关系沿着正确轨道持续向前发展。

克里和雅各布·卢表示，两天来，我们同中方同事进行了富有成果的对话和磋商。奥巴马总统欢迎并希望看到一个强大、繁荣、稳定的中国，美方绝对无意遏制中国，无意同中国对抗、冲突。美方支持中国全面深化改革，中国经济保持发展对美国有利。美方希望美中关系取得更多成果，愿同中方加强对话，朝着早日达成双边投资协定的目标积极努力，加强两国经济伙伴关系。美中双方还要共同应对气候变化等全球性挑战和一系列地区热点问题，促进两国共同利益和世界的安全、稳定、繁荣。奥巴马总统非常期待再次访问北京并出席亚太经合组织领导人非正式会议。国务院副总理刘延东、国务院副总理汪洋、国务委员杨洁篪等参加会见。

7月10日 中国国务院总理李克强在中南海紫光阁会见来华出席第六轮中美战略与经济对话和第五轮中美人文交流高层磋商的美国总统奥巴马特别代表、国务卿克里和财政部长雅各布·卢。李克强表示，中美战略与经济对话和人文交流高层磋商为两国加强互信、促进合作提供了重要平台。当前世界经济处在深度调整当中，发达国家和发展中国家已成为推动世界经济增长的双引擎。中美处在不同发展阶段，经济互补性突出。中方愿同美方推进双边投资协定谈判，争取早日达成互惠的高水平协定；在能源环境、应对气候变化、基础设施建设等领域打造合作亮点，为两国经济、就业创造双赢机会。希望美方采取切实措施放宽民用高技术物项对华出口，在能源及相关基础设施建设等方面以更加积极的姿态开展对华合作；加强宏观经济政策协调，为国际经济治理和全球经济复苏作出应有贡献。克里和雅各布·卢表示，美中作为世界上两个最大经济体和重要合作伙伴，经济相互依存，加强合作有利于两国和世界。美方高度赞赏中国改革开放取得的成就，不会“遏制”和“围堵”中国，而是欢迎一个日益繁荣和强大的中国。双方在战略、经济、人文等方面进行了深入讨论，取得重要成果。美方愿与中方共同努力，落实好两国元首达成的共识和本次对话、磋商成果，全面推进各领域互利合作，加强在国际、地区事务中的沟通协调，扩大共同利益，妥善处理分歧，携手应对气候变化等全球性挑战，维护世界和平，促进共同发展。国务院副总理刘延东、汪洋，国务委员杨洁篪参加会见。

7月10日 中国国务委员杨洁篪与美国国务卿克里在人民大会堂共同出席2014年中美绿色合作伙伴计划签字仪式。杨洁篪在致辞中表示，气候变化和环境保护是中美两国当前和未来面临的共同挑战，也是双方构建新型大国关系、开展务实合作大有可为的领域。在绿色合作伙伴计划框架下，双方合作伙伴在节能提效、清洁能源、生态环境保护和循环经济发展等方面开展了探索性和前瞻性的合作，取得积极成果。我们愿与美方将继续通过绿色合作伙伴计划，拓展合作，更好造福两国和两国人民。克里表示，美中两国在全球应对气候变化领域发挥着重要作用，绿色发展需要政府与企业、研究机构等社会力量共同参与。希望绿色合作伙伴计划继续不断拓展，吸引更多两国合作伙伴参与，实现美中共赢，造福世界。中美 6 对绿色合作伙伴在仪式上签订了合作协议。

7 月 10 日 出席第六轮中美战略与经济对话的中国国家主席习近平特别代表、国务院副总理汪洋和国务委员杨洁篪，美国总统奥巴马特别代表、国务卿克里和财政部部长雅各布·卢在钓鱼台共同会见中美企业家，听取企业界对发展中美经济关系的看法和意见。两国企业家表示，中美两国企业发挥各自优势，进行互利互惠的资源整合，拓展全球市场，对双方都有利。两国企业在合作中相互尊重，相互借鉴，为当地经济社会发展作出了贡献。今后中美企业的合作会更加深入和广泛，希望两国关系保持稳定，加强对话，减少摩擦，创造更加宽松的投资环境和更多的市场准入机会。汪洋表示，中美两国经济有很强的互补性，合作潜力巨大。企业对良好的贸易投资环境有实实在在的期待，两国政府应该共同努力妥善处理贸易纠纷，优化投资环境，搭建经贸合作平台，解决好投资中的突出问题。杨洁篪表示，企业是中美经贸合作的主体，是两国各领域合作的推进器。构建中美新型大国关系需要两国企业界积极支持和参与，发挥生力军的重要作用。克里和雅各布·卢表示，美中是人类历史上最大的经济联盟与贸易伙伴。两国企业界为美中双边关系发展提供了强大的驱动力。美中贸易和相互投资带动了两国经济发展、就业增长和经济转型，也促进了全球经济增长。美方欢迎中国企业赴美投资，美国政府将认真对待企业界提出的建议，为他们的发展创造良好环境。

7月10日 “千校携手、热爱自然、绿色生活”倡议活动在北京启动，该活动在中美两国各选出500所中小学学校，在今后三年内开展与环保相关的活动。中美两国元首夫人彭丽媛与米歇尔·奥巴马分别为倡议活动发来贺信。

7月10日 “中美留学35年”活动在在人民大会堂举行。此次活动由中国教育部主办，国家留学基金管理委员会、美国驻华使馆公共事务处联合承办，以进一步加强中美两国学生学者交流，推动两国文化交流合作。

7月10日 中美青年创客大赛颁奖大会暨大学生创新创业论坛在人民大会堂举行。中国教育部副部长郝平和美国副国务卿斯坦格尔为获奖团队颁奖并致辞，高度评价两国青年在本次比赛中的表现，充分肯定了此次活动对中美青年人文交流的重要意义。中美青年创客大赛由中国教育部国际司主办，教育部留学服务中心、清华大学及新奥集团承办。

7月10日 中国教育国际交流协会秘书长生建学与美国“十万强”基金会主席卡罗拉·麦吉弗特签署谅解合作备忘录。中国教育国际交流协会副秘书长宗瓦、美国十万强基金会副主席特拉维斯坦纳出席了备忘录签约仪式。

7月10日 中国工业和信息化部部长苗圩会见了美国能源部部长欧内斯特·莫尼兹，就中美两国在电动汽车、工业能效、核安保等领域合作进行了交流。

7月10日 中国工业和信息化部副部长刘利华会见了美国

副国务卿凯瑟琳·诺维利，就云计算发展、信息技术协定扩围等共同关注的议题交换了意见。

7月10日 中国国家发展改革委副主任、国家能源局局长吴新雄在京会见美国能源部部长莫尼兹一行，双方就中美两国页岩气开发、AP1000核电项目、非化石能源以及能源资讯共享等领域的相关合作事宜深入交换了意见。

7月11日 中美清洁能源联合研究中心（CERC）指导委员会第六次会议在中国建筑科学研究院召开。此次会议由科技部副部长曹健林主持，全国政协副主席、科技部部长万钢，美国能源部部长莫尼兹，美国驻华大使博卡斯出席会议并发表讲话。

7月11日 美国内华达州旅游文化事务局在广州举办庆祝其驻中国办事处成立十周年的新闻发布会。在新闻发布会上，广东省旅游局杨荣森局长与内华达州旅游文化事务局克劳迪娅·韦奇奥局长重新签署了《中国广东省旅游局与美国内华达州旅游文化事务局友好交流合作谅解备忘录》。内华达州布莱恩·克洛里奇副州长、广东省人民政府刘晓捷副秘书长和美国驻广州总领事馆郭瑾总领事等共同见证了签约仪式。

7月14日 中国国家主席习近平在巴西福塔莱萨应约同美国总统奥巴马通电话。习近平表示，近来，双方进行了密集沟通，并共同推动第六轮中美战略与经济对话和第五轮中美人文交流高层磋商取得积极成果，为中美关系注入了新动力。习近平强调，中方一贯从战略高度和长远角度看待和处理对美关系，愿同美方一道，为构建中美新型大国关系不懈努力。下阶段，双方要继续相向而行，推动双边投资协定谈判，就重要国际和地区问题，包括应对气候变化加强协调和合作，坚持以相互尊重和建设性方式处理好分歧，确保两国关系始终沿着积极方向发展。奥巴马表示，第六轮美中战略与经济对话和第五轮美中人文交流高层磋商富有成果、取得成功，证明美中两国共同致力于建设一个积极、安全和繁荣的未来。我赞赏习近平主席在对话和磋商联合开幕式上讲话中阐述的关于构建美中新型大国关系的主张。我重申，美方致力于同中方一道，构建新型大国关系，加强务实合作，建设性管控分歧，使合作成为两国关系的主流。美方希望两国继续推进在经贸、能源、气候变化等领域以及有关地区热点问题上的合作。我期待今年11月再次访问北京并出席亚太经合组织领导人非正式会议，同习近平主席会晤，希望双方团队从现在起认真进行准备，推动两国合作届时取得更多具体进展。两国元首还就伊朗核问题、朝鲜半岛局势等问题交换了看法。

7月14日　国家新闻出版广电总局副局长蒋建国在京会见约翰威立国际出版公司全球副总裁米龙一行。

7月14—15日　中国国家工商总局与美国专利商标局在北京召开了异议撤销和驳回复审研讨会。

7月14日　中国驻休斯敦总领事李强民在美国缅因州肯尼邦克港看望美国前总统老布什。

7月15日　中美首轮副外长级别的反恐磋商在华盛顿举行。磋商由中国外交部副部长程国平和美国国务院主管反恐事务的特使凯达诺共同主持。双方就反恐问题进行了深入和坦诚的交流，就国际和地区反恐形势、双方的反恐关切以及下一步合作达成了具体共识，为未来反恐问题外长级对话机制化开了个好头。

7月15日　中国出席伊朗核问题谈判代表，外交部军控司司长王群在维也纳会见美国副国务卿舍曼。双方就如何在全面协议谈判中落实两国元首指示精神交换了看法。双方表示，愿共同努力将两国元首指示落实到具体合作行动中，共同推动伊核问题全面协议的早日达成。

7月15日 中国国务委员兼国防部长常万全在八一大楼会见了来访的美国海军作战部长乔纳森·格林纳特海军上将。常万全首先对格林纳特来访表示欢迎。他说，中美双方应共同珍惜当前来之不易的两国两军关系良好局面，认真落实两国元首关于构建中美新型大国关系和与之相适应的新型军事关系的重要共识。中美两国海军有良好的合作基础，应不断探索新的合作模式，推动两国海军以及两军关系取得更好发展。格林纳特表示，美国海军希望与中国海军建立良好关系，在本地区发挥典范作用。两国海军应充分利用现有交流平台，寻求更多相互理解和尊重，处理好敏感问题和分歧，在安全事务上继续开展合作，促进两国海军关系稳定向前发展。

7月15日 中央军委委员、海军司令员吴胜利在京会见了来访的美国海军作战部长乔纳森·格林纳特。吴胜利指出，发展中美新型海军关系对构建中美新型大国关系具有积极的现实意义。两国海军应积极探讨建立合作对话机制，加强舰队之间的交流，深化救援减灾领域合作，落实《海上意外相遇规则》。中美双方应妥善处置海上情况，有效管控风险，维护亚太地区海上和平与稳定。格林纳特表示，美方高度重视与中方的关系，希望双方继续加强各层次领域的交流与合作，增进彼此信任，推动两国海军关系健康良性发展。格林纳特一行还访问了北海舰队，参观部分海军装备，并与中国海军官兵进行了广泛交流。

7月15日 针对美国国务院助理国务卿帮办福克斯7月11日称，美方提议南海主权声索方冻结在有争议岛礁填海造地、施工建设、设立据点等改变现状的行为，为“南海行为准则”协商创造有利条件一事，外交部发言人洪磊指出，中国对南沙群岛及其附近海域拥有无可争辩的主权。20世纪70年代起，一些国家相继非法侵占中国南沙群岛的部分岛礁。中方持续要求有关国家从被侵占的中国岛礁上撤走一切人员和设施。令人遗憾的是，个别国家近年来通过修建工程、增加武备等强化非法存在，不断采取侵权行动侵犯中国的领土主权和海洋权益，中方对此坚决反对。从地区和平稳定大局出发，中方在坚定维护领土主权和海洋权益的基础上，始终致力于同直接有关的主权国家，在尊重历史事实和国际法的基础上通过协商谈判解决有关争议。2002年，中国和东盟国家共同签署了《南海各方行为宣言》，各方承诺保持自我克制，不采取使争议复杂化、扩大化和影响和平与稳定的行动，并以建设性的方式处理它们的分歧。当前，中国和东盟国家正在全面有效落实《宣言》，并在《宣言》的框架下，稳步推进“南海行为准则”磋商进程。希望域外国家严守中立，明辨是非，并切实尊重地区国家维护地区和平稳定的共同努力。

7月16日 中国国家海洋局局长刘赐贵在京会见了美国海军作战部长格林纳特上将一行。双方就深化在海洋领域合作进行了会谈。

7月16日 美国弗吉尼亚美术馆在中国驻美国大使馆举行新闻发布会，正式宣布“紫禁城：故宫博物院藏皇家珍品展”将于今年10月18—2015年1月11日在该馆举办。中国驻美使馆临时代办陆慷公使、弗吉尼亚美术馆馆长亚历山大·纳哲斯、代表弗吉尼亚州第三选区的众议员波比·斯科特以及多家美国艺术机构、赞助商和媒体代表近百人出席了活动。

7月16日 中国凤凰出版传媒股份有限公司与美国出版国际公司在美国芝加哥举行资产交割仪式，凤凰传媒以8000万美元价格收购了后者的儿童图书业务及其位于德国、法国、英国、澳大利亚、墨西哥等国的海外子公司全部股权和资产。通过这次并购，凤凰传媒可以获得美国出版国际公司的电子有声儿童图书出版资源，并获得迪斯尼等国际品牌形象的授权及其全球销售网络。

7 月 17 日 在中央军委委员、海军司令员吴胜利的陪同下，美国海军作战部长乔纳森·格林纳特海军上将一行在大连访问了我海军北海舰队，参观部分舰艇和海军装备，并与海军官兵代表进行座谈和交流。格林纳特表示，将继续推动发展美中两国海军的交流与合作，加强互信，管控分歧。吴胜利在陪同过程中向格林纳特简要介绍了我海军相关情况。吴胜利说，加强舰队尤其是一线部队之间的交流尤为重要，双方应共同努力，共同维护亚太地区的海上和平与稳定。北海舰队司令员袁誉柏全程陪同美方代表团在大连的参观访问。

7 月 17 日 全国人大外事委员会傅莹主任委员会见了来访的美国亚洲协会会长施静书一行。双方就共同关心的问题交换了意见。

7 月 17 日 中国国家创新与发展战略研究会会长郑必坚会长会见亚洲协会会长施静书，就中美关系及两会今后合作与其交换了意见。

7 月 17 日 由中国美术家协会、中国驻休斯敦总领馆和卡特中心共同举办的“庆祝中美建交 35 周年——中国当代国画作品展”在美国亚特兰大卡特中心开幕。画展展出了刘大为、吴长江、杜滋龄等 31 位中国当代美术家的 30 余幅水墨作品。开幕式由卡特中心总裁何迎瀚主持。中国美术家协会秘书长徐里率代表团出席开幕式，美国前总统吉米·卡特、中国驻休斯顿总领事李强民、全美华人协会（NACA）主席李秀兰等莅临开幕现场。

7月18日 中国国家工商总局商标局国际合作司双边处吴洁处长会见了美国专利商标局政策和国际事务部律师韩心洁女士。

7月21日 全国政协副主席、中共中央对外联络部部长王家瑞在北京会见了美国全国商会会长多诺霍。双方就中美关系交换了意见。

7月21—22日 中国国家发展改革委副主任、国家能源局局长吴新雄访问美国。吴新雄与美国能源部部长莫尼兹、白宫核能政策办公室官员等举行了会谈。双方就AP1000项目问题，以及太阳能发电、风电、地热能利用和页岩气开发等深入交换了意见。吴新雄在匹兹堡市会见了美国西屋公司和EMD公司高层管理团队，就AP1000项目设计如何固化、主泵和爆破阀等关键设备制造难题如何解决等进行了交流。吴新雄还实地调研了中国神华集团在美投资开发的页岩气项目。

7月22日 中国国务院总理李克强在人民大会堂会见出席第六轮中美工商领袖和前高官对话的美方代表并座谈。美国全国商会会长多诺霍、前总统国家安全事务助理伯杰、前贸易谈判代表巴尔舍夫斯基以及通用电气、联邦快递、万事达卡国际组织、花旗银行等全球500强企业负责人，分别就中国改革开放和经济发展、中美经贸、金融等合作发表看法。李克强同他们深入交流并回答提问。李克强表示，一个良好的中美关系对彼此有利，也具有全球影响，是中美创造更大全球化利益的空间所在。李克强指出，中国政府统筹稳增长、促改革、调结构、惠民生、防风险，就是要更多运用改革的办法和市场的力量，实现中国经济升级和民生不断改善，这也有利于世界的发展与繁荣。我们将构建更加开放的格局，建设好、管理好上海自由贸易试验区，形成可复制可推广的经验，完善对中外企业一视同仁的公平竞争市场环境。中国愿做国际经贸新体系建设的参与者和贡献者，希望美方以更加开放的姿态为两国深化合作创造更多有利条件。多诺霍等美方代表表示，美中是重要而紧密的合作伙伴，进一步扩大合作将使双方获益，也有利于世界经济增长。中国的改革开放取得巨大成就，为美中合作开辟了广阔空间。美国工商界将继续致力于扩大两国贸易、投资等合作，推动美中关系取得更多成果。

7月22—23日　中国国际经济交流中心和美国全国商会在北京联合主办第六轮中美工商领袖和前高官对话。对话结束后，中国国际经济交流中心和美国全国商会共同发表了《第六轮中美工商领袖和前高官对话联合声明》。

7月22日　中国国家邮政局局长马军胜会见了来京参加第六轮中美工商领袖和前高官对话的美国联邦快递公司首席运营官兼国际业务总裁邓博华。

7月22日　中国海关总署副署长鲁培军在署会见美国联合包裹公司（UPS）国际总裁吉姆·巴伯尔先生。

7月22日　中国保监会副主席周延礼会见美国大都会集团亚洲区总裁克里斯托弗·汤森一行。

7月22—23日　由中国科技部和美国农业部联合主办的中美农业科技合作第十二次联合工作组会议及干旱半干旱地区生态保护与节水战略国际研讨会在宁夏银川召开。美国农业部副部长凯瑟琳·渥特基、中国国家科技部副部长张来武、宁夏回族自治区党委副书记崔波、自治区副主席姚爱兴出席会议。中国科技部和美国农业部相关官员及中美农业科技合作七大优先合作领域、中美旗舰项目牵头专家共20余人参加了会议。会议期间，科技部和美国农业部见证并签署了“中美食品安全联合研究中心合作备忘录”。

7月23日 中国工业和信息化部副部长杨学山会见了美国半导体协会总裁兼首席执行官布莱恩·图希。

7月23—24日 中国工业和信息化部总工程师朱宏任与美国商务部副部长帮办肯·海亚特于7月23日在华盛顿共同主持召开了第二次中美中小企业政策对话会议，双方就促进中小企业创新与发展、支持中小企业的政策措施、国际贸易中的中小企业等议题进行了交流。中国工业和信息化部、中国中小企业国际合作协会、中国驻美大使馆及美国商务部、美国小企业管理局、美国商会（上海）、美国国际汽车工程师学会等中美政府部门及行业组织的代表与会。7月24日，朱宏任与美国商务部西洛杉矶出口援助中心、洛杉矶小企业局、洛杉矶郡经济发展局、洛杉矶港口的代表和美中工商协会举行了两场交流会议，共同探讨促进双方中小企业间的务实合作。

7月23日 宁夏回族自治区主席刘慧在银川会见了来宁出席中美农业科技合作第十二次联合工作组会议的美国农业部副部长凯瑟琳·渥特基。

7月23日 由中国人民对外友好协会主办的“向友谊致敬——二战中美合作图片展”美国尼克松图书馆展出。中国人民对外友好协会会长李小林，美国前总统尼克松的外孙克里斯托弗·尼克松·考克斯，洛杉矶郡郡政委员安东诺维奇夫妇，约巴林达市市长，尼克松图书馆馆长等各界代表近200人出席开幕式。

7月24日 中国科技部副部长曹健林会见了美国能源部前助理部长、现任哥伦比亚大学教授桑德罗先生。

7月25日 中国海关总署副署长孙毅彪在京会见中国美国商会总裁杜骁勇一行。

7月28日 北京市市委书记郭金龙会见了美国NBC环球集

团首席执行官斯蒂芬·伯克一行。

7月29日 为庆祝中美建交35周年，费城交响乐团在中国驻美国大使馆举办了“庆祝中美建交35周年系列活动”新闻发布会。中国驻美国大使馆公使陆慷，美国外交家、费城交响乐团特别顾问卜励德大使，美国国务院公共政策事务代理助卿帮办格蕾塔·莫里斯、媒体代表等40余人出席了发布会。

7月29日 针对美国国务院发布2013年度“国际宗教自由报告”，继续将中国列为“特别关注国家”一事，中国外交部发言人秦刚指出，中国政府依法保障公民的宗教信仰自由，中国人民依法享有宗教信仰自由。我们坚决反对美方无视客观事实，通过发表此类报告歪曲、攻击中国的宗教政策。我们已就此向美方提出严正交涉。我们敦促美方摒弃政治偏见，停止利用宗教问题干涉中国内政。

7月29日 美国“国际领袖基金会”执行长董继玲率参加“2014杰出青年培训计划”的学员一行60余人来中国驻美大使馆参观。吴玺公使向学员们介绍了中国外交、中美关系等有关情况，并回答了大家的提问。

7月30日 中美核安保示范中心项目工程建设成功实现结构封顶。中国国防科工局副局长、国家原子能机构副主任王毅韧出席项目封顶活动并现场检查指导工作。中美核安保示范中心项目坐落于北京市房山区长阳科技园，建设内容包括分析实验楼、环境试验楼、技术展示培训楼、响应力量演练设施、实物保护测试场等设施。

7月30日 广东省深圳市人大常委会副主任刘恩会见了来访的美国伊利诺伊州议会代表团一行。

7月31日 中国国务院副总理刘延东今天在北京会见了美国职业篮球协会（NBA）新任主席亚当·萧华一行。刘延东对

NBA多年来致力于在中国青少年中普及篮球运动以及为中美体育交流所作贡献表示赞赏。她说，体育是振奋精神、塑造人格的有效途径，也是国与国友好关系的催化剂和润滑剂。中美建交35年来，体育交流对促进两国关系发展发挥了独特作用。希望NBA继续加强与中国的交流与合作，为提高中国篮球项目的普及与竞技水平、为构建中美新型大国关系发挥更大的作用。

8月

8月1日 由中国国家科技部和美国国务院主办、中国科学技术交流中心承办的第六届“中美青年科学论坛”在北京举行。会议由中国科学技术交流中心王艳副主任主持，中国科技部国际合作司陈霖豪副司长、美国驻华使馆科技参赞马修·施克出席并致辞。来自国家自然科学基金委的相关代表和中科院、清华大学、北京大学、中国建筑科学研究院等单位的近60位青年学者，以及参加“2014中美科技人员交流计划”的40位美方青年学者参加了此次活动。

8月1日 上海市人大常委会副主任钟燕群会见了来访的美国伊利诺伊州议员代表团一行。

8月4日 美国美敦力公司全球首个创新血液透析系统开发生产项目在成都高新区启动。启动仪式后，成都市市长葛红林会见了美敦力公司董事长兼首席执行官奥马尔·伊什拉克及公司管理团队。

8月5—8日 美国海军“兰岭”号两栖指挥舰抵达中国青岛进行为期3天的访问。北海舰队在码头举行欢迎仪式，济南军区副司令员兼北海舰队司令员袁誉柏少将，美海军第七舰队司令托马斯中将，“兰岭”号舰长麦考马克上校以及北海舰队官兵代表、美海军代表团成员等200余人出席。访问期间，中美官兵举行了相互参观军舰、军官代表座谈，以及拔河、篮球、足球比赛等交流活动。8月8日，“兰岭”号与我海军“盐城”号导弹护卫舰在青岛外海举行了海上搜救、通信等科目演习。

8月6日 中国驻纽约总领事馆程雷代总领事应邀出席了中国南方航空股份有限公司在纽约举行的开通广州—纽约直达航班首航接机仪式。

8月7日 中国国务院发展研究中心李伟主任会见了美国驻华大使博卡斯一行。

8月7日 中国驻旧金山总领事袁南生在安克雷奇拜会阿拉斯加州州长帕奈尔。双方就中国与阿拉斯加州关系交换了意见。

8月8日 中国外交部部长助理郑泽光应约会见来华访问的美国国会众议院司法委主席古德莱特率领的议员代表团。双方就中美关系、经贸合作及其他共同关心的问题交换了意见。

8月8日 中国国家知识产权局副局长贺化在京会见了美国众议院司法委主席罗伯特·古德莱特一行。

8月8日 针对美国国务院发言人哈夫8月7日就中方完成西沙海域5个岛礁的灯塔（桩）建设实地勘测选址工作时称，美方长期以来坚持认为领土争端应通过和平与外交的方式得以管控与解决，并应遵守国际法一事，中国外交部发言人华春莹表示，西沙群岛、南沙群岛都是中国固有领土。长期以来，中国在西沙、南沙岛礁上建设和维护灯塔等助航设施，是保障过往船只航行安全的必要措施，是中国依据有关国际规则需要从事的公益活动，无可非议。

8月9日 中国外交部长王毅在缅甸首都内比都出席东亚合作系列外长会期间会见美国国务卿克里。王毅表示，当前中美关系总体保持稳定发展。中方愿与美方一道，推动各领域务实合作取得新进展，共同应对国际上的各类热点问题，坚持以建设性方式处理分歧，确保中美关系沿着构建新型大国关系的正确方向向前发展。王毅强调，中美同为亚太大国，双方合作对地区形势具有重要影响。关于南海问题，王毅表示，中方将坚定不移维护国家主权和海洋权益，同时致力于通过对话协商与相关国家解决分歧。克里表示，美方愿增进两国战略互信，推进广泛领域务实合作，扩大人文交流，保持在国际事务中的密切协调。美方不会在南海问题上选边站队，希望看到本地区保持和平与稳定。双方还就乌克兰、巴以冲突等问题交换了意见。

8 月 10 日 由参加完“环太平洋－2014”演习的中国海军导弹驱逐舰海口舰、导弹护卫舰岳阳舰和综合补给舰千岛湖舰组成的舰艇编队，在编队指挥员沈金龙少将的率领下，抵达美国西海岸城市圣迭戈，开始为期 5 天的友好访问。访问期间，中美两国海军进行了广泛的交流活动。中国海军副司令员田中中将与编队指挥员沈金龙少将拜会了美国海军第三舰队司令，编队指挥员沈金龙少将还拜会了美国海军西南地区司令和圣迭戈市市长等军地领导。中美两国海军官兵相互参观军舰、开展体育友谊赛。此外，双方还举行了欢迎招待会、甲板招待会等活动。

8 月 10—31 日 北京京剧院赴美国纽约和华盛顿举办“双甲之约——纪念梅兰芳诞辰 120 周年”巡回演出。8 月 26 日，中国驻美国大使崔天凯在驻美使馆举办招待会，欢迎来美开展巡演的北京京剧院梅兰芳京剧团一行。梅兰芳京剧团团长梅葆玖率出访团出席了招待会。

8 月 11 日 中国外交部副部长张业遂分别会见正在华访问的美国会参院财委会主席怀登和佛罗里达州民主党联邦众议员弗兰克尔一行，双方就中美关系和共同关心的国际地区问题交换了意见。外交学会会长杨文昌、外交部部长助理郑泽光、美国驻华大使博卡斯等参加。

8月11日　“外交学会与美国国会”图片展暨招待会在钓鱼台国宾馆举办。中国外交部副部长张业遂、外交学会会长杨文昌、美国驻华大使博卡斯等出席并致辞。“外交学会与美国国会”图片展暨招待会由中国人民外交学会主办，美国美亚学会、美亚基金会、美中政策基金会、美中关系全国委员会协办。国内有关单位代表、来华访问的美国国会议员代表团和国会议员助手代表团等200余人出席。

8月11日　应全国人大外事委员会的邀请，乔西·申克曼等美国国会议员助手代表团一行13人访华。全国人大外事委员会陈小工委员会见了代表团。

8月12日　中国驻美国大使馆陆慷公使应邀出席美中贸委会“中国驻美国使馆演讲者系列”活动，介绍了第六轮中美战略与经济对话主要情况，并就中美关系、中美经贸关系有关问题进行了交流。

8月12日　中国驻美国大使馆李杰公使出席西安市与蒙哥马利郡结为友好城市庆祝活动。蒙哥马利郡郡长艾克·莱格特、美国国际姐妹城协会总裁兼首席执行官阚玛丽、马里兰州华裔众议员、多数党副党鞭李凤迁、美国华盛顿中国西北同乡会会长李辉，以及我馆查立友参赞等近百名嘉宾出席。

8月13日　中国国家食品药品监督管理总局副局长焦红会见了来访的美国国会能源和商业委员会名誉主席乔·巴顿和众议员莱昂纳德·兰斯一行。

8月13日　中国大学生篮球全明星队在上海交通大学迎战美国帕克十二联盟全明星队。此次活动是由中国教育部、中国大学生体育协会共同举办，上海市教委、上海交通大学承办。这场友谊赛也拉开了“第三届中美大学生体育文艺周”的序幕。

8 月 14 日 中国外交部副部长李保东会见美国对话基金会主席康原，就中美人权领域交流等问题交换意见。

8 月 14 日 中国国家食品药品监督管理总局副局长吴浈会见了来访的美国食品药品管理局副局长霍华德·斯科兰伯格一行。

8 月 15 日 中国外交部阿富汗事务特使孙玉玺在华盛顿会见美国白宫国家安全委员会中国事务主任何瑞恩、阿巴事务主任黛安蕾，双方就阿富汗问题交换了意见。同日，孙玉玺特使在华盛顿会见美国国务院阿巴事务特别代表费尔德曼，双方就阿富汗选举、阿和平和解进程、反恐合作等问题交换意见。

8 月 15 日 全国人大外事委员会傅莹主任委员在北京人民大会堂会见了以美国国会众议院交通与基础设施委员会主席舒斯特为团长的美国国会众议院交通与基础设施委员会代表团。

8 月 15 日 中国交通运输部副部长、国家铁路局局长陆东福在北京会见了以美国国会众院交通与基础设施委员会主席舒斯特为团长的美国国会众院代表团。

8 月 16 日 中国国务院总理李克强在人民大会堂会见美国国会众议员舒斯特率领的议员代表团。李克强表示，面对复杂多变的国际形势，中美两国要坚持相向而行，加强政府、议会、政党等交往与互动，深化互利务实合作，应对国际、地区问题以及全球性挑战，本着相互尊重、聚同化异的精神妥处分歧，推动两国关系平稳健康发展。中方愿积极参与美国交通基础设施升级换代，通过合作实现互利共赢。舒斯特表示，美中是世界上两个最大经济体，两国关系十分重要。美国欢迎中国在国际和地区事务中发挥更大作用，愿同中方增进相互了解和信任，扩大互利合作，共同应对挑战。在座的美国议员愿意全面了解中国，为美中关系发展发挥积极作用。李克强还就中国经济形势、中美合作以及共同关心的国际、地区问题回答了议员们的提问。美国议员代表团是应外交学会邀请访华，系近年规模最大的美议员访华团之一。

8 月 16—17 日 美国德克萨斯州故事书剧团童话剧《两只小猪和大灰狼》作为第四届中国儿童戏剧节参演节目在中国儿童剧场上演。

8 月 17 日 中国驻洛杉矶总领事刘健出席由美国华人联合总会和美国周恩来和平基金会联合举办的“纪念中美建交 35 周年暨中美友好论坛”并发表演讲。美国国会众议员赵美心、加州参议员刘云平、众议员周本立、夏威夷州前众议长等出席并致辞。来自美国加州、夏威夷州政界、商界、侨界等 200 余名嘉宾出席论坛。

8 月 18 日 中国驻纽约总领事孙国祥会见了美国亚洲协会会长施林。

8 月 19—27 日 中美主管部门间第二次卫星网络协调会谈在美国华盛顿举行。中国代表团由中国工业和信息化部无线电管理局黄颖处长担任团长，成员来自工业和信息化部无线电管理局、国家新闻出版广电总局、中国科学院、中国气象局、国家无线电监测中心、中国卫星导航定位应用管理中心、航天东方红卫星有限公司、中国电子系统工程公司等单位。美国代表团由联邦网络代表团和非联邦网络代表团组成，美国国家电信和信息管理局（NTIA）的布兰登·米切尔先生和联邦通信委员会（FCC）的罗凯·帕特森先生分别担任联邦网络代表团和非联邦网络代表团团长，成员来自美国国家电信和信息管理局（NTIA）、联邦通信委员会（FCC）、美国陆军频谱管理办公室、美国陆军空间和导弹防卫指挥部、美国海军频谱管理中心、美国空军频谱管理办公室、Alion 公司、Exelis 公司、Intelsat 公司、

Iridium 公司、Planet 实验室等。会谈期间，中美双方在无线电规则框架下，就卫星固定业务、卫星移动业务、卫星广播业务、卫星气象业务和空间研究业务的 86 项议题、284 个卫星网络进行了技术讨论。经过双方的共同努力，厘清了双方众多卫星网络的协调关系，并基本完成了轨位间隔较大的卫星网络的协调。对于某些轨位间隔较小的卫星网络，双方初步交换了技术分析结果并约定继续通过信函和会谈进行协调。

8 月 19 日　中国国务院侨办主任裘援平在北京钓鱼台国宾馆会见了美国泉恩集团董事长王文祥。

8 月 20 日　第三届中美安全生产与职业健康对话在北京召开。中国国家安全监管总局副局长孙华山、美国劳工部副部长约瑟夫·梅恩出席对话并致辞，国家安全监管总局总工程师王树鹤主持对话。中国国家安全监管总局有关司局、国际交流合作中心有关代表，美国劳工部、驻华大使馆有关代表等共 30 余人参加了对话，双方围绕危险化学品、煤矿和安全生产标准化等议题展开了深入交流。

8 月 20 日　美国海军太平洋舰队军官前往正在夏威夷火奴鲁鲁港补给物资的中国“海洋六号”科学考察船进行礼节性交流。中国大洋 32 航次第二航段临时党委书记刘方兰、“海洋六号”船长蓝明华、首席科学家邓希光等，向来访军官介绍了“海洋六号”基本情况，并陪同客人参观了“潜龙一号”、温盐深测量仪等调查设备。

8 月 21—23 日　中国民航局局长李家祥赴美与美国联邦航空局局长胡尔塔举行了会谈。双方表示将在空中交通管理、航空安全信息共享等方面深化交流与合作，双方将利用中美航空合作项目（ACP）常设委员会这一机制开展定期高级别交流。随后，李家祥局长与胡尔塔局长共同签署了两国民航局之间旨在建立中美民航伙伴关系的会谈纪要。李家祥一行还参观了美国空管系统指挥中心（ATCSCC）。在美期间，李家祥还与美国运输部门德斯代理部长就发展中美航空运输关系交换了意见。

8 月 21 日　中国驻美大使崔天凯在华盛顿会见德克萨斯州州长佩里，双方就推动德州对华经贸合作等交换意见。

8 月 21 日　中国驻美国大使馆吴玺公使出席在华盛顿卡内基图书馆举办的“纪念中美建交 35 周年暨叶剑英元帅生平事迹展”活动。活动由美国华人联合总会、大华府南通同乡会共同主办。出席活动的嘉宾包括叶剑英元帅的女儿凌孜女士、美国前总统国家安全事务助理罗伯特·麦克法兰等。

8 月 21 日　湖南省省长杜家毫在长沙会见了美国亮点基金会主席、中实集团公司共同主席尼尔·布什一行。

8 月 22 日　中国财政部朱光耀副部长在京会见了美国财政部副部长科恩。

8 月 22 日　中国工业和信息化部副部长杨学山会见了美国美满电子科技公司首席技术官吴子宁。

8 月 22 日　中国教育部副部长郝平会见了耐克集团全球副总裁豪尔赫·卡西米罗先生一行。

8 月 22 日　中国驻美大使崔天凯在卡特中心拜会美国前总统卡特。中国驻美国使馆公参王燚侠、中国驻休斯敦总领事李强民、卡特中心总裁何迎瀚等出席会见。

8 月 22 日　中国驻美大使崔天凯在亚特兰大分别会见美国联邦参议员钱伯利斯和艾萨克森。中国驻美国使馆公参王燚侠、中国驻休斯敦总领事李强民、钱伯利斯参议员的选区办公室主任诺利斯、艾萨克森参议员的立法助理苏利文等参加会见。

8 月 23 日　河南省省长谢伏瞻在郑州国际会展中心会见了上海纽约大学校长杰弗里·雷蒙。

8月25—9月2日 中国地震局和美国国际开发署国际灾害援助办公室在北京和成都举办联合国搜索与救援咨询团亚太地区搜救演练，来自中国、东盟成员国及联合国搜索与救援咨询团亚太地区搜救队约80名代表参加了演练。

8月25—26日 由中国教育部、中国大学生体育主办，华北电力大学承办的“全国学校篮球教练员高级培训班”在华北电力大学举办。华北电力大学副校长孙忠权，中国大学生体育协会常务专职副主席兼秘书长杨立国、专职副主席王晓毅，北京市大学生体育协会主席杜松彭与美国国际大学生体育联合会官员尼尔森·赫金森出席了开班仪式。这一活动吸引了来自于全国学校系统约200名教练前来参加培训。

8月26日 中国国家海洋局局长刘赐贵在厦门会见了前来出席亚太经合组织第四届海洋部长会议的美国副助理国务卿大卫·博尔顿大使一行。

8月26—28日 由中国科技部和美国环保署共同举办的中美环境研究联合工作组会议在北京召开。本次联合工作组会由中国科技部主办，21世纪中心和清华大学联合承办，美国驻华使馆提供支持，来自美国环保署及下属国家实验室、中国科技部、清华大学、浙江大学、中国科学院、中国环境科学研究院等单位的60余位专家学者参加了此次会议。科技部社会发展司司长马燕合和美国环保署助理署长莱克·卡德里共同主持了会议开幕式。与会专家汇报了中美双边环境科技合作框架协议下第一批启动的7个项目的进展并做了充分讨论。会议期间，中国科技部王伟中副部长会见了莱克·卡德里助理署长一行并就中美环境联合研究进行了磋商。

8月27日 中国商务部部长高虎城会见了美国贸易代表弗罗曼。

8月27—29日　应中国人民外交学会邀请，由美亚基金会组织的2014年第五批美国国会议员助手代表团一行访问四川。四川省外事侨务办副主任谭欣会见了代表团。

8月27日　“第20批美中友好志愿者宣誓仪式”在成都举行。中国教育国际交流协会副秘书长宗瓦和美国驻中国大使馆代办康达先生出席并讲话。美中友好志愿者项目向我国四川省、贵州省、甘肃省、重庆市派遣志愿教师，在项目院校从事为期2年的英语教学工作。

8月28日　马萨诸塞州参、众两院通过法定程序把2014年8月28日命名为“广东广州—马萨诸塞州波士顿日”。当日，广州粤海第一关纪念馆举办了“跨越大洋”图片展，纪念“中国皇后号”首航广州230周年。广州市市长陈建华会见了来访的美国马萨诸塞州州长特使、马萨诸塞州外经贸厅厅长理查德·艾朗率领的代表团一行。陈建华接受了由波士顿市长特使、波士顿市经济发展署署长约翰·巴洛转交的波士顿市长的亲笔信和建筑师潘德明赠送的“广州日”纪念牌匾。双方签订了《广州市与波士顿市加强友好合作交流备忘录》。

8月28日　中国国家遥感中心与美国地质调查局签署了的中美遥感技术合作意向书。

8月28日　针对“美军机抵近侦察”一事，中国国防部新闻发言人杨宇军指出，所谓的“中国战机起飞拦截美军侦察机”这种说法并不成立，因为这一事件的实质是美军飞机对中方频繁抵近侦察。杨宇军说，事件发生在距离中国海南岛220公里处，不是距离美国夏威夷220公里，更不是距离佛罗里达220公里，因此事情的是非曲直是显而易见的。中方飞行员的操作是专业的、顾及到了安全因素的。杨宇军重申，美军对华高频度抵近侦察是引发海空意外事件的根源，中方敦促美方减少直至停止对华抵近侦察活动。近年来，美军舰机对华抵近侦察范围大、频度高、距离近，中国军队在有关海空域举行演习、训练或试验时，美方常常不请自来，有时甚至闯入中方事先公布的演习或者训练区域。美方这种行为极易引发误解误判，可能造成海空意外事件，也不利于中美两军之间的互信。中方一贯重视发展中美两军关系，美方也应从构建中美新型大国关系和新型军事关系的高度出发，采取切实举措，为中美两军关系的发展营造良好氛围。针对“美方的抵近侦察一向公开透明并提前通知中方”的说法，杨宇军表示，美军舰机对华抵近侦察活动从来没有向中方通报过，而如果一种行为是错误的，无论其是否透明、是否向其他国家通报，都不能够改变这种行为的错误性质。

8 月 28 日　四川省广安市市委书记侯晓春会见了来访的美国哈佛大学费正清东亚研究中心原主任，著名社会学家、汉学家傅高义一行。

8 月 28 日　应中国大学生体育协会邀请，美国德雷塞尔大学队来华和北京工业大学、北京体育大学进行访问交流。

8 月 28—29 日　中国外交部部长助理郑泽光率团赴美举行工作磋商。期间，郑泽光分别会见了美国国务院和白宫国家安全委员会官员。双方就中美关系和共同关心的国际地区问题深入交换看法。

8 月 31 日　“文化中国·锦绣四川·藏区新貌”大型图片展暨文化周活动在洛杉矶市威斯汀酒店举行。中国驻洛杉矶总领事刘健、四川省委常委、省政府高级顾问范锐平，美国联邦众议员赵美心、加州议员周本立等各界人士近五百余人出席了开幕式。

9月

9月1日 中国国家统计局局长马建堂会见了美国能源部副部长丹尼尔·庞曼先生率领的美国能源部代表团。

9月1日 中国国防科工局副局长、国家原子能机构副主任王毅韧与美国能源部副部长波纳曼在京举行会谈。双方就AP1000项目进展、核安保示范中心建设等问题交换了意见。

9月2—6日 中国国务院台湾事务办公室主任张志军主任赴美进行工作访问。张志军主任先后会见了美国国务院、白宫官员、美国前政要及知名智库学者，向美方介绍了两岸关系和平发展取得的进展，希望美方恪守一个中国政策和中美三个联合公报，继续支持两岸关系和平发展，妥善处理有关问题，为增进中美战略互信、构建新型大国关系注入新能量。美方表示，在台湾问题上将一如既往地坚持一个中国政策，恪守中美三个联合公报，积极评价6年来两岸关系和平发展取得的成果，欢迎并鼓励两岸关系良好势头能够继续保持下去。访问期间，张志军还与旅居纽约和旧金山的侨胞代表进行了交流。

9月2日 中国教育部副部长郝平会见了美国职业篮球协会（NBA）中国首席执行官舒德伟一行。

9月2日 针对美国商会称，中国通过不透明的法律和规则针对外国公司开展反垄断调查，致使外国公司在华投资环境日益恶化一事，中国外交部发言人秦刚表示，反垄断不只是中国一个国家的做法，在其他国家也都存在。反垄断是为了维护消费者权益，为了创造一个更加公开、公平、公正的市场竞争环境。中方有关部门在进行反垄断调查并采取相关措施的时候，也是完全依照中国有关法律进行的，是透明、公正的。中国将一如既往地欢迎外国公司和企业参与中国的市场竞争，开展各种各样的合作。我们愿意为他们创造良好的投资环境，同时也要求外国公司和企业在华遵守中国的法律法规。

9月3日　针对美国国务院发言人2日称，美方支持根据基本法在香港实现普选。美方相信，拥有尽可能的高度自治和实行法治的开放社会，对香港的稳定和繁荣至关重要一事，中国外交部发言人秦刚指出，按照中国全国人大常委会就香港特别行政区行政长官实行普选办法做出的决定，实现行政长官普选是香港民主发展的历史性进步。在有关问题上，中央政府的立场已经非常清楚了。他强调，香港特别行政区行政长官普选事关香港长期繁荣稳定，也关系到中国的主权、安全和发展利益，维护香港的长期繁荣稳定符合包括美方在内的国际社会的共同利益。他还强调，香港政改问题是中国的内政，不容任何外部势力进行干涉。我们希望国际社会能够客观、积极地看待中国全国人大常委会的有关决定，做有利于香港长期繁荣稳定的事情。

9月3日　中国教育部副部长郝平会见了美国约翰·霍普金斯医疗集团首席执行官、约翰·霍普金斯大学医学院院长保罗·罗斯曼一行。

9月3日　中国保监会主席项俊波会见美国约翰·霍普金斯医疗集团首席执行官、约翰·霍普金斯大学医学院院长保罗·罗斯曼一行。

9月4日　中国国家卫生计生委主任李斌在京会见了美国约翰·霍普金斯医疗集团首席执行官、约翰·霍普金斯大学医学院院长保罗·罗斯曼一行。

9月4日　中国国家发展改革委副主任、国家能源局局长吴新雄会见了来华出席APEC第11届能源部长会议的美国能源部副部长庞曼，双方就中美核能领域合作深入交换了意见，并共同签署了《中国国家能源局与美利坚合众国能源部关于在中国实验快堆开展联合辐照实验的意向声明》。

9月4日 中国国务院侨办主任裘援平在京会见了美国百人会常务理事、美中文化协会主席杨雪兰一行。

9月4日 由中国人民对外友好协会举办的“纪念中美建交35周年招待会”在人民大会堂举行，中国国家副主席李源潮出席并会见来华参加纪念活动的美国前总统卡特。李源潮说，中美建交35年来，两国关系得到历史性发展。双方应认真落实两国领导人重要共识，坚定不移沿着构建中美新型大国关系的正确方向走下去，坚持不冲突不对抗、相互尊重、合作共赢的方针，推动中美关系在今后更加健康地发展。卡特表示，作为美中关系发展的见证者，愿为推动美中友好事业继续努力。会议邀请了中国国家领导人、美国前总统卡特、两国政府、学术、企业界代表及有关友好组织和人士、青少年代表等出席。

9月4日 以“构建中美新型大国关系”为主题的中美关系研讨会在北京举行。会议由中国人民对外友好协会主办。中国全国政协前副主席、中美友协会长徐匡迪、中国人民对外友好协会会长李小林、外交部部长助理郑泽光、美国前总统吉米·卡特夫妇、美国驻华大使博卡斯等出席研讨会。徐匡迪和卡特应邀进行了主旨发言。徐匡迪表示，构建中美新型大国关系，双方应从“增进互信、相互尊重；平等互利、深化合作；根植民众、加深友谊；立足现实、着眼长远”等方面努力，共同解决问题，促进两国关系稳定发展。卡特表示，世界经济空间很大，能够容下中美两国共同发展。作为中国人民的老朋友，将继续推动美中两国友好合作与交流。中美政、学、商等各界代表约120人出席研讨会，并围绕全球化背景下的中美关系、经贸投资一体化、气候变化及能源等议题进行了讨论和交流。

9月4日 北京市市长王安顺会见了华盛顿市市长文森特·

格雷一行。

9月4—6日 8月27日起，负责经济和工商事务的美国助理国务卿查尔斯·瑞弗金先后对泰国、缅甸、新加坡、中国香港和中国大陆展开了访问，访问重点是商业贸易合作。其中，9月4—6日对北京的访问是他亚洲之行的最后一站。在京期间，瑞弗金与中国商务部的有关高级官员进行了会晤，就中美双边投资协定交换了意见。瑞弗金还与中美企业家代表举行了会谈。

9月4—12日 “跨越太平洋·中国吉林文化周”活动先后在加拿大里贾纳、温哥华和美国洛杉矶、旧金山等地举行。在美国洛杉矶和旧金山举办“中国吉林文化周”期间，美国加州众议员、洛杉矶郡代表、圣盖博市市长、帕萨迪纳市市长、阿罕布拉市长、优巴林达市长、核桃市市长、柔似蜜市市长、阿拉米达市市议员、圣利安卓市副市长、南加州大学美中学院校长、亚太博物馆馆长等20余位嘉宾出席开幕式、音乐会、图片展、图书展及非遗展等活动。

9月5日 中国工业和信息化部总工程师朱宏任在南京会见了出席APEC第21次中小企业部长会议的美国代表团团长、商务部首席副助理部长约翰·安德森。

9月5—14日 由中国美术家协会与美国卡特中心共同主办的“中国美术家眼中的美国——当代中国美术作品展”于9月5日在炎黄艺术馆开幕。美国前总统吉米·卡特夫妇、中国文联副主席左中一、中国美术家协会主席刘大为出席开幕式并致辞。此次活动邀请了70余位中国画名家以美国为题材进行了主题创作，共展出作品76件，展现出中美两国美术交流的创新和成果。9月14日展览结束后，由清华美院教授王宏建创作的卡特肖像《和平之旅》被作为礼物赠送给卡特中心收藏。

9月6日 由鹰龙传媒有限公司举办的第十五届“欢乐家庭

贺中秋暨中美文化艺术节”在洛杉矶开幕，中国驻洛杉矶总领事刘健夫妇、吉林省文化厅厅长林君、美国国会众议员赵美心、加州众议员周本立和海格曼等出席了活动。

9月8日 中国国务委员杨洁篪在北京钓鱼台国宾馆同美国总统国家安全事务助理赖斯举行会谈。杨洁篪表示，今年7月，习近平主席同奥巴马总统通电话，两国元首同意继续推进中美新型大国关系建设。第六轮中美战略与经济对话和第五轮中美人文交流高层磋商取得重要成果。下阶段，双方要认真落实两国元首重要共识，不断增进战略互信，加强各领域务实合作和交流，妥善管控分歧和敏感问题，确保中美关系沿着不冲突不对抗、相互尊重、合作共赢的方向健康发展。中方欢迎奥巴马总统11月来华出席亚太经合组织领导人非正式会议并访华，愿同美方加强沟通与配合，确保访问取得成功。两国近期还有一系列重要交往和磋商，希望双方共同努力，推动取得积极成果。赖斯表示，美中关系对美国很重要。美方把美中关系置于优先位置，希望同中方继续保持高层对话，就涉及双边、地区和全球的广泛议题进行全面、深入讨论，共同致力于构建美中新型大国关系，这符合美中双方的利益，也符合国际社会的利益。奥巴马总统十分期待今年11月来华出席亚太经合组织领导人非正式会议并访华，相信这次访问将成为美中关系发展进程中重要的里程碑。双方同意拓展两国在经贸、反恐、两军、人文等领域合作，加快推进双边投资协定谈判。双方一致认为，两国应就气候变化、粮食安全、抗击埃博拉疫情、维和等问题加强协调与合作。双方还就当前国际形势、朝鲜半岛核、伊朗核、阿富汗、中东等问题深入交换看法，杨洁篪阐述了中方的原则立场。

9月9日 中国国家主席习近平在人民大会堂会见美国总统

国家安全事务助理赖斯。习近平请赖斯转达对奥巴马总统的问候和祝愿。习近平强调，在当前复杂多变的国际形势下，加强中美合作愈显重要。中方愿意同美方一道，构建中美新型大国关系，使中美关系沿着不冲突不对抗、相互尊重、合作共赢的轨道持续健康发展。习近平指出，构建中美新型大国关系就像建造一座大厦，首先要夯实战略互信基础。中国人民正在为实现中华民族伟大复兴的中国梦而奋斗。使 13 亿中国人民过上幸福美好的生活，是我们的所思所想。我们比任何时候都需要一个和平稳定的外部环境，中国坚定不移走和平发展道路。中美要加强对话，增进了解，尊重和照顾彼此核心利益和重大关切，妥处分歧、减少摩擦。习近平强调，构建中美新型大国关系大厦需要不断添砖加瓦。中美两国拥有广泛共同利益，对世界和地区和平、稳定、繁荣都肩负重要责任。两国应该合作、可以合作的领域很多。双方要扩大和深化经贸、金融、基础设施建设、安全、人文等领域交流合作，加快双边投资协定谈判，发展两军关系，加强在气候变化、反恐以及重大国际地区热点问题上的沟通与协调。习近平表示，我期待奥巴马总统 11 月来华出席亚太经合组织领导人非正式会议并访华，愿同他就中美关系及共同关心的重大问题深入交换意见。相信在双方共同努力下，奥巴马总统此行将会取得积极成果。

赖斯向习近平转达了奥巴马总统的问候。赖斯表示，奥巴马总统坚信，美中关系是当今世界最重要的双边关系之一。解决当前各种全球性问题和挑战，离不开美中合作。美方坚定致力于加强美中合作，推进新型大国关系建设。我非常赞同习近平主席将美中新型大国关系比喻为一座大厦，美方愿意同中方一道，为这座大厦打牢地基、添砖加瓦。美方希望同中方进行坦诚的对话，增进互信，管控好分歧和摩擦，不让它们妨碍两国合作。美方希望同中方促进两国人民交往，深化经贸关系和其他各领域务实合作，加强在重大国际和地区问题上的沟通与协调。奥巴马总统非常期待今年 11 月来华出席亚太经合组织领导人非正式会议并访华，期待同习近平主席进行会晤。相信这次访问将进一步加强和深化美中建设性合作，为两国人民和世界人民带来更多福祉。国务委员杨洁篪参加会见。

9 月 9 日 中国外交部长王毅在外交部会见美国总统国家安全事务助理赖斯。双方就中美关系及两国重要访问等问题充分交换了意见。王毅表示，中美两国都是联合国安理会常任理事国，有必要保持经常性战略沟通，共同维护世界和平与稳定。中方高度重视今年 11 月奥巴马总统将来华出席亚太经合组织领导人非正式会议并访华，愿同美方加强沟通合作，做好准备工作，确保此访取得积极成果，对外发出明确、积极信号，表明中美两国完全可以进行真诚合作，中美合作将使这个世界更加和平、更加稳定。双方应切实落实两国元首达成的重要共识，加强在双边以及国际和地区事务中的务实合作和沟通协调，将致力于发展中美新型大国关系的积极意愿转化为实实在在的政策行动和合作成果。赖斯表示，美方坚定致力于与中国发展富有成果和互利共赢的关系，奥巴马总统期待着今年 11 月来华出席亚太经合组织领导人非正式会议并访华。我此次专程来华，就是为了与中方就双边及全球的广泛议题进行深入对话，加强协调，为奥巴马总统即将对中国的访问做充分准备。美方重申欢迎一个长期稳定、和平繁荣的中国崛起，支持中方在国际事务中发挥负责任的作用，愿与中方共同努力推进新型大国关系建设。双方还就共同关心的问题交换了意见。

9 月 9 日 中央军委副主席范长龙在京会见美国总统国家安全事务助理苏珊·赖斯。范长龙指出，当前，中美两军关系总体发展顺利。希望美方正确看待中国军队的正常发展，妥善管控双方分歧，减少直至停止舰机对华抵近侦察活动，以实际行动推动中美新型军事关系健康发展。赖斯说，两国应尽可能减少存在的分歧，寻找新的方法开展更加有效的合作，不断深化两国两军关系。

9月9日 全国政协副主席、中共中央对外联络部部长王家瑞在北京会见美国德克萨斯州州长佩里，双方就政党交往与地方合作交换了意见。

9月9日 中国商务部部长高虎城与美国德克萨斯州州长里克·佩里在北京举行会谈。

9月9日 美国生态学会主席、马里兰大学生物系教授戴维·井上应邀到中国林科院森林生态环境与保护研究所开展学术交流。

9月9日 中国教育部副部长郝平会见了美国十万强基金会主席麦基弗特和美国马歇尔大学基金主席泰勒一行。

9月9日 江苏省无锡市市长汪泉会见了美国卡特彼勒公司集团总裁史迪夫·武宁一行。

9月9日 美国前总统吉米·卡特携其夫人罗斯琳·卡特女士和美国卡特中心人员一行访问复旦大学并在美国研究中心发表演讲。中国人民对外友好协会会长李小林、副会长谢元陪同卡特总统到访。复旦大学校长杨玉良、副校长冯晓源在美国研究中心会见了卡特总统一行，对他们访问复旦表示热烈欢迎。卡特中心现任CEO梅·安·彼得斯，前任CEO约翰·哈德曼，卡特中心中国项目主任刘亚伟等人也参加了会见。中心主任吴心伯教授参与接待，并主持了当天的演讲活动。当天，美国研究中心和美国卡特中心还正式签署合作协议，将协同开展“中美新型大国关系”的研究。

9月9—11日 2014中美青年高峰论坛在上海举办。美国前总统吉米·卡特、中国侨联副主席乔卫、中国前驻美大使李道豫等应邀出席。本次论坛由中国华侨公益基金会、北京大学中美人文交流基地、上海市华侨事业发展基金会、上海市对外文化交流协会、美国“十万强”基金会共同主办，复旦大学国际关系与公共事务学院承办。来自中美两国的60名青年学生参加了此次活动。

9月9日 美国国家地理学会在中国驻美国大使馆举办了全球合作伙伴大会招待会。国家地理学会负责人、来自全球40多个国家和地区的合作伙伴代表、美前驻华大使尚慕杰、一些国家驻美使节等近300人出席了招待会。中国驻美国大使崔天凯和美国前总统吉米·卡特分别为招待会发来贺词。中国驻美国大使馆临时代办陆慷、国家地理学会首席执行官盖里·耐尔出席招待会并致辞。

9月9日 由中国对外承包工程商会和美国德克萨斯州州政府共同举办的“投资德州论坛”在北京举行，中美双方政府、商协会和企业代表参加活动。商务部部长助理张向晨与德州州长佩里在论坛上分别致辞，并共同签署了《中国省与美国德克萨斯州合作备忘录》，宣布成立“中国省与美国德州贸易投资合作联合工作组”。全国友协和天津、福建、江苏、山东和四川等5省市代表参会并共同见证签字仪式。

9月10日 中国国务院副总理张高丽在人民大会堂会见了美国德克萨斯州州长佩里。张高丽说，当前中美关系保持稳定发展势头，两国在经贸、人文、能源、环保、地方等领域的务实合作取得新进展，就重大国际问题保持沟通和协调。双方应继续推进中美新型大国关系建设，深化务实合作，推动中美关系始终沿着健康稳定轨道向前发展，造福两国人民和世界人民。

张高丽指出，构建中美新型大国关系离不开两国地方间交流合作，希望德州同中国有关省市加强经贸、投资、能源、医疗、高科技等领域合作，为中美交流合作注入新动力。佩里表示德州重视对华关系，愿意积极发展对华务实合作，促进中美关系健康发展。

9月10日 中国人民对外友好协会会长李小林会见了美国德克萨斯州州长佩里一行。

9月10日 “犹太难民与上海”展览开幕式在美国休斯敦贝斯会堂举行。中国驻休斯敦总领事李强民、上海市政协副主席周太彤，上海犹太难民代表乐温逊、德克萨斯州众议员特纳、吴元之、联邦众议员麦考尔代表斯特朗、休斯敦市长代表贝塞尔、休斯敦贝斯会堂拉比莱恩、全美犹太人委员会休斯敦分会执行主任查林斯基，以及多国驻休领团、休斯敦犹太社团、华人社团、亚洲协会代表等200多人出席此次活动。本次展览由全美犹太人委员会休斯敦分会、贝斯会堂和上海犹太难民纪念馆共同举办，展期2个月。

9月10日 由中国公共外交协会主办的“中国企业走进美国”论坛在上海市举行。中国公共外交协会会长李肇星、上海市常务副市长屠光绍、外交部部长助理刘建超、美国驻上海总领事史墨客、美国华盛顿市市长文森特·格雷等出席。

9月10日 首届“跨越太平洋——中国艺术节”在中国驻旧金山总领馆开幕。中国驻旧金山总领事袁南生、中国对外文化交流协会董俊新副会长以及密尔布瑞市副市长、佛利蒙市市长代表等出席招待会并致辞。文化部部长蔡武、中国文联副主席赵实、中国电影家协会副主席康建民等为艺术节发来贺信。吉林省交响乐团以及美国华人文化艺术界联盟、北加州华体会、美国华商总会、戴维斯华语电影节基金会等活动主办方、美中友协旧金山分会、北加州领养中国儿童家庭协会、当地文艺界代表、媒体记者等中美各界人士 200 余人应邀参加。

9 月 10 日 由《新民晚报》美国记者站和鹰龙传媒有限公司联合举办的《新民晚报》美国版发行二十周年座谈会在洛杉矶举办。中国驻洛杉矶总领馆副总领事王雷出席活动并致辞。《新民晚报》副总编辑朱国顺、鹰龙传媒总裁苏彦韬、有关侨团负责人等也出席了座谈会。

9 月 10—12 日 中国奥委会市场开发委员会、中国体育博览会组委会派团赴美参加美国健身及自行车展，并与美方组委会探讨合作事宜。

9 月 11 日 中国国务院新闻办公室副主任崔玉英在京会见美国探索频道亚太区高级副总裁、中国区总经理张方。

9 月 11 日 中国国家食品药品监督管理总局副局长尹力会见了美国食品药品管理局驻华办公室主任高立麒和美国食品饮料和消费品制造商协会总裁贝莉女士一行，双方就加强中美食品药品监管合作进行了交流。

9 月 11 日 上海市政府侨办主任徐力看望了美国“百人会”常务理事、美中文化协会主席杨雪兰女士。徐力主任盛赞杨雪兰女士长期以来为促进中美友好交往作出的重要贡献，希望美中文化协会今后与上海侨务部门进一步加强交流与合作。

9 月 11 日 针对有记者问，美国总统奥巴马今天发表电视讲话，宣布美国将领导一个广泛联盟来对付恐怖主义威胁，对“伊拉克和沙姆伊斯兰国”组织进行坚持不懈的斗争。中方对此有何评论？是否会加入美国领导的反恐联盟？中国外交部发言人华春莹说，当前，国际反恐形势复杂严峻，国际恐怖主义滋生的土壤尚未根除，一些地区局势持续动荡，给国际恐怖势力活动提供了可乘之机。这给国际安全与稳定带来新威胁，也给国际反恐合作带来新挑战。中方坚决反对一切形式的恐怖主义。国际社会应该共同打击恐怖主义，包括支持有关国家维护国内安全稳定所做的努力。我们主张在国际反恐斗争中尊重国际法，尊重有关国家主权、独立和领土完整。我们希望，在国际社会共同努力下，有关国家尽早恢复稳定和秩序，实现和解、和平、发展。这些都有助于消除恐怖主义在当地滋生的土壤，有助于实现地区持久和平与稳定。中方愿本着相互尊重、平等合作的原则，同国际社会加强反恐交流合作，维护国际和平稳定。

9 月 11—15 日 中国科技部部长万钢率团访问美国，主持召开了第 15 届中美科技合作联委会，与美国政府对口部门举行双边会谈，并访问相关企业、科研机构和创新型街区。9 月 11 日抵美当日，万钢部长在白宫与美国总统科技助理、白宫科技政策办公室主任霍尔德伦举行小范围会谈，就科技合作、创新对话成果落实等话题深入交换意见。9 月 12 日，万钢部长与美国能源部长莫尼兹举行双边会谈，就推进中美清洁能源联合研究中心下一步合作等达成多项共识，中国驻美大使崔天凯出席会谈。同日，万钢与美国总统科技助理霍尔德伦共同主持了第 15 届中美科技合作联委会。9 月 13—14 日，万钢部长访问了位于西雅图和旧金山的相关科技型企业、科研机构和创新型街区，就如何实现创新驱动发展、推动产业转型、培养创新型人才等听取经验介绍并进行研讨。

9 月 12 日 第 15 届中美科技合作联委会会议在美国首都华盛顿举行。中国科技部部长万钢与美国总统科技助理、白宫科技政策办公室主任霍尔德伦作为本届联合主席共同主持了会议。中国科学院副院长张亚平、中国地震局副局长赵和平、中国气象局副局长宇如聪、国家自然科学基金会副主任刘丛强以及外交部、卫生计生委、质检总局、国家海洋局、国家林业局等 10

个部门的代表，美国农业部副部长兼首席科学家渥特基、国家科学基金会主任科多瓦、国务院代助理国务卿嘉博、贸易发展署署长扎克、国家标准与计术研究院代院长梅伊、白宫政策办公室副主任法尔肯及能源部、卫生与公众服务部、环保署、地质调查局、海洋与大气局等11个部门的代表出席了会议。中美科技代表团就两国科技优先领域、科技合作在双边关系中的作用、清洁炉灶、计量和标准、卫生科技、农业科技、林业、海洋与渔业、地震科学、气象科学等议题分别做联合汇报；就科研信息交换的政策、能源合作等进行了研讨。

9月12日　中国政府在美国华盛顿举行2014年度中国知识产权海外交流活动。中国驻美使馆知识产权专员陈福利参赞、美国商务部专利商标局高级顾问马克·柯恒出席开幕式并致辞。来自中国最高人民检察院、商务部、海关总署、工商总局、质检总局、知识产权局、版权局、全国打击侵权假冒办公室、中国驻美使馆，以及美国贸易代表办公室、专利商标局、美驻华使馆等两国相关政府部门和企业、研究机构的代表出席了本次活动。

9月12日　受中科院水利部水土保持研究所邀请，美国农业部农业研究服务局、美国犹他州立大学（USU）、美国加州大学尔湾分校（UCI）等单位的9位专家到水土保持研究所进行访问，并与中方专家在水土保持研究所联合举办了2014中美节水农业技术暨农业高效用水研讨会。

9月14日　山西省省长李小鹏在太原会见了参加2014中美洁净能源合作会议的美国能源部副部长助理胡里奥·弗利德曼、中国国家能源局副局长张玉清、神华集团董事长张玉卓和总经理凌文等嘉宾。

9月14日　来自美国俄勒冈州波特兰市的“鼓点不息”游

行乐队作为唯一一支代表美国的游行乐队参加了上海旅游节开幕大巡游表演。

9月15日 广西南宁市市委书记余远辉在南宁会见由美国广西总商会主席乔立华率领的美国广西总商会代表团一行。

9月15日 中华女子学院接待了来访的芝加哥大学女大学生文化交流团一行12人。

9月16—19日 应美国海军作战部长格林纳特上将邀请，中央军委委员、海军司令员吴胜利率团赴美，参加在美国海军战争学院举行的第21届国际海上力量研讨会。会议期间，吴胜利围绕“树立新型海上安全观，共建和平发展的海洋环境”主题作大会发言，参加太平洋地区小组讨论，并与各国海军领导人会面。在美国期间，吴胜利与美国太平洋舰队司令哈里斯和海军作战部长格林纳特分别举行了会谈。

9月16日 中国工业和信息化部部长苗圩会见来访的美国特斯拉公司全球高级副总裁杰洛姆·古里安。

9月16日 中国国务院发展研究中心韩俊副主任会见来访的美国林肯土地政策研究院总裁兼首席执行官乔治·麦卡锡一行。

9月17日 中国国务院发展研究中心韩俊副主任会见了美国农业部副部长迈克·思邱斯。

9月17—19日 应美国交通部邀请，国家邮政局副局长王梅一行5人就快递服务改革与发展赴美进行研讨。在美期间，王梅副局长会见了美国交通部助理部长苏珊·德莫特女士，向美方介绍了我国邮政改革的历程、取得的成果及面临的挑战。代表团与联合包裹（UPS）、联邦快递（FedEx）两家企业进行了座谈，并考察了UPS安全培训中心、FedEx全球运营指挥转运中心以及美国邮政国际业务中心。代表团与美方就快递业管理体制、快递业经营范围、快递企业经营模式及低碳发展战略等多方面问题进行了研讨。

9 月 17 日 中国国土资源部副部长胡存智在京会见美国林肯土地政策研究院总裁兼首席执行官乔治·麦卡锡一行。

9 月 17—20 日 美国地质调查局（USGS）的中美地震科技合作美方资深项目协调人沃尔特·穆尼教授在云南省防灾研究所有关人员的陪同下，赴云南鲁甸地震震区开展中美鲁甸地震联合科考工作。

9 月 17 日 江苏省无锡市市委书记黄莉新会见了美国安普瑞斯公司董事长唐·迪克逊和美国能源部前部长、诺贝尔奖得主朱棣文教授一行。

9 月 18 日 新疆自治区党委书记张春贤在乌鲁木齐会见了美国国家华人科技工商协会主席李大西率领的“中国梦”代表团一行。

9 月 18 日 针对美国参议院军事委员会称，发现与中国政府相关的网络黑客多次攻击美国航空、科技公司和军方承包商的电脑系统以窃取信息一事，中国外交部发言人洪磊指出，中国法律禁止黑客攻击等任何破坏互联网安全的行为，坚决打击相关犯罪活动。中国政府和军队绝不会支持任何黑客行为。美方有关指责毫无根据，完全是站不住脚的。中方敦促美方停止对中方不负责任的攻击和指责，停止对别国大规模、系统性网络攻击行为，多做有利于维护网络空间和平与安全的事情。

9 月 18 日 中国农业部副部长牛盾在京分别会见了出席第三届亚太经合组织农业与粮食部长会议的美国农业部副部长思邱斯、新西兰初级产业部副部长邓恩、墨西哥农牧业农村发展渔业和食品部副部长乌尔特亚加，就第三届 APEC 农业与粮食部长会议和务实深化双边合作交换了意见。

9月18日 “中美碳捕集利用与封存研讨会”在中国新疆乌鲁木齐召开。此次研讨会由美国国务院、美国能源部、美国贸易发展署、美国驻华大使馆商务处主办，美国空气净化任务组织、美国国家标准学会协办。新疆自治区发展改革委主任张春林与国土资源厅、科技厅、煤管局国家能源局新疆监管办等单位领导以及疆内32家主要能源化工企业代表参加了会议。

9月20日 由中国国家卫生计生委、美国中华医学基金会联合主办的“中美医学教育高层论坛”在北京人民大会堂举行。论坛以“改革教育、改善卫生”为主题，探讨适应未来医疗卫生事业发展需求的医学教育理念和模式。全国人大常委会副委员长陈竺、国家卫生计生委主任李斌、教育部部长助理林蕙青出席论坛并致辞，国家卫生计生委副主任刘谦主持会议。来自北京协和医学院、北京大学、复旦大学、哈佛大学、约翰·霍普金斯大学、伦敦卫生与热带医学院、香港大学等全球约60所医学院校的代表，约250人出席了此次论坛。

9月20日 广东省省长朱小丹到访夏威夷，期间会见夏威夷州长阿伯克隆比，出席华南师范大学与夏威夷大学和夏威夷大学卡皮欧兰尼社区学院合作备忘录签字仪式。

9月22日 第15轮中美投资协定谈判在北京举行。本轮谈判为期5天，双方就文本的核心问题进行了深入磋商。

9月22日 中国国家能源局副局长史玉波在京会见了美国蒙大拿州州长史蒂芬·布洛克和美国驻华大使博卡斯一行。

9月22日 中国国家安全监管总局副局长孙华山在京会见了美国劳工部副部长大卫·麦克一行。

9月22日 中国国家安全监管总局副局长杨元元在北京会见了美国工业卫生协会主席克里斯汀·劳伦佐一行。

9月22日 上海市市长杨雄会见了美国达拉斯市市长迈克

·劳林斯和沃斯堡市市长贝西·佩莱斯一行。

9月22日 上海海事局刘亮副局长会见了来访的美国海岸警卫队驻韩联络官皮尔斯·李·杰亚。

9月22日 中国国家宗教事务局副局长陈宗荣会见了来访的美国圣经研习团契总干事苏珊女士一行。

9月23日 中国国家主席习近平特使、国务院副总理张高丽在纽约会见了出席联合国气候峰会的美国总统奥巴马。张高丽向奥巴马总统转达了习近平主席、李克强总理的亲切问候。张高丽说，习近平主席欢迎你11月到北京出席亚太经合组织领导人非正式会议并访华。张高丽指出，中国、美国两国都肩负着保护全球气候环境的重要责任，应共同推动应对气候变化多边进程。中方愿与美方继续共同努力，将应对气候变化打造成为构建中美新型大国关系的一大亮点。两国应通过现有的平台，加强沟通协调，尊重多边机制，共同为应对气候变化作出贡献。奥巴马请张高丽转达对中国领导人的良好祝愿，并表示期待11月出席亚太经合组织领导人非正式会议并访华。美方高度重视在应对气候变化上与中方加强合作，希望继续在各个方面取得进展。双方还就应对埃博拉疫情等国际热点问题深入交换意见。

9月23日 中国外交部涉外安全事务司司长刘光源代表王毅外长出席在纽约举行的“全球反恐论坛”第五次部长级全会，并宣读王毅外长书面发言，重点就加强国际反恐合作、推进“全球反恐论坛”发展等问题阐述了中方立场。美国国务卿克里、土耳其外长查武什奥卢共同主持会议，联合国负责政治事务的副秘书长菲尔特曼与会并致辞，瑞士联邦主席、澳大利亚、加拿大等13国外长及论坛其他成员高级别代表出席会议并发言。

9月23日 中国工业和信息化部国际合作司司长屠森林和

电子信息司司长丁文武会见了美国商务部副助理部长艾伦和美国贸易代表办公室助理贸易代表雷明一行。

9 月 23—24 日 中国国家卫生计生委主任李斌率团应邀访问美国哈佛大学，分别会见了哈佛大学校长德鲁·福斯特、哈佛陈曾熙公共卫生学院院长胡里奥·弗兰克，双方表示愿意共同推动在全球卫生、卫生政策和医院管理人才培养、卫生政策和环境、肿瘤等重大问题的研究等领域的全方位合作。此外，李斌还出席了哈佛大学组织的美国卫生政策圆桌会、中国与哈佛卫生合作研讨会等活动。

9 月 23 日 由中国驻纽约总领事馆与新华社北美总分社联合举办的纪念中美建交 35 周年图片展在驻纽约总领事馆举行。中国驻纽约总领事孙国祥、新华社北美总分社社长关心国、华人华侨及美国友人等出席，20 余家中外媒体记者到场采访。此次展览共展出 40 余幅珍贵图片，回顾了中美建交 35 年来两国在政治、经贸、人文等领域的交往与合作。

9 月 24 日 中国外交部部长王毅在纽约会见美国前国务卿基辛格。王毅表示，基辛格先生是中美关系改善发展的重要见证人和积极参与者。今天中美两国利益交融，一损俱损，一荣俱荣。未来两国合作只会增加，不会减少。与历史上新兴国家和守成国家不同，中美两国完全具备构建新型大国关系的条件。双方要不断增进战略互信，扩大互利合作，加强在重大国际和地区事务中的沟通协调，增进在亚太地区的良性互动，不断开创中美关系的新局面。基辛格表示，美中关系走过了不寻常道路，取得了丰硕成果，来之不易。两国领导人提出构建美中新型大国关系目标，具有深远战略意义。双方要不断充实其内涵，推动美中关系持续向前发展，这符合中美两国的共同利益，也有利于维护世界的和平和繁荣。

9月24日 中国外交部长王毅在纽约会见美国前国务卿克林顿。王毅表示，克林顿女士担任国务卿期间，积极推动中美关系发展，特别是提出新兴大国和守成大国可以走出避免冲突对抗的大国关系新路，显示了重要的战略远见。当前，中美关系早已超出双边范畴，越来越具有全球影响。双方要以两国建交35周年为契机，大力推进构建中美新型大国关系进程，使两国关系不断迈向新水平。克林顿表示，美中建交35年来，两国关系取得了巨大发展，对双方都至关重要。美中关系正面临良好发展机遇，双方应进一步增进对话，共同促进世界经济发展、应对气候变化、发展清洁能源、维护国际核不扩散体系，为两国人民和世界带来更多福祉。

9月24—26日 第十四届中美油气工业论坛在美国丹佛举行。本届论坛由中国国家能源局张玉清副局长和美国能源部副部长丹尼尔·波曼共同主持。双方就石油、天然气开发技术、页岩气和致密油勘探开发技术等进行了研讨。

9月24日 中国工业和信息化部副部长杨学山会见了美国超威半导体公司（AMD）全球高级副总裁兼首席战略官南瑞杰。

9月24日 针对美国国务院对中方判处伊力哈木无期徒刑表示谴责一事，中国外交部发言人华春莹指出，伊力哈木犯罪事实清楚、证据确凿，有关案情已对外公布。中国司法机关依据中国《刑法》，以分裂国家罪判处伊加哈木无期徒刑。案件审理过程严格依照中国法律，伊加哈木各项权利均依法得到了充分保障。个别国家打着所谓“民主”“人权”旗号，对伊力哈木案说三道四、指手画脚，甚至提出将伊加哈木“释放”的无理要求。这是对中国内政和司法主权的粗暴无理干涉，中方对此表示强烈不满和坚决反对，已向有关国家提出严正交涉。我们敦促有关国家立即摒弃“双重标准”，停止干涉中国内政的错误做法。

9月25日 中国国家工商总局局长张茅会见了来访的微软公司首席执行官萨提亚·纳德拉一行。

9月25日 江苏省副省长傅自应在省政府会见了美国新任驻沪总领事史墨客。

9月26日 中国国家卫生和计划生育委员会主任李斌在美国白宫出席“全球卫生安全议程”高级别会议并发言。

9月26日 广西壮族自治区主席陈武会见了美国蒙大拿州州长史蒂夫·布洛克一行。

9月26日 由纽约美国历史博物馆主办的“美籍华人：排斥/包容”大型展览开幕，展现了美国华人移民史和华人在美的生存发展状况。

9月27日 “美国针灸40年图片展”在美国纽约州立大学举办，共展出60余幅附有中英文说明的历史图片，其中包括1972年尼克松访华时总统夫人在北京儿童医院参观针灸治疗，以及1979年时任副总理邓小平访美时在华盛顿欢迎会上，美国艺人问他“针灸能治关节炎吗”的照片等。本次图片展属于美国纽约州立大学孔子学院成立十周年系列庆祝活动，美国针灸中医药学会原会长李永明为展览提供全部史料图片。

9月27日 美国“飞虎队”协会在达拉斯举行“飞虎队”老兵团聚活动，纪念“飞虎队”赴华参加抗日战争73周年。中国驻休斯敦副总领事赵宇敏应邀出席并致辞。“飞虎队”在世老兵洛桑斯基、陈纳德将军孙女嘉兰慧、美国退役空军上将莫里斯、美中航空遗产基金会主席格林及其他参加过援华抗日的美国退伍军人、中国云南“飞虎队”民间研究机构等400多人出席活动。德州州长佩里、美国会众议员塞申斯、约翰逊为活动发来贺信。

9月28日 中国国务院副总理汪洋与美国财政部长雅各布·卢通话。双方就中美经济关系、国际经济金融形势等交换意见。

9月28日 中国驻美国大使馆在华盛顿举行招待会，庆祝中华人民共和国成立65周年。中国驻美大使崔天凯表示，中美双方要共同努力，增加互信，深化合作，管控分歧，聚同化异，推动中美关系健康稳定持续发展。

9月29日 中国外交部副部长张业遂会见来访的美国国务院对朝政策特别代表戴维斯一行。双方就中美关系、朝鲜半岛局势等问题交换了意见。

9月29日 中国政府朝鲜半岛事务特别代表武大伟与来访的美国国务院对朝政策特别代表戴维斯举行会谈。双方就朝鲜半岛局势、重启六方会谈问题深入交换了意见。

9月29日 针对美国芝加哥大学日前宣布将停办该校的孔子学院一事，中国外交部发言人华春莹指出，近日习近平主席向全球孔子学院建立10周年致贺信表示：孔子学院属于中国，也属于世界。孔子学院的宗旨是帮助各国人民学习汉语，了解中华文化，增进相互了解和友谊。美国所有孔子学院都是应美国大学的自愿申请，由孔子学院总部、中国大学与美国各大学经友好协商订立正式协议而设立的，孔子学院是根据美方自愿申请提供教师教材等支持和帮助，从来没有强加于人，也不可能对大学的学术自由、诚信构成威胁。我们希望各方共同努力，使孔子学院这样一座增进中国与包括美国在内的世界各国人民相互了解、沟通与合作的桥梁更加坚固、更加持久。

9月30日 中国外交部长王毅在华盛顿会见美国前总统国家安全事务助理多尼隆。王毅表示，多尼隆先生是中美合作的坚定支持者，担任总统国家安全事务助理期间积极推动中美构建新型大国关系，为两国关系发展作出了重要贡献。王毅表示，要把中美新型大国关系落到实处，首先应建立中美战略互信，消除战略疑虑，防止战略误判。在中美利益交融的亚太地区更应如此。双方应努力确保中美关系始终沿着正确方向向前发展。下阶段，双方应安排好奥巴马总统出席11月亚太经合组织领导人非正式会议并访华，推动中美新型大国关系取得更多实实在在的合作成果。多尼隆表示，构建美中新型大国关系符合双方的共同利益。目前两国关系处于重要发展阶段，国际社会十分关注今后的走向。双方应不断拓展合作，管控分歧，让正面因素主导两国关系。奥巴马总统访华对美中关系十分重要，美中应共同努力，确保访问取得成功，有力推动两国新型大国关系向前发展。

9月30日 中国外交部长王毅在华盛顿会见美国前总统国家安全事务助理布热津斯基。王毅对布热津斯基多年来积极支持并推动中美关系发展表示赞赏。双方围绕国际和地区形势出现的新变化深入交换了看法。王毅表示，中国将积极致力于维护世界和平和地区稳定。中方愿与美方增进战略沟通，在相互尊重的基础上，合作应对当前国际和地区热点问题。布热津斯基表示，当前世界问题丛生，许多问题没有美中的合作，难以得到管控，解决起来更难。美中应致力于加强协调合作，共同维护世界的和平、发展与稳定，这符合两国和整个世界的共同利益。

10月

10月1日 美国总统奥巴马在白宫会见中国外交部长王毅。奥巴马高度评价中国在国际事务中发挥的建设性作用，表示期待着11月访问中国，与习近平主席就进一步推动构建美中新型大国关系进行深入沟通，促进两国各领域务实合作，共同应对气候变化、埃博拉疫情、恐怖主义等国际和地区问题挑战。王毅表示，美方提出中美应共同努力使合作最大化，分歧最小化，我们对此表示赞同。中方欢迎奥巴马总统访华，愿与美方一道，深化双方战略互信，拓展各领域互利合作，推动中美新型大国关系建设真正落到实处。王毅还阐述了中方对香港当前事态的原则立场。

10 月 1 日 中国外交部长王毅与美国国务卿克里在华盛顿举行会谈。王毅表示，中方高度重视奥巴马总统下月赴北京出席亚太经济合作组织领导人非正式会议并对中国进行访问。双方应共同推动访问取得积极成果，规划和引领下一阶段中美关系的发展。王毅说，双方应加快中美投资协定谈判进程，促进两国双向投资。中国愿与美方加强追逃追赃合作。双方应巩固扩大两军关系发展的积极势头，推动建立重大军事行动相互通报机制和公海海域海空军事安全行为准则。双方应作出更多签证互惠安排，便利两国人员往来。双方应努力将气候变化打造成双边合作的新亮点。中方支持国际社会加强反恐合作，愿与美方深化反恐交流合作。双方应推动今年亚太经合组织领导人非正式会议取得更多成果，推进亚太区域经济一体化进程。克里祝贺中华人民共和国建国 65 周年。他表示，美方欢迎和平、繁荣、稳定的中国，欢迎中国在国际事务中发挥建设性的领导作用。美方将坚定致力于发展美中新型大国关系，希望为世界创立新的模式。美方绝不寻求遏制中国，美国的亚太再平衡战略从不针对中国。美方愿与中方共同努力，确保奥巴马总统出席亚太经合组织领导人非正式会议和访华取得成功。双方要增进战略沟通，促进经贸、人文、两军等领域合作，共同应对气候变化、恐怖主义、埃博拉疫情、朝鲜核、伊朗核等国际和地区问题挑战，建设性管控分歧，这符合双方的共同利益。

10月1日 中国外交部长王毅在五角大楼会见美国国防部长哈格尔。王毅对哈格尔为推动两国和两军关系发展作出的建设性努力表示赞赏。王毅指出，中美新型两军关系在中美新型大国关系中不可或缺。中美双方应共同努力，争取使两军关系成为双边关系的稳定器。双方应抓紧磋商，尽快设立重大军事行动相互通报机制和制定公海海域海空军事安全行为准则。中方反对一切形式的恐怖主义，愿与美方共同应对恐怖主义威胁。双方应努力实现在亚太地区的积极互动与合作。中方希望美方正确处理售台武器、美军舰机对华抵近侦察等妨碍双边关系深入发展的问题。哈格尔对中华人民共和国建国65周年表示祝贺。他说，美中两国是伙伴，不是对手，两国的共同利益远大于分歧。美中关系在21世纪必须沿着正确方向前进，两国应共同致力于维护世界的和平、安全与稳定，这是两国和世界人民的共同期待。两军关系应在两国之间发挥桥梁作用。双方应加强沟通交流，增进互信。推动两军间建立信任措施的磋商尽早达成一致，并加强双方在亚太地区的合作。

10月1日 中国外交部长王毅访美期间，在美国白宫、国务院与美方领导人会谈会晤时，明确阐述了中方对有关香港事态的立场。王毅强调，香港事务完全是中国的内政，外部势力无权干涉，都应尊重中国的主权，这也是国际关系的基本准则。香港目前事态的核心是一些人员在最繁华的街区蓄意非法集会，严重干扰社会秩序。任何国家、任何社会都不会允许这种无视法制、损害公共利益的非法行为。美国的城市如此，中国的香港也如此。我们要求美方谨言慎行，恪守不干涉中国内政的承诺，不向外部发出错误的信号。我们相信，香港特区政府完全有能力依法处理好当前的事态。

10月1日 美国国务卿克里就中国国庆65周年发表贺词。贺词强调，相较于以往，目前美中之间的强有力关系对两国和世界的繁荣都至关重要。贺词称，今年是美中建交35周年，过去35年中双方合作有了显著拓展，双方在对抗气候变化、埃博拉病毒、打击野生动物走私和防止核扩散等方面的合作显示了双方全面合作关系的不可或缺，美中两国的工商、教育和文化等各界人士每天都在为此作出努力。

10月1日 浙江省省长李强在杭州会见了美国驻沪总领事史墨客。

10月1日 美国加利福尼亚州旧金山市和奥克兰市先后举行升中国国旗仪式，庆祝中华人民共和国成立65周年。旧金山市长李孟贤、奥克兰市长关丽珍分别出席。中国驻旧金山总领事袁南生出席两场活动并致辞。李市长还向袁总领事颁发贺状并宣布10月1日为“旧金山中美友谊与传统日”。

10月5—6日 2014“中美对话”论坛在美国华盛顿举行。本次论坛以“新型大国关系与媒体角色”为题，集中讨论了在中美两国积极构建新型大国关系背景下，媒体遇到的挑战与机遇。中国全国人大常委会原副委员长成思危在论坛上指出，中美两国之间既有共同利益，也有分歧，增进了解、增同减异是中美构建新型大国关系的关键。美国前总统国家安全事务助理麦克法兰表示，中国需要美国，美国同样需要中国。他呼吁，媒体应将目光更多地投向美中两国可以共同合作的议题，向公众展现两国正切实进行的合作。

10月6—9日 中国驻美国使馆公使李杰先后赴蒙大拿州和爱达荷州工作访问，分别会见了蒙大拿州州长布洛克、蒙大拿州联邦参议员泰斯特、爱达荷州州长奥特、爱达荷州副州长利特尔等地方政要。访问期间，李杰公使还会见了两州农业厅、商务厅及联邦参议员选区办相关负责人，参访了蒙大拿大学曼斯菲尔德中心。

10月7—8日 由美国商务部和美国对外贸易促进机构联合主办的“美国—大中华区贸易合作研讨会”在美国纽约举行。美国商务部副部长斯蒂芬·赛里格、中国驻纽约总领馆商务官员出席会议并作了发言。美国商务部、美国商会、贸易促进机构以及上百家与大中华区有业务往来的企业参与了研讨。

10月7—23日 中国、美国和澳大利亚三国在澳大利亚举行代号为“科瓦里”的陆军联合演练。这次澳中美三国首次进行野外生存训练演习，以达尔文的拉拉基亚军营为基础，主要内容是在边远的内陆及沿海地区进行野外训练和生存测试。

10月8日 上海市市委书记韩正会见了美国驻华大使博卡斯一行。

10月8日 中国环境保护部副部长翟青在北京会见美国康宁公司全球执行副总裁孟安睿。

10月8日 辽宁省本溪市市委书记江瑞会见了来访的美国驻沈阳总领事闻思国一行。

10月8日 中华人民共和国国家知识产权局和美国专利商标局于10月8日起开通对首次申请在中国国家知识产权局及首次申请在美国专利商标局的优先权文件自动电子交换服务。

10月9日 中美经济金融与投资对话暨美国中国总商会2014年年会晚宴在华盛顿举行。中国驻美国大使崔天凯、美国中国总商会会长袁宁、美国商务部副部长塞利格、美国参议院外交委员会主席梅内德斯、中国银行董事长田国立等350多位中美各界嘉宾出席活动。

10月9日 中国驻美国使馆发言人耿爽致函《今日美国报》评论版主编，阐明中方在涉香港问题上的政策立场，并对美国媒体相关报道评论中的错误言论予以批驳。10 月 10 日，《今日美国报》纸质版和网络版同时刊登了此信函。

10 月 9 日 美国国际贸易委员会作出终裁，认定从中国进口的消毒用化学品三氯异氰尿酸存在补贴行为，将对相关产品的中国生产商和出口商征收反补贴税。中国商务部表示，希望美国政府恪守反对贸易保护主义承诺，共同维护自由、开放、公正的国际贸易环境，以更加理性的方法妥善处理贸易摩擦。

10 月 9 日 针对美国联邦调查局官员近日称，中国在对美国从事网络窃密活动国家中位居榜首，使美国企业蒙受了大量损失一事，中国外交部发言人洪磊表示，中国法律禁止黑客攻击等破坏互联网安全的行为，中国政府坚决打击相关犯罪活动。这是不容置疑的事实。我们再次敦促美方停止捏造事实、蓄意抹黑中国的无理做法，停止美国自身对别国发起的大规模、系统性网络攻击行为，美方想通过贼喊捉贼来转移视线的图谋是不会得逞的。

10 月 10 日 针对美国“国会—行政部门中国委员会”日前发表 2014 年涉华年度报告一事，中国外交部发言人洪磊指出，美国这个机构发表的报告歪曲事实，对中国内政充满偏见，我们坚决反对。我们敦促该委员会停止此类干扰和破坏中美关系的错误言行。我想强调，香港是中国的特别行政区，香港事务纯属中国内政，任何外国政府、机构或个人都无权干涉。

10 月 11—13 日 由中美两国科学院联合举办、国家自然科学基金委和美国卡弗里基金会共同支持的“第十六届中美前沿科学研讨会”在中国科学院大学怀柔校区举行，来自中美两国科研机构和大学的 80 多名青年科学家出席了此次会议。

10 月 12 日 中国外交部长王毅应约与美国国务卿克里通电话。双方一致表示，要共同努力，为奥巴马总统北京之行尤其是两国元首重要会晤做好准备，进一步充实中美新型大国关系内涵。克里与王毅讨论了伊朗核问题谈判进程。双方愿意保持密切沟通，推动各方相向而行，争取如期达成全面协议。双方还就共同帮助西非国家抗击埃博拉疫情交换了意见。

10 月 12 日 北京市市委书记郭金龙、市长王安顺等市领导赴北京环球影城主题公园项目现场实地视察，并与美国环球主题公园及度假区集团董事长汤姆·威廉姆斯就项目建设进行了交谈。

10 月 13 日 中国外交部副部长李保东会见美国对话基金会主席康原。

10 月 13 日 陕西省延安市市委书记姚引良在西安会见了美国亮点基金会主席、中实集团公司共同主席尼尔·布什一行。

10 月 13 日 中国工业和信息化部副部长杨学山会见了北美致公协会副主席徐益平一行。

10 月 14 日 中国驻纽约总领事孙国祥大使在纽约华埠出席纽约“文化中国·华星艺术团”成立仪式，与来纽约访问的中国国务院侨办何亚非副主任共同为“文化中国（美国）艺术团”授牌。何亚非副主任、孙国祥总领事和美东华人社会联合总会主席梁冠军分别致辞。

10 月 15—30 日 北京当代芭蕾舞团应邀赴美国纽约、华盛顿、芝加哥演出该团创作的舞蹈作品《野草》。

10 月 15 日 中国农业部副部长、中国农业科学院院长李家洋会见了美国密歇根州立大学自然科学学院副院长戴维·德维特一行。

10 月 16—18 日 第四届中美健康峰会在中国南京市举行。本届峰会在中国国家卫生和计划生育委员会和美国卫生与人类服务部的指导下，由北京协和医学院和哈佛大学主办，中美健康峰会组织承办。本届峰会的主题为“破解医改难题，创新健康格局”。全国人大常委会陈竺副委员长、国家卫生和计划生育委员会领导和美国健康与人类服务部官员出席大会并发表演讲。

10月17日—19日 2014北京现代国际鼓手节暨爵士鼓教育论坛在北京举行。此次活动是由北京现代音乐研修学院主办，美国大使馆、美国洛杉矶音乐学院、爵士乐海外教育协会、功学社集团等国内外14家业界机构协办。

10月18日—2015年1月11日 中国故宫博物院与美国弗吉尼亚美术馆合作在弗吉尼亚美术馆举办“紫禁城：故宫博物院藏皇家珍品展”。

10月18日 中国国务委员杨洁篪在波士顿同美国国务卿克里举行会谈，双方就发展中美新型大国关系及共同关心的国际和地区问题深入交换意见。杨洁篪表示，中美双方要相向而行，加强战略沟通，增进战略互信，深化合作，妥处分歧，把不冲突不对抗、相互尊重、合作共赢的原则落实到两国关系的方方面面，体现在实际行动上，确保中美关系健康稳定发展，并共同为世界和地区和平、稳定、发展作出积极努力。杨洁篪表示，中方欢迎奥巴马总统下个月赴中国出席亚太经合组织领导人非正式会议并访华，愿同美方一道，做好各项准备，确保两国元首会晤取得积极成果，进一步推进中美新型大国关系建设。克里表示，展望未来，美中两国可以并且能够合作的领域很多。美方愿同中方一道，加强沟通、对话、合作，超越不同和分歧，不断充实美中新型大国关系内涵。奥巴马总统非常重视下个月对中国的访问。希望利用这一重要契机，同习近平主席进一步探讨加强两国合作。美方愿同中方配合，推动这次亚太经合组织领导人非正式会议取得成功。双方还就中美经贸和两军关系、合作应对气候变化和埃博拉疫情，以及朝核、伊朗核、伊拉克、阿富汗、反恐等问题交换了意见。杨洁篪阐述了中方原则立场。

10 月 19 日 《中国失落的古文明：神秘的三星堆展》在美国加利福利亚州圣安娜市宝尔博物馆开幕。该展览是由四川省文物局、宝尔博物馆共同主办，共展出青铜器、玉石器和陶器等古蜀文物 120 件/套，包括三星堆遗址出土文物 64 件/套、金沙遗址出土文物 56 件/套。中国驻洛杉矶总领事馆总领事刘健、宝尔博物馆董事长施刘秀枝、宝尔博物馆馆长彼得、四川文物代表团团长濮新等嘉宾出席展览开幕式。展览将于 2015 年 3 月 15 日结束。

10 月 19 日 中国外交部发言人秦刚就杨洁篪国务委员同美国国务卿克里会谈涉及网络安全问题和香港问题等情况回答了记者的提问。他说，杨洁篪国务委员在会谈时阐述了中方在网络安全问题上的立场，指出中国坚决反对和打击任何形式的黑客攻击行为。由于美方的错误作法，当前中美在网络安全领域开展对话合作面临困难。美方应该采取积极行动，为双方恢复网络安全领域对话合作创造必要条件。此外，国务委员杨洁篪会谈时还就涉港问题向美方阐述了中方立场。杨洁篪强调，我们坚决反对在香港发生的各种破坏法治、破坏社会安宁的违法行为，坚定支持特区政府依法处置，维护香港社会稳定。杨洁篪强调，中国全国人大常委会有关香港特区行政长官普选问题的决定是依据基本法的规定，在充分听取香港社会各界意见基础上作出的，符合香港实际情况，有利于维护中国国家主权、安全、发展利益和香港长期繁荣稳定。杨洁篪指出，香港事务纯属中国内政，任何外国无权干涉。希望美方谨言慎行，不要以任何方式支持“占领中环”等违法活动，多做有利于香港繁荣稳定的事。

10 月 20 日 中国国务委员杨洁篪在华盛顿会见美国总统国

家安全事务顾问赖斯，双方就中美关系及共同关心的当前重要国际和地区问题交换意见。杨洁篪表示，在双方共同努力下，近来中美关系取得积极进展。下个月，奥巴马总统将出席在北京举行的亚太经合组织领导人非正式会议并访华，中方愿同美方密切合作，为奥巴马总统访问及与会做好各项准备工作。希望中美双方相向而行，深化在双边广泛领域和重要国际地区问题上的合作与协调，在亚太地区实现积极互动与合作，以建设性方式处理两国间的问题，推动中美新型大国关系建设取得更多实际成果，为促进世界和地区和平、稳定、繁荣作出积极贡献。赖斯表示，美方致力于继续建设美中新型大国关系，愿同中方加强在双边各个领域的合作，共同应对地区和全球性挑战。奥巴马总统期待对中国进行访问，并同习近平主席再次会晤。美方愿同中方共同努力，确保访问取得成功，并推动亚太经合组织领导人非正式会议取得积极成果。双方还就经贸、反恐、应对埃博拉疫情、西亚北非局势、朝核等问题交换看法。

10月20日 美国国防部部长哈格尔在五角大楼会见中国国务委员杨洁篪。根据五角大楼新闻发言人海军少将约翰·柯比在会晤后发表的声明，哈格尔与杨洁篪均强调维护中美两国军事关系积极发展势头的重要性。柯比在声明中说，两人还重申，中美两国在应对地区及全球挑战领域有着共同的利益。他们探讨了双方极具发展潜力的合作领域，包括在危机发生时提供人道主义救援，如应对此次埃博拉病毒在西非的蔓延，等等。两人也都强调了奥巴马11月访华的重要性，表示这次访问取得成功是双方的共同愿望。

10月21日 《中美化石能技术开发与利用合作议定书》2014年度协调会议在美国旧金山举行。中国科技部高新司司长赵玉海、美能源部副助理部长胡里奥·弗里德曼分别率中美两国代表团与会。来自科技部、中科院、国家气象局、中国石油与化工联合会、中电投集团公司等单位以及我国驻旧金山领馆有关人员和美国能源部、美能源协会以及国家能源实验室等机构 40 余位代表参加了本次会议。

10 月 22 日 中国驻美国大使崔天凯在使馆会见来访的洛杉矶市市长贾塞提。

10 月 22 日 中国人民对外友好协会会长李小林会见了美国弗吉尼亚州州长麦考利夫一行。弗吉尼亚州商务署署长琼斯、弗吉尼亚州经济发展伙伴计划总裁兼首席执行官布里利等参加了会见。

10 月 22 日 美国马萨诸塞州交通局正式批准向中国北车股份有限公司采购 284 辆地铁车辆，装备波士顿红线和橙线地铁。

10 月 22 日 中国国家卫生计生委副主任孙志刚在卫生计生委会见了来访的美国哈佛大学经济学教授萧庆伦。

10 月 23 日 针对美军日前将反导预警用“X 波段雷达”运至日本京都府的美军经之岬通信所，该雷达预计将在年内正式启用一事，中国外交部发言人华春莹指出，个别国家推进亚太反导部署，谋求单边安全，不利于地区战略稳定与互信，不利于东北亚和平稳定。特别是在当前地区形势复杂敏感的背景下，上述行动更是令人关切。中方认为，有关国家应从地区和平稳定大局出发，致力于通过政治外交途径维护地区安全，不能以此为借口，做损害他国安全利益的事。

10 月 23 日 上海市人民政府新闻办公室主任朱咏雷率代表团在休斯敦莱斯大学举办了“魅力上海”城市形象推广活动开幕式。中国驻休斯敦总领事李强民、休斯敦代市长冈萨雷斯、莱斯大学校长李布朗等出席开幕式。开幕式之前两市还续签了互播城市形象片的备忘录，举行了上海图书馆向休斯敦公共图书馆赠书活动。由上海市新闻办主办的此次活动包括为期一周的“魅力上海”摄影展和“360 度上海”立体图片展。

10 月 24 日 中国国务院副总理汪洋在北京会见了来访的负责国际经济事务的美国总统国家安全副助理阿特金森一行。双方就中美经济关系、二十国集团布里斯班峰会经济议题等问题交换了意见。汪洋当日还会见了来访的美国沃尔玛百货有限公司总裁兼首席执行官董明伦一行。

10 月 24 日 中国驻旧金山总领馆隆重举办“向美国‘飞虎队’老兵致敬”招待会。袁南生总领事出席并致辞。美国“飞虎队”历史委员会成员、“飞虎队”老兵及家属、美中友协旧金山分会及世界抗战史实维护会等机构的代表近 180 人出席招待会。8 位曾参与援华战争的“飞虎队”老兵接受了中国驻旧金山总领馆和“飞虎队”历史委员会的褒奖。

10 月 26 日 中国国际教育年年会之“中美人文交流——建立未来合作关系”论坛在国家会议中心召开。会议由美国州立大学与学院协会副主席乔治·麦哈非与中国教育国际交流协会国际合作部主任余有根主持。中美两国社会组织、高校及企业界有关代表出席了会议。

10 月 28 日 中国国家知识产权局副局长贺化在京会见了美国知识产权人协会主席菲利普·约翰逊一行。

10 月 28 日 中国国台办主任张志军会见了美国外交政策全国委员会代表团一行，介绍了当前两岸关系形势，并与代表团成员就双方关心的问题交换了意见。

10 月 28 日 中国常驻联合国副代表王民在纽约联合国总部说，中国希望美国尽快终止对古巴的封锁，希望两国不断改善关系，以促进拉美和加勒比地区的稳定和发展。

10 月 30 日 中国外交部长王毅在北京会见出席阿富汗问题

伊斯坦布尔进程第四次外长会的美国代表团团长、美总统顾问波德斯塔。王毅表示，中方欢迎奥巴马总统下月来华出席亚太经合组织领导人非正式会议并访华，愿与美方共同努力，确保两国元首会晤取得积极成果，进一步推进中美新型大国关系建设，不断加强两国在双边、多边和全球层面的协调与合作。阿富汗尽早实现持久和平与可持续发展，符合中美以及国际社会的共同利益。中方愿同美方加强沟通与合作，共同为阿富汗政治和解与和平重建发挥建设性作用。波德斯塔表示，美方愿与中方密切沟通协调，确保奥巴马总统下月访华取得成功，积极推动美中新型大国关系建设，这对美中两国和世界都很重要。美方赞赏中方给予阿富汗新政府的宝贵支持，以及为成功举办此次伊斯坦布尔进程外长会所做重要努力。美方愿与中方加强合作，共同促进阿富汗和平、稳定、繁荣。

10月30日 中国科技部部长万钢会见了美国总统能源与气候变化政策顾问约翰·波德斯塔。万钢部长介绍了第15届中美科技合作联委会的相关成果，包括双方在农业、环境和健康领域的合作，并重点介绍了中美清洁能源联合中心（CERC）的合作进展以及对未来合作的展望。波德斯塔顾问积极评价中美双边科技合作，并表示将积极推动双方在能源、气候变化等方面的合作。双方还就中美适应气候变化技术方面的研发合作等交换了意见。科技部国际合作司司长靳晓明、基础研究司副司长崔拓、高新技术发展及产业化司副司长陈家昌、社会发展科技司副司长田保国、美国驻华大使博卡斯、美国国家安全委员会高级主任米歇尔·佩特伦、白宫能源和气候变化办公室气候政策副主任里克·杜克等会见时在座。

10月31日 中国政府朝鲜半岛事务特别代表武大伟应约会见来华磋商的美国国务院六方会谈特使塞勒，就半岛局势和朝鲜半岛核问题交换了意见。

10 月 31 日 针对美国洛克希德—马丁公司和意大利造船公司 Intermarine 签署协议，将帮助台湾海军建造并装备 6 艘扫雷舰一事，中国外交部发言人洪磊指出，中方坚决反对外国向台湾地区出售武器或开展任何形式的军事技术交流与合作，这一立场是明确和一贯的。我们要求有关国家尊重中方核心利益，恪守一个中国原则，不以任何形式向台湾出售武器或协助台湾发展军事装备，以实际行动支持两岸关系和平发展和中国和平统一。

10 月 31—11 月 7 日 中国国家大剧院音乐厅管弦乐团赴美国芝加哥、华盛顿、纽约和费城举办庆祝中美建交 35 周年演出。

11 月

11 月 3 日 中美外交部条法司长（法律顾问）首次磋商在华盛顿举行。中国外交部条法司司长徐宏任中方团长，美国国务院代理法律顾问麦克劳德任美方团长。双方围绕共同关心的外交法律问题交换了意见，深化了对彼此立场的了解。双方同意建立中美外交部条法司长（法律顾问）年度磋商机制。

11 月 3 日 中国外交部部长助理郑泽光应约会见率团来华参加“中美防扩散联合工作组”首次会议的美国国务院首席助卿帮办范迪朋，就中美防扩散合作、双边关系等交换意见。

11 月 3 日 山东省委副书记、省长郭树清在青岛会见了美国安达保险集团董事长兼首席执行官埃文·格林伯格一行。

11 月 3 日 广西壮族自治区党委书记、自治区人大常委会主任彭清华在南宁会见美国安利公司首席运营官迈克·卡瑟一行。

11月3日 江苏省省长李学勇在省政府会见了美国福特汽车公司总裁兼首席执行官马克·菲尔兹一行。

11月4日 中国驻美国大使崔天凯接受美国《外交政策》杂志专访，就中美关系、美国总统奥巴马即将访华、中国对当今国际体系的看法和发挥的作用以及反恐、网络安全、朝核等国际和地区热点问题回答了记者提问。在论及美国总统奥巴马即将访华一事时，崔天凯指出，此次两国元首在北京的会晤中将重申致力于推进中美新型大国关系建设并赋予其更多实质性内涵。

11月4日 中国驻洛杉矶总领事刘健在官邸为前来参加“第十届中美电影节”的中美电影人举行招待会。电影节组委会共同主席苏彦韬和安德鲁·摩根、美国电影协会中国总裁冯伟、中国电影海外推广公司负责人谷国庆、香港电视委员会主席徐晓明等近百人出席了招待会。

11月4日 中国国家食品药品监督管理总局党组成员、食品安全总监郭文奇会见了美国食品药品管理局副局长泰勒一行。

11月4日 重庆市委书记孙政才会见了美国福特汽车公司总裁兼首席执行官马克·菲尔兹一行。

11月5日 江西省省委书记强卫在南昌会见了美国福特汽车公司总裁兼首席执行官马克·菲尔兹一行。

11月5日 中国外交部发言人洪磊在例行记者会上表示，中方欢迎奥巴马总统出席北京亚太经合组织领导人非正式会议并对中国进行国事访问，希望中美双方共同努力，推动此次访问取得积极成果。洪磊表示，中方注意到美国国务卿克里日前在约翰·霍普金斯大学就中美关系发表的演讲。中美建交35年来的历史充分证明，中美两国拥有重要的共同利益和广阔的合作空间。新形势下，双方应该而且能够在双边、地区、全球层面进一步加强合作，共同维护、促进亚太和世界的和平、稳定、繁荣。与此同时，作为历史文化传统、社会制度、经济发展水平不同的两个国家，中美之间存在一些分歧是正常的。双方应该相互尊重、求同存异，以建设性的方式加以处理。洪磊说，中方愿与美方共同努力，认真落实两国元首达成的共识，坚持不冲突不对抗、相互尊重、合作共赢原则，推动中美新型大国关系建设不断取得新进展，更好造福两国人民和世界人民。

11 月 6 日　美国总统奥巴马即将赴北京出席亚太经合组织（APEC）领导人非正式会议并对中国进行国事访问前夕，中国驻美国大使崔天凯在美国有线电视新闻网（CNN）网站发表题为《为什么中美需要携手合作》的署名文章。崔大使在文中表示，我们很高兴并欢迎奥巴马总统出席将于下周在北京举行的 APEC 第二十二次领导人非正式会议，因为会议的成功很大程度上需要中美两国之间的合作。他指出，此次峰会有助于地区经济体相互增信释疑，为亚太地区在未来几十年实现强劲的经济合作与一体化奠定基础。如果没有中美的积极参与，APEC 过去这么多年不可能取得如此令人瞩目的成就。中美合作将为亚太各经济体带来普惠共赢。

11 月 7 日　中国国务院副总理汪洋与美财政部长雅各布·卢通话，双方就中美经济关系及相关问题交换了意见。

11 月 7 日　中国外交部长王毅在国家会议中心会见来华出席亚太经合组织部长级会议的美国国务卿克里。双方就中美关系和奥巴马总统访华筹备工作等问题交换了意见。王毅表示，中美致力于构建新型大国关系不仅造福两国，也将使世界放心。双方应将构建新型大国关系的意愿付诸行动，使之取得具体成果。中方高度重视奥巴马总统即将来华出席亚太经合组织领导人非正式会议并对中国进行国事访问。希望双方共同努力，确保此访和两国元首会晤取得成功，将中美关系提升到新的水平。克里表示，美方赞赏中方为主办亚太经合组织领导人非正式会议所做的大量努力，将与中方保持密切合作，确保会议取得成功。美中关系是世界上最具影响力的双边关系，两国在重大国际和多边场合相互支持，符合双方利益。奥巴马总统期待即将对中国进行的国事访问。美方愿与中方共同努力，确保奥巴马总统此访取得积极成果，推进美中新型大国关系建设。双方就共同关心的问题交换了意见。

11 月 10 日 中国外交部发言人秦刚就中美签证互惠安排答记者问时表示，中美双方经过友好协商并本着平等互惠原则，已就互为对方商务、旅游和留学人员颁发长期多次签证达成共识，将于近日通过互换照会方式进行确认。根据该共识，双方将为前往对方国家从事商务、旅游活动的另一方公民颁发有效期最长为 10 年的多次入境签证，为从事留学活动的公民颁发有效期最长为 5 年的多次入境签证。这将便利中美两国人员往来，对促进各领域交流与合作具有重要意义。

11 月 10 日 中国邮政局局长马军胜在京会见了前任全球信封联盟主席、美国兴德信封集团董事长柏克莱一行。

11 月 11 日 中国国家主席习近平在中南海同美国总统奥巴马举行会晤。两国元首就中美关系及共同关心的重大国际和地区问题坦诚深入交换意见。

习近平在瀛台前迎接奥巴马，两国元首亲切握手，互致问候。习近平欢迎奥巴马来华出席亚太经合组织领导人非正式会议并对中国进行国事访问。奥巴马表示，很高兴再次对中国进行国事访问，祝贺中国成功举办亚太经合组织领导人非正式会议。在涵元殿会晤时，习近平说，去年 6 月，我们在安纳伯格庄园举行了建设性会晤，又在圣彼得堡和海牙两次会晤，并通过通话、通信等方式保持密切联系。我高兴地看到，在双方共同努力下，在推进中美新型大国关系建设方面取得不少早期收获。两国各界对构建新型大国关系的理念更加认同了，也抱有更高期待。奥巴马总统这次访华是推进中美新型大国关系建设的重要契机。我们要保持经常性密切沟通，不是就事论事，而是要就一些根本性的问题坦诚深入交流，只有这样，才能全面增进相互了解、加深彼此信任，才能做到相互尊重，避免战略误判。双方要扩大务实合作，特别是积极推进开拓性合作，加强在国际和地区事务中的沟通和协调，共同促进地区和世界和平、稳定、繁荣。奥巴马表示，美中是世界上两大经济体，两国人民都是充满活力、富有创造性的人民，两国利益深度融合，美中加强合作，可以造福两国人民和世界人民。我愿意同习近平主席就广泛的问题及时交换意见，推动美中新型大国关系建设不断迈上新台阶。

习近平邀请奥巴马共进晚宴。席间，两国元首就治国理政进行深入交流。习近平向奥巴马介绍了中国全面深化改革、推进依法治国、加强执政党建设等情况，强调我们已经找到一条符合国情的发展道路，这就是中国特色社会主义道路。我们将沿着这条道路坚定不移走下去。中国继续保持稳定和发展，有利于世界，将给美国及中美合作带来更多机遇。习近平指出，要了解今天的中国、预测明天的中国，必须了解中国的过去，了解中国的文化。中国人民自古以来珍视国家独立、统一和尊严。中国政府必须顺乎民意，坚定维护国家主权、安全和领土完整，维护民族团结和社会稳定，坚定不移走和平发展道路。中美国情各异，历史文化、发展道路、发展阶段不同，应该相互理解，相互尊重，聚同化异，和而不同。两国难免存在一些分歧，但这不是两国关系的主流。两国政府要起到稳定器作用，妥善处理有关分歧。奥巴马表示，我们今晚的交谈非常深入，进一步加深了我对中国的情况以及中国政府和领导人执政理念的了解。我更加理解中国人民为何珍惜国家统一和稳定。美国支持中国改革开放，无意遏制或围堵中国，因为这样做不符合美国的利益。美方愿意同中方坦诚沟通对话，增进相互了解，相互借鉴经验，有效管控分歧，避免误解和误判。中国是美国的合作伙伴。在多极化时代，美方欢迎中国在国际事务中发挥建设性作用，愿意同中方加强交流合作，携手应对各种全球性挑战，共同促进亚太和世界和平与安全。

随后，两国元首来到迎熏亭茶叙。习近平强调，中美建交 35 年来的历史充分证明，一个良好的中美关系符合两国人民根本利益，也有利于亚太和世界。这是中美两国领导人共同坚持的战略共识。现在中美新型大国关系的战略目标是清楚的，我们不能让它停留在概念上，也不能满足于早期收获，还要继续向前走。我们要坚持从战略高度和长远角度出发，以积水成渊、积土成山的精神，不断推进中美新型大国关系建设。奥巴马表示，美方愿意同中方共同为此作出努力。杨洁篪等参加上述活动。

11 月 11 日　中国国务院副总理张高丽在人民大会堂会见了美国国务卿克里一行，双方就加强中美气候变化领域合作等交换了意见。张高丽表示，中方高度重视应对气候变化，大力推进生态文明建设，努力走绿色、低碳的可持续发展之路。中美加强应对气候变化合作，符合两国共同利益，有利于促进中美关系健康稳定发展，造福两国人民，推动应对气候变化多边进程。中方愿与美方按照两国元首达成的重要共识，继续深化在气候变化领域的政策对话和务实合作，将应对气候变化打造成为构建中美新型大国关系中的一大亮点。克里表示，美中均高度重视应对气候变化，希望通过加强合作，为中美两国人民带来切切实实的好处，共同为全球应对气候变化作出积极贡献。

11 月 11—12 日 第三届中美省州长论坛在美国加州安纳伯格庄园举行。本次论坛上，与会双方集中讨论了贸易、投资及地域经济合作等话题。此次论坛还开展了一系列中美政府及企业领导间的战略对话和商业洽谈，还展开了有关全球经济发展中人类所面临的生态问题的对话。出席论坛的中美省州长有河南省省委书记郭庚茂、陕西省省委书记赵正永、江西省省长鹿心社、宁夏回族自治区主席刘慧、天津市市长黄兴国以及美国加州州长布朗、密歇根州长里克·斯奈德、华盛顿州长杰·英斯利和波多黎各州长帕蒂拉等。

11 月 11 日 中航工业哈尔滨飞机工业集团有限责任公司与美国维信航空公司签署 20 架运 12 系列飞机销售合同。这是中国首次向美国大规模出口民用飞机。

11 月 12 日 中国国家主席习近平在人民大会堂同美国总统奥巴马举行会谈，就中美关系及共同关心的重大国际和地区问题坦诚、深入交换意见。双方重申安纳伯格庄园会晤时就发展中美新型大国关系达成的目标，习近平提出要从 6 个重点方向进一步推进中美新型大国关系建设。会谈取得多项共识和成果。

习近平强调，去年 6 月，我和奥巴马总统在安纳伯格庄园会晤，一致同意共同努力构建中美新型大国关系。一年多来，双方按照我们达成的共识，不断推进各领域协调和合作，取得积极进展。中美构建新型大国关系，符合两国人民根本利益，有利于维护亚太地区和世界和平、稳定、繁荣。习近平指出，今年是中美建交 35 周年。经过 35 年发展，中美关系已站在新的历史起点上。面对当前复杂多变的国际形势，中美应该合作、能够合作的领域更加广阔。中方愿同美方一道，承前启后、开创未来，把不冲突不对抗、相互尊重、合作共赢的原则落到实处，使中美新型大国关系建设更多更好惠及两国人民和各国人民。我愿同你一道为此作出努力。习近平提出，双方要朝着6个重点方向推进中美新型大国关系建设：第一，加强高层沟通和交往，增进战略互信；第二，在相互尊重基础上处理两国关系；第三，深化各领域交流合作；第四，以建设性方式管控分歧和敏感问题；第五，在亚太地区开展包容协作；第六，共同应对各种地区和全球性挑战。习近平强调，中美要构建同中美新型大国关系相适应的中美新型军事关系。两国国防部签署了建立重大军事行动相互通报信任措施机制的谅解备忘录和海空相遇安全行为准则谅解备忘录，双方应该在此基础上深化两军交流、互信、合作。习近平指出，两国就商务、旅游、留学人员签证达成互惠安排，这将极大便利两国人员往来。中美要加强人文交流，为两国关系发展树立正确民意和舆论导向。习近平强调，中国提出的亚洲安全观、建立亚洲基础设施投资银行和丝路基金等主张和倡议都秉持开放包容原则，欢迎包括美国在内的有关国家积极参与。习近平指出，维护台海和平稳定符合中美共同战略利益。希望美方恪守一个中国政策和中美三个联合公报的原则，停止售台武器，以实际行动支持两岸关系和平发展。

奥巴马表示，美中建交35年来，两国关系取得长足进展，为地区和世界和平、稳定、发展作出了重要贡献。我期待美中关系发展为两国、为世界带来更多福祉。我非常重视习近平主席提出的主张和建议，赞同加强交流对话，增进了解互信，扩大互利合作，建设性管控分歧，共同推进美中新型大国关系。我愿意重申，美国欢迎和支持一个和平、繁荣、稳定、在国际上发挥更大作用的中国，这符合美国的利益。美方没有围堵或损害中国统一的意图。美方在台湾问题上的立场没有变化，美国不支持“台独”，坚定支持两岸关系改善，希望这一势头继续保持下去。美方承认西藏是中华人民共和国的一部分，不支持“西藏独立”。美方支持中国改革开放，希望双方采取进一步措施，促进双边贸易平衡增长，加强农业、粮食安全等领域合作。美方支持两国民间交往。美方欢迎美中两军关系取得进展，希望两军在更广泛领域加强交流、对话、合作，避免误判，防止冲突。美国有诚意同中国在亚太构建合作而不是竞争的关系，共同维护地区安全稳定。

两国元首就加强双边、地区和全球层面合作达成多项重要成果和共识，同意加快双边投资协定谈判进度，力争于年底前就核心问题和主要条款达成一致，在2015年启动负面清单谈判。双方积极评价两国就信息技术协定扩围谈判达成一致。中美双方共同发表了《中美气候变化联合声明》，宣布了各自2020年后的行动目标，并将共同推动国际气候变化谈判于2015年巴黎会议如期达成协议，加强清洁能源、环保领域合作。双方将为对方国家商务、旅游人员颁发10年多次签证，为留学人员颁发5年多次签证。两国元首重申，坚决反对一切形式的恐怖主义，将在联合国宪章和国际关系基本准则基础上开展国际反恐合作，继续落实安理会有关决议。双方将加强执法合作，继续在追逃追赃、禁毒、打击网络犯罪等方面开展合作。双方将同国际社会一道，继续帮助非洲疫区国家抗击埃博拉疫情。双方将继续就伊朗核、朝核、阿富汗等问题加强对话合作，推动有关问题妥善解决。两国元首还就南海、人权、网络安全、两国货币政策等问题交换意见，习近平阐述了中方原则立场。

会谈前，习近平在人民大会堂北大厅为奥巴马举行欢迎仪式。王沪宁、栗战书、张平、杨洁篪、韩启德等出席。

11月12日 中国国家主席习近平在人民大会堂同美国总统奥巴马举行会谈。会谈后，两国元首共同会见记者。习近平指出，这两天，我同奥巴马总统进行了建设性、富有成果的会谈，达成广泛共识。我们重申了在安纳伯格庄园会晤时就发展两国关系达成的目标，同意继续致力于构建中美新型大国关系。我们深入探讨了推进这一关系的重点方向。习近平介绍了两国元首会晤取得的具体成果，强调面对当前复杂多变的国际形势，中美两国需要合作、能够合作的领域更加广阔。中美关系的战略意义进一步上升。中美两国合作好了，可以成为世界稳定的压舱石、世界和平的助推器。中方愿同美方一道，坚定信心，运用智慧，拿出行动，加强双边、地区、全球各层面的协调和合作，有效管控分歧和敏感问题，推动中美新型大国关系建设取得新的进展，这符合两国人民和各国人民根本利益。习近平指出，中方提出亚洲安全观，就是希望亚洲各国以包容合作精神构筑共同安全。中美应该继续就亚太事务加强对话和协调，尊重和照顾彼此在本地区的利益和关切，携手为亚洲安全作出贡献。习近平强调，中方倡议建立亚洲基础设施投资银行和丝路基金，是希望为亚洲基础设施建设提供支持和便利。这些主张和倡议都秉持开放包容原则，不搞排他性，欢迎包括美国在内的有关国家积极参与进来，共同促进和分享亚太和平和繁荣。在谈到中国的国际作用时，习近平强调，中国是现行国际体系的参与者、建设者、贡献者。我们将坚定不移致力于同各国分享发展机遇、共同应对各种挑战，为维护和促进亚太地区和世界和平、稳定、发展作出应有贡献。在回答有关人权问题的提问时，习近平强调，新中国成立以来特别是改革开放30多年来，中国人权事业取得巨大成就，这是有目共睹的事实。在人权问题上没有完成时，只有进行时；没有最好，只有更好。中方愿同美方在平等和相互尊重的基础上就人权问题开展对话，建设性处理分歧，增进了解和合作。

奥巴马表示，建交35年来，美中关系取得巨大进展，合作更多了、交流更多了。事实证明，美中携手合作对美国好，对中国好，对世界好。两国合作潜力巨大。无论在双边、地区还是全球层面，美国都将中国作为重要合作伙伴，同中国发展强有力关系是美国亚洲再平衡战略的核心。美方愿同中方扩大合作，加深利益融合，通过坦诚和建设性对话解决差异和分歧，共同建设美中新型大国关系。我对美中关系发展充满信心。

11月12日 中国国家主席习近平在人民大会堂举行宴会，欢迎美国总统奥巴马来华进行国事访问。俞正声、刘云山、王岐山、张高丽出席。两国元首在宴会上分别发表致辞。习近平指出，35年前，中美建立外交关系开启了两国关系和两国人民交往的新时代。今天，中美新型大国关系建设取得重要进展，两国关系站在新的历史起点上。中国古人说，“志行万里者，不中道而辍足”。我们双方都要站得高，看得远，锲而不舍，排除万难，推动中美关系沿着正确方向走稳、走实、走远。奥巴马表示，35年来，美中交往从无到有、从有到多，走过了一条不平凡的道路。两国已成为密切和重要的合作伙伴。世上无难事，只怕有心人。美方愿同中方一道，推动美中新型大国关系建设不断向前迈进。出席宴会的还有王沪宁、刘延东、汪洋、范长龙、栗战书、张平、杨洁篪、韩启德、董建华等。

11月12日 应中国国家主席习近平邀请，美利坚合众国总统贝拉克·奥巴马于11月10—12日来华出席亚太经合组织领导人非正式会议并对中国进行国事访问。访华期间，习近平主席与奥巴马总统举行了深入、坦诚、建设性的会谈。双方达成广泛共识，取得了一系列重要成果。双方达成的主要共识和成果如下：

1. 双方回顾了自两国元首安纳伯格庄园会晤以来中美构建新型大国关系取得的进展，深入探讨了进一步推进这一关系的重点方向：双方将保持密切高层沟通和交往、不断增进战略互信，在相互尊重基础上处理两国关系，深化各个领域交流与合作，以建设性的方式管控分歧和敏感问题，在亚太地区开展沟通与合作，共同应对各种地区和全球性挑战，在务实合作与管控分歧的基础上推动新型大国关系建设持续取得实质性进展。

2. 双方确认经济关系作为双边关系的核心重要性，承诺深化双边经济关系，推进有关政策，促进更加开放和市场化的双边及国际贸易和投资。双方同意共同应对全球经济挑战，深化二十国集团（G20）框架下的合作，完善以规则为基础的国际经济体系。

3. 双方将继续把双边投资协定谈判作为双边经贸关系的最重要事项，为谈判投入必要资源，以达成一个全面、高水平且体现非歧视、公平、开放和透明等原则的双边投资协定。两国谈判团队将定期向各自领导人汇报谈判情况以确保谈判持续获得最大进展，并在 2015 年早期提出负面清单出价时进行第一次汇报。

4. 双方积极评价共同发表的《中美气候变化联合声明》，宣布了各自在 2020 年后应对气候变化行动目标，同意共同推动国际气候变化谈判于 2015 年巴黎会议如期达成协议，并加强两国在气候变化领域的务实合作，包括先进煤技术、页岩气、核能、可再生能源、碳捕集利用和封存、氢氟碳化物、低碳城市、绿色产品贸易等方面的合作。

5. 双方积极评价两军在高层及各级别交往、机制性对话和磋商、中青年军官交流、联演联训等方面取得的重要进展，充分肯定两国国防部签署《关于建立重大军事行动相互通报信任措施机制的谅解备忘录》和《关于海空相遇安全行为准则的谅解备忘录》。双方同意在此基础上继续深化军事交流、增进互信、加强合作、妥处分歧、防范风险，共同努力推动中美新型军事关系不断向前发展。

6. 双方重申坚决反对一切形式的恐怖主义，同意在联合国宪章和国际关系基本准则的基础上开展国际反恐合作，继续落实安理会有关决议。双方表示愿继续帮助有关国家实现经济社会稳定与发展，加强反恐能力建设。双方同意加强在反恐情报交流和能力建设、边境管控、金融反恐、去极端化等领域合作，并于2015年在华举行第二次中美副外长级反恐磋商。

7. 双方同意于2015年初举行中国公安部和美国国土安全部部级会晤。双方将利用这一契机深入探讨加强反恐、执法等相关领域合作。双方同意继续在追逃追赃、遣返非法移民、禁毒、打击网络犯罪、加强知识产权执法等领域开展对话与合作。

双方支持北京亚太经合组织（APEC）领导人非正式会议通过的《北京反腐败宣言》，强调各国不应成为腐败分子和腐败资金的避风港，同意加强反腐败机构和执法机构在个案调查、信息交流和能力建设方面的合作，共同打击各类跨国腐败犯罪活动。

8. 双方认为，中美在防扩散领域拥有共同利益，愿在相互尊重、平等互利原则基础上深化务实合作，有效管控分歧。双方积极评价刚刚举行的中美防扩散联合工作组首次会议成果，愿通过联合工作组机制加强在防扩散立法、执法、一线监管等方面的合作。

9. 双方积极评价两国就世贸组织《信息技术协定》扩围谈判达成的双边共识，并呼吁在日内瓦尽快恢复和结束诸边磋商。

10. 双方积极评价今年 10 月在华举行的中美高技术与战略贸易工作组会议和高技术贸易研讨会。中方重申，美方应尽快采取实际步骤，放宽高技术产品对华出口管制。美方重申，美方承诺在出口管制改革过程中给予中国公平待遇，鼓励和便利高技术物项对华民用用途和民用用户出口。美方重申将依照法律公平和平等地对待包括中国投资者在内的所有投资者，对包括国有企业在内的中国投资者，与来自各自国家的投资者一样，保持开放的投资环境。

双方重视中美商贸联委会对促进双边经济关系和扩大两国互利合作发挥的重要作用，同意共同办好今年 12 月在美国芝加哥举行的第 25 届中美商贸联委会，并以此为契机探讨解决双方重要的经贸关切。

11. 双方同意在两国元首安纳伯格庄园会晤就基础设施问题讨论的基础上，支持通过国内外投资者参与政府与社会资本合作模式（PPP），促进基础设施领域的商业投资。双方并同意共同支持世界银行全球基础设施基金。

12. 双方将加强以科学技术为基础的农业创新，促进粮食安全，并就扩大创新技术在农业中的应用开展对话。

13. 作为十八届三中全会确定的改革议程的一部分，中国继续推进汇率市场化改革，在条件允许时减少外汇干预，增强汇率灵活性，并提高经济和金融数据的透明度。

14. 美方承诺尽快完成对 2010 年 IMF 份额和执董会改革方案的国内审批。

15. 双方积极评价中美出口信贷国际工作组取得的进展，同意采取一切必要步骤推进出口信贷国际工作组计划，包括尽快开始综合性的指导原则谈判，重申支持国际工作组指导原则涵盖由政府或代表政府提供的官方出口信贷支持。

16. 双方就中美清洁能源联合研究中心二期合作内容达成一致，同意在2016年至2020年通过政府和企业合作方式共同投入至少2亿美元继续支持中心发展，两国通过公共和私营渠道各出资一半，并至少增加“能源与水”作为新的合作领域。

17. 双方签署了《中国工业和信息化部与美国运输部交流与合作备忘录》，将在机动车等交通工具的技术法规与标准等领域开展交流与合作。

18. 两国元首重视中美人文交流的作用，积极评价双方就互为两国商务、旅游人员颁发10年多次有效签证、互为两国留学人员颁发5年多次有效签证达成的协议，认为这将极大方便两国人员交往，促进双方各领域交流与合作，对两国关系的发展具有深远积极意义。

19. 双方续签了《中华人民共和国文化部与美国博物馆图书馆服务署关于支持建立文化交流合作伙伴关系的谅解备忘录》。

20. 双方认识到合作打击野生动植物非法交易的重要性，将在打击非法野生动植物制品网上交易、公共宣传、合作培训、执法合作等四个方面加强合作。

21. 双方认为，维护和促进亚太地区的和平、稳定、发展符合中美共同利益，也是双方的共同目标。双方同意在相互尊重的基础上，通过中美战略与经济对话、战略安全对话、亚太事务磋商等双边渠道和亚太经合组织、东亚合作领导人系列会议、东盟地区论坛等地区多边机制，继续就亚太事务保持密切沟通与合作，探讨彼此在本地区的利益和关切，进一步探讨两国与有关国家开展三方、多方合作，努力开展包容磋商，推动构建中美在亚太地区的积极互动与合作格局。

22. 双方同意，在解决伊朗核问题上，应使国际社会对伊朗的核计划感到放心，也应保证伊朗依据《不扩散核武器条约》享有和平利用核能的合法权利。各方都应坚持共识，聚焦分歧，本着分步对等的原则，寻求在“各方都同意的合理时间框架”内一揽子解决全面协议焦点问题的办法。双方积极评价两国在伊核谈判中的沟通与协调，呼吁有关各方相向而行，加倍努力，积极推动早日达成一项互利共赢的全面协议。

23. 双方确认，实现朝鲜半岛无核化目标，保持半岛和平稳定符合六方会谈成员国共同利益，有关各方应通过对话协商解决问题。双方同意，实现半岛无核化是六方会谈的重要目标，六方会谈成员国于 2005 年 9 月 19 日达成的共同声明和联合国安理会有关决议应予切实履行。双方认为，有关各方应积极开展接触对话，共同努力，为重启六方会谈创造条件。

24. 双方积极评价彼此国家援助非洲有关国家抗击埃博拉疫情所采取的积极行动，表示将密切关注疫情发展，根据非洲国家实际需要，发挥各自优势，与国际社会一道，继续帮助疫区国家加强疫情控制、增强卫生防疫能力建设。双方同意继续加强在应对埃博拉疫情方面的沟通协调，积极探讨开展多方面交流合作，包括：疫情分析、医护培训、实验室检测、诊断治疗、科研开发等。

双方将尽快为增强非洲能源能力、显著提升撒哈拉以南非洲的发电能力和电力可获得性探讨新的合作领域。这些领域与非洲领导人和人民为大陆发展的愿景相一致。

25. 双方积极评价刚刚在北京举办的阿富汗问题伊斯坦布尔进程第四次外长会取得的成果。双方认为，阿富汗实现平稳过渡符合该国人民的根本利益，也符合中美及国际社会的共同利益。双方同意就阿富汗问题继续保持沟通与合作，支持“阿人主导，阿人所有”的和解进程，支持阿和平重建。双方同意在

2015 年举办第四轮阿富汗外交官联合培训项目，愿适时举行中美阿三方对话。

26. 双方积极评价亚太经合组织（APEC）第二十二次领导人非正式会议取得的重要成果，同意与各方一道认真落实。双方表示愿继续加强在 APEC 框架内的沟通与协调，进一步提升亚太经济合作水平，共同推动亚太地区的长远发展和共同繁荣。

27. 双方同意与其他成员一道，共同推动 G20 布里斯班峰会在促进世界经济强劲、可持续和平衡增长、建设开放型世界经济、维护国际金融稳定、完善全球能源治理、应对埃博拉疫情等方面发挥更大作用。

11 月 12 日　中国国务院总理李克强在人民大会堂会见美国总统奥巴马。李克强表示，中美在维护世界和平稳定，推动全球经济强劲、可持续、平衡增长，促进人类文明进步等方面拥有共同利益，合作前景广阔。习近平主席同总统先生举行了富有战略性的会晤，达成广泛共识。中美分别是世界上最大的发展中国家和最大的发达国家，双方要增强战略互信，充分发挥互补优势，充实两国新型大国关系内涵，加强互利共赢合作，本着相互尊重、平等相待的原则妥善处理分歧与摩擦，推动中美关系沿着正确轨道向前发展。李克强强调，中美经贸合作是双边关系的压舱石和推进器，对发展中美关系产生正向乘数效应。希望双方本着务实灵活态度，尽早谈成一个高水平、双向平衡的双边投资协定。进一步培育双边贸易新的增长点，拓展基础设施建设合作新空间，提升科技合作层次，希望美方在放宽对华高技术产品出口限制上尽早采取实质性措施。树立绿色经济新标杆，以两国共同宣布 2020 年后各自应对气候变化行动目标为契机，扩大页岩气、核电、可再生能源、低碳环保技术等合作，希望美方在对华出口相关能源产品和技术方面采取积极态度和实际行动。李克强指出，我和总统先生即将赴缅甸出席东亚峰会。中美同为东亚峰会重要成员，坚持相互尊重、合作共赢，在地区实现良性互动。中方愿同美方加强在国际和地区事务中的沟通与协调，共同维护和促进地区和世界的和平、发展与繁荣。奥巴马表示，美中是十分紧密的合作伙伴。作为世界上两个最大经济体，美中扩大合作不仅有利于两国各自发展，也有利于世界。美方愿同中方加快双边投资协定谈判，扩大投资规模，推进贸易自由化，加强能源、创新等领域合作，促进两国经济增长和就业，推动世界经济复苏。美方欢迎更多中国企业赴美投资兴业。国务院副总理汪洋参加会见。

11月12日　全国人大常委会委员长张德江在人民大会堂会见美国总统奥巴马。张德江说，中美关系是当今世界最为重要的双边关系之一。此访期间，习近平主席与总统先生同意全面加强双边合作、增进在共同应对国际和全球性挑战上的协调，这将使中美在构建新型大国关系上迈出实质性步伐。中美应认识到彼此的不同，把两国关系的重心放在和谐相处、拓展合作上。两国立法机关应加强交往，发挥好交流机制的作用，以更开放的态度展开对话，为双方投资和贸易合作及人员往来提供法律保障，凝聚建设中美新型大国关系正能量。奥巴马说，美中开展合作能为两国人民带来很多福祉。推进依法治国将使中国更强大。美方希望美国国会和中国全国人大增进交流，以利于从政治层面对加强美中关系给予更多支持。

11月12日　中国国务院副总理马凯在北京会见了IBM公司董事长、总裁兼首席执行官罗睿兰一行。

11月12日　为落实中国与美国达成的最新协议，中国驻美国大使馆开始向美国公民颁发有效期最长为10年的赴中国签证。中国驻美大使馆参赞兼总领事阮平当天在使馆签证处向23

岁的美国公民埃德蒙·唐尼颁发了首张 10 年有效期美国赴中国签证。

11 月 12 日 重庆市市委书记孙政才会见了来访的美国惠普公司董事长、总裁、首席执行官梅格·惠特曼女士一行。

11 月 12 日 广东省省委书记胡春华在广州会见诺贝尔奖获得者、美国科学院院士丁肇中教授和罗杰·大卫·科恩伯格教授。

11 月 13 日 广东省东莞市副市长杨晓棠会见了美国加州密尔布雷市市长李伟忠、美国中山总商会会长孙志中一行。

11 月 12 日 美国威奇托市市长卡尔·博尔与辽宁省沈阳市法库县委书记冯守权在法库财湖机场共同为威奇托市中国航空代表处沈阳分部揭牌。

11 月 13 日 中国科学院遥感与数字地球研究所所长郭华东院士会见了来访的美国国家航空航天局（NASA）局长查尔斯·博尔登先生率领的代表团。

11 月 14 日 为帮助媒体和公众全面了解中美两国就商务、旅游、留学人员签证达成的互惠安排，外交部举行媒体吹风会，领事司司长黄屏详细通报了中美新近达成的有关签证互惠安排的具体内容，同时简要介绍了近年来外交部在提高中国护照“含金量”，推动中外人员往来便利化方面取得的主要进展。来自国内 19 家媒体的 22 名记者出席。

11 月 14 日 中国国防部新闻事务局就中美两国元首于 11 月 12 日共同宣布双方完成“两个互信机制”文本签署一事答记者问表示，“两个互信机制”指“建立重大军事行动相互通报信任措施机制”和“海空相遇安全行为准则”。2013 年 6 月，中美两国元首在安纳伯格庄园会晤期间，习近平主席提出建立上述两个互信机制的倡议，得到奥巴马总统的积极回应。此后，两国国防务部门和军队通过多种渠道，进行了 10 余轮深入磋商和沟通。在双方共同努力下，双方就签署关于“两个互信机制”的谅解备忘录达成共识。关于“建立重大军事行动相互通报信任措施机制谅解备忘录”和“海空相遇安全行为准则谅解备忘录”的文本已于近期由两国国防部长签署完毕。建立两个互信机制是两国元首作出的战略决策，是两军关系长期稳定发展的机制化保障，也是加强对彼此战略意图了解、增强战略互信和管控危机、预防风险的重要措施。中方愿与美方一道，以此为契机，继续深化军事交流、增进互信、加强合作、妥处分歧、防范风险，共同努力推动中美新型军事关系不断向前发展。

11 月 15 日 中国外交部发言人秦刚就美国总统奥巴马 11 月 15 日在澳大利亚昆士兰大学发表了亚太政策演讲，其中提及美国对华政策一事答记者问表示，我们注意到美国总统奥巴马在演讲中重申欢迎一个和平、稳定、繁荣的中国崛起。希望美方与中方一道，按照两国元首北京会晤达成的共识，从多个重点方向作出努力，加强协调和合作，妥善管控分歧和敏感问题，把不冲突不对抗、相互尊重、合作共赢的原则落到实处，推动中美新型大国关系建设取得新的进展。这符合中美两国和两国人民的根本利益，也有利于亚太地区以及世界的和平、稳定与繁荣。

11 月 16 日 河北省省长张庆伟在邯郸市会见了美国堪萨斯州州长萨姆·布朗巴克率领的贸易代表团一行。

11 月 17 日 中国科技部副部长李萌会见了来访的美国伟创力集团首席执行官迈克尔·迈克纳曼一行。

11 月 17 日 美国国际教育学会 2014 年度《门户开放报告》在华盛顿举行发布会。美国国际教育学会主席艾伦·古德曼出席发布会并发表讲话。该报告显示，2013—2014 学年中国大陆在美国大学的留学生比上一学年增长 16.5%，达到 27.4 万人，是在美国际学生的头号来源地。

11 月 18 日 中国国家食品药品监督管理总局副局长吴浈陪同来华参加第九届全球药监机构峰会的美国食品药品管理局局长汉博格一行。

11 月 18 日 广东省深圳市长许勤会见了来访的美国洛杉矶市市长埃里克·贾塞提一行。

11 月 18 日 中国驻纽约总领事孙国祥拜会了美中关系全国委员会会长欧伦斯。

11 月 19 日 上海市市长杨雄在人民大厦会见了美国洛杉矶市市长贾赛提一行。

11 月 19 日 全国人大外事委员会傅莹主任委员会见了来访的美国媒体记者代表团一行。双方就中美关系、国际和地区问题等交换了意见和看法。该代表团是中美交流基金会组织来华访问的。

11 月 19 日 中国驻纽约总领事孙国祥拜会了美国前国务卿基辛格。

11 月 21 日 北京市市委书记郭金龙会见了来访的美国洛杉矶市市长贾赛提一行。

11 月 21 日 中国外交部副部长张业遂会见来华访问的美国洛杉矶市长贾塞提一行。同日，中国外交部副部长张业遂还会见了来华访问的美国密歇根州州长里克·斯奈德一行。

11 月 21 日 中国国家食品药品监督管理总局副局长吴浈会见了美国食品药品管理局汉博格局长一行。

11 月 21 日 针对美国“国会—行政部门中国委员会”（CECC）20 日举行“香港民主的未来”听证会，听证会由 CECC 共同主席布朗和史密斯主持，前香港总督彭定康等参与作证，相关人员指称香港民主与自由状况日益恶化，鼓励香港民主派与学生继续为香港民主自由奋斗，强调美国应重新提交有关涉港年度报告一事，中国外交部发言人洪磊指出，香港回归以来，居民基本权利和自由得到充分保障。中国中央政府坚定不移地支持香港依法循序渐进地发展民主政制，真诚希望香港在2017年实现普选，这将是香港民主发展的历史性进步。香港是中国的特别行政区，香港事务纯属中国内政。我们坚决反对任何外国政府、机构和个人假借各种名义干涉香港事务，破坏香港稳定。此外，针对美国与日本近期举行了“利剑”联合军事演习一事，洪磊表示，我们希望有关国家尊重本地区国家的安全关切，慎重行事，多做有利于维护本地区和平稳定、增进互信的事情。

11月21日　中国国家卫生计生委副主任孙志刚在京会见了来访的美国药品研究与制造商协会主席伊恩·里德一行，双方就中国医药卫生体制改革和医药产业发展等问题交换了意见。

11月22日　中国驻休斯敦总领事李强民在巴吞鲁日会见美国路易斯安那州州务卿谢得乐和陈纳德航空军事博物馆馆长、陈纳德将军孙女嘉兰惠女士。

11月23日　中国故宫博物院与美国博物馆联盟合作意向书签约仪式在福建省厦门市举行。故宫博物院院长单霁翔和美国博物馆联盟国际项目部主任迪恩·菲勒斯代表双方在意向书上签字。中国博物馆协会理事长、国家文物局副局长宋新潮出席仪式并发言。

11月24日　中国外交部长王毅在出席伊朗核问题谈判期间会见美国国务卿克里。王毅表示，奥巴马总统访华期间，习近平主席与他明确了两国推进新型大国关系建设的重点方向，确定了广泛领域的合作内容，两国宣布的2020年后各自应对气候变化目标得到国际社会一致好评。中方愿与美方切实落实两国领导人共识，不断开创双边关系新局面。克里表示，美方高度评价奥巴马总统访华成果，祝贺中国成功举办亚太经合组织领导人非正式会议。美方愿与中方共同努力，保持对话协调，推进合作交流，推动美中新型大国关系持续取得扎扎实实的成果。关于伊朗核问题谈判，王毅表示，近期以来，中美就伊核问题全面协议谈判保持着密切沟通，成为双方推进中美新型大国关系进程中新的亮点。目前各方的立场正在逐步接近，我们希望坚持分步对等原则，解决未尽事项，达成最终协议。克里表示，中方为推进伊核问题谈判作出了积极努力和贡献，提出的解决当前焦点问题新思路富有建设性。美方愿与中方密切沟通，为推动达成协议共同努力。

11 月 24 日　广东省省委书记胡春华在广州会见美国密歇根州州长里克·斯奈德一行。

11 月 27 日　针对美国国防部长哈格尔近期已经表达了他要辞职的意愿一事，国防部新闻发言人耿雁生表示，中方对哈格尔先生在任期间为推进中美两国国防务和军事关系所做的努力表示赞赏。近年来，中美两国国防务部门积极落实习近平主席和奥巴马总统达成的共识，努力构建同中美新型大国关系相适应的中美新型军事关系，两军关系总体保持了积极发展的良好势头。不久前，两国国防部建立了“两个互信机制”，对于促进两军关系发展将发挥重要作用。中方愿同美方共同努力，增进了解，深化合作，妥处分歧，管控风险，继续推动中美新型军事关系健康稳定发展。

12 月

12 月 1 日　中国科技部部长万钢在部内会见了美国前能源

部长、斯坦福大学教授朱棣文一行。

12月1日 中国人民对外友好协会副会长谢元会见以田纳西州州参议员道格·奥华比为团长的美国州政府代表团一行。代表团成员包括南达科他州州参议员丹尼尔·莱德曼、佐治亚州州众议员马特·哈切特、亚拉巴马州州众议员杰克·威廉姆斯和州政府理事会联邦事务主管安迪·卡瑞拉斯。

12月1日 中国驻纽约总领事孙国祥大使会见了纽约帝国大厦集团主席、总裁、首席执行官托尼·马尔金和他父亲、名誉主席彼得·马尔金。

12月2日 中国国务院副总理汪洋与美国商务部长普里茨克、贸易代表弗罗曼通话。双方就第二十五届中美商贸联委会筹备以及中美经贸关系等深入交换了意见。

12月2日 第七届中美互联网论坛在美国首都华盛顿举行。中国国家互联网信息办公室主任鲁炜、美国副国务卿凯瑟琳·诺韦利出席论坛并发表演讲。

12月2日 中国民航局副局长王志清在北京应约会见了中美航空合作项目美方联席主席唐义恩（波音中国总裁）和成良杰（美国联邦航空局北亚区高级代表）一行，双方就加强中美民航合作等议题深入交换了意见。

12月2日 中国人民对外友好协会副会长谢元会见了来访的美国国际姐妹城协会主席兼首席执行官阚玛丽一行。双方就未来合作进行了交流。

12月3日 中国民航局副局长李健在北京应约会见了通用动力公司宇航业务集团执行副总裁乔·隆巴多一行。

12月3日 陕西省长娄勤俭会见美光公司全球总裁亚当斯和力成公司董事长蔡笃恭一行。

12月3—5日 中美执法合作联合联络小组（JLG）第十二

次会议在北京召开。中方代表团由外交部、公安部、监察部、最高人民检察院、司法部、海关总署、人民银行和中国驻美国使馆派员组成，外交部条法司徐宏司长任团长。美方代表团由国务院、司法部、国土安全部和美驻华使馆的官员组成，美国国务院负责禁毒和执法合作事务的助理国务卿布朗菲尔德任团长。中国外交部副部长刘振民和美国驻华使馆副馆长康达公使出席会议开幕式并致辞。会议结束后，中方陪同美方代表团赴北京海淀区人民法院参观，旁听审判，实地了解中国司法审判制度和实践。

12月3—5日 中美战略与经济对话第五次反洗钱与反恐融资研讨会在杭州召开，中国人民银行副行长李东荣率中国代表团参会，美国财政部助理部长丹尼·格雷瑟率美国代表团参会。在中美战略与经济对话框架下，双方反洗钱主管部门和相关金融机构就共同关心的中美反洗钱监管合作、双边反洗钱监管合作备忘录、犯罪资产没收及追回的国际合作等问题进行了交流和讨论。参加此次研讨会的中方代表团由中国人民银行、中央纪委、最高人民法院、最高人民检察院、外交部、公安部、司法部、证监会、保监会等部门组成。美方代表团由财政部、司法部、货币监理署等部门组成。美方代表团由财政部、司法部、货币监理署等部门组成。

12月3—12日 应中国外交学会邀请，美亚学会第97批美国国会议员助手代表团先后访问了北京、西安和深圳。在京期间，中国外交学会副会长张平、外交部有关部门负责人及中国贸促会有关负责人分别会见了代表团。代表团还与中国社科院、中国现代国际关系研究院的专家学者及美国商会有关负责人举行了座谈。

12月4—5日 第18届中美飞行标准指导委员会年会在北

京召开。中国民航局飞标司司长万向东与美国联邦航空局飞标司代理副司长巴巴加罗先生出席并签署了会议纪要。民航局安全总监吴成昌，飞行标准司相关领导及代表，航安办、政法司、国际司、空管办相关负责人，以及美国联邦航空局飞行标准部门代表，波音公司代表等参加了此次会议。双方围绕法规建设、老龄飞机适航管理、飞行程序设计质量管理、监察员培训和资质管理系统等问题进行了探讨。

12 月 4—6 日 上海浦东新区人大常委会副主任陈建会见了来访的美国州政府理事会代表团一行。代表团成员包括来自田纳西州、佐治亚州、南达科达州和亚拉巴马州的参众两院成员。双方就浦东新区未来发展规划，迪士尼乐园、农业生态保护进行了交流。美国州政府理事会成立于 1933 年，是美国成立最早，代表人数最多，影响最大的全国性地方政府组织。

12 月 4 日 四川省委副书记、省长魏宏在成都会见新任美国驻成都总领事谷立言一行。

12 月 4 日 中国国家卫生计生委副主任崔丽在京会见了来访的美国世界健康基金会总裁约翰·豪，就卫生领域合作进行了交流。

12 月 4 日 全国社会保障基金理事会理事长谢旭人会见高盛集团国际顾问委员会主席罗伯特·佐利克先生一行。

12 月 5 日 第十五届中国美国商会年度研讨会暨招待会在北京举办。中国国家工商总局局长张茅受邀出席并发表“为中外企业创造良好营商环境”的主题演讲。美国驻华大使博卡斯出席研讨会并发言。

12 月 5 日 针对近日美国新泽西州的议员史密斯在听证会上表示，应调查孔子学院是否限制了美国大学的学术自由一事，中国外交部发言人华春莹表示，美国所有孔子学院都是美国大学自愿申请，由中国高校与美国高校合作开办的，所有教学与文化活动全部公开、透明。中方根据美方要求，提供教师、教材等方面的帮助，从未干涉过学术自由。她强调，孔子学院宗旨是帮助各国人民学习汉语，了解中华文化，加强中国与各国教育、文化交流合作，发展中外友好关系。前不久，在庆祝全球孔子学院建立 10 周年时，习近平主席曾表示，孔子学院近年来积极开展汉语教学和文化交流活动，为推动世界各国文明交流互鉴、增进中国人民与各国人民相互了解和友谊发挥了重要作用。孔子学院属于中国，也属于世界。我们希望有关方面能够摒弃偏见，共同努力，把这座沟通中国和世界的友好桥梁建设得更加牢固。另外，针对美国助理国务卿拉塞尔近日在美国会参院作证时称，有迹象表明中国对“一国两制”以及保持香港高度自治的承诺正在削弱一事，华春莹指出，香港回归以来，“一国两制”实践取得举世公认的成功。我们已多次重申，中国中央政府坚定不移贯彻“一国两制”方针和基本法，坚定不移支持香港依法推进民主发展，坚定不移维护香港长期繁荣稳定。同时，我们坚决防范和遏制外部势力干预香港事务，干扰破坏“一国两制”在香港的实施。香港特区民主政制发展必须按照香港基本法和全国人大常委会有关决定的规定依法推进。中国中央政府真诚希望香港社会各界理性讨论、凝聚共识，依法落实普选。

12 月 8 日　中国外交部副部长刘振民应邀赴华盛顿同美国国务院助理国务卿拉塞尔就亚洲事务举行磋商。双方就中美对亚洲政策、亚洲区域合作、地区一体化等议题深入交换意见，一致认为中美在亚洲加强良性互动是构建两国新型大国关系的重要组成部分，并同意就此保持沟通和协调。访问期间，刘振民还会见了美国国务院代理常务副国务卿舍曼和白宫国安会亚洲事务高级主任麦艾文。

12 月 8 日　中国外交部部长助理郑泽光会见美国威斯康星州副州长克里费希率领的美国地方政府代表团。双方就中美关系、经贸合作、地方交流等问题交换了意见。代表团由来自威斯康星州、华盛顿州、纽约州、科罗拉多州、伊利诺伊州、田纳西州、堪萨斯州、密苏里州等 8 个州的中青年州议员、市长、市县政府官员等组成。

12 月 9 日　中国农业部副部长牛盾在北京会见了美国威斯康星州副州长克里费希率领的美国地方政府代表团，就加强中美农业合作进行了交流。

12 月 9 日　中国国家民族事务委员会民族理论政策研究室主任石玉钢会见了来访的美国驻华大使馆政治处官员武安妮一行。双方就中央民族工作会议、民族政策、民族区域自治等有关话题进行了交流。

12 月 9 日　针对美国国务院网站近日发表题为“海洋界限——中国在南中国海的海洋主张”报告一事，中国外交部发言人洪磊指出，中国在南海的主权和相关权利主张是在长期的历史过程中逐步形成的，并为历代中国政府长期坚持。中国一贯致力于同有关当事国在尊重历史事实和国际法的基础上，通过直接谈判和友好协商，解决南沙群岛部分岛礁领土争议和南海部分海域海洋权益主张重叠问题。美方报告无视基本事实与国际法理，违背其作出的在南海问题上不持立场、不选边站队的承诺，丝毫无助于南海争议的解决和南海地区和平稳定。中方敦促美方恪守承诺，谨言慎行，客观公允地看待和处理有关问题。

12 月 10 日　中国人民对外友好协会副会长谢元会见并宴请了美国威斯康星州副州长克里费希率领的美国地方政府代表团

一行，双方就推动中美地方政府合作进行了交流。

12 月 11 日 河南省副省长赵建才在郑州会见了美国劳工部副部长卢沛宁一行。

12 月 11 日 四川省绵阳市市长林书成会见来访的美国加利福尼亚州财务长江俊辉率领的议员代表团一行。

12 月 11 日 广东省深圳市人大常委会副主任刘恩会见了来访的美国国会议员助手迈克尔·马修斯一行。此次美国国会议员助手团是应美亚学会邀请访问深圳的。

12 月 11 日 中国外交部部长助理刘建超应约会见来华磋商的美国国务院对朝政策特别代表金圣镕。双方就朝鲜半岛局势和半岛核问题交换了意见。同日，中国政府朝鲜半岛事务特别代表武大伟与来访的美国国务院对朝政策特别代表金圣镕举行会谈。双方就朝鲜半岛局势和六方会谈问题交换了意见。

12 月 11 日 针对美国国会日前通过法案，批准向台湾出售 4 艘退役护卫舰，待美国总统签署即可生效一事，中国外交部发言人洪磊指出，我们日前已经表达了对这一问题的严重关切。美国向台湾出售武器违背美方自己在中美三个联合公报特别是"八·一七"公报中作出的明确承诺，干涉中国内政。中方对此坚决反对，并已向美方提出严正交涉。我们敦促美国国会停止推动有关法案，也敦促美国行政当局采取有效措施阻止该法案通过成法，以免对中美关系造成损害。此外，针对美国国务卿克里和美国驻华大使博卡斯在"世界人权日"发表声明，对中国人权状况表示关切一事。洪磊说，一国人权状况怎么样，该国人民最有发言权。美方无权以裁判自居，动辄对别国人权状况说三道四。美国国内存在种族歧视、虐囚及其他严重违反人权的问题，这已是众所周知的事实。新中国成立以来，特别是改革开放 30 多年来，中国人权事业取得巨大成就，这是任何不抱政治偏见的人都承认的基本事实。美方不顾事实，蓄意抹黑中国，只能更加暴露美方在人权问题上的虚伪和双重标准。我们奉劝美方认真反省和纠正自己的人权问题，停止对中国进行无端指责。

12月11日　在亚丁湾、索马里海域，中国海军第十八批护航编队运城舰、巢湖舰利用护航间隙，与美国海军“斯特莱特”号导弹驱逐舰展开了一场全要素、多课目的联合反海盗演练。这是中美海军首次在亚丁湾海域举行这类联合演练。

12月12日　中国外交部副部长张明在华盛顿与美国国务院负责非洲事务的助理国务卿格林菲尔德共同主持第六轮中美非洲事务磋商。双方就各自对非合作、共同帮助非洲国家抗击埃博拉疫情以及非洲热点问题等交换了看法，一致认为中美两国在非洲有广泛的共同利益和目标，愿继续加强沟通协调，在非洲同意的前提下，携手将在非三方合作打造为中美新型大国关系的亮点和增长点。

12月12日　四川省成都市委常委、常务副市长朱志宏会见以美国威斯康星州副州长克里费希为团长的美国地方政府代表团。

12月12日　由山西博物院与美国宝尔博物馆共同举办的“北美洲原住民艺术展”在山西博物院正式开展。山西省文物局总工程师黄继忠和美国宝尔博物馆董事长施刘秀枝等出席了开幕式。

12月13—16日　上海市政协副主席周太彤会见了来访的由美国威斯康辛州副州长克里费希率领的美国地方政府代表团一行。

12月14日　中国国务院副总理汪洋在中南海紫光阁会见了来京出席第二届中美学术论坛的美国阿斯平研究所联合主席斯

布伦特·斯考克罗夫特一行，双方就中美经济关系有关问题交换了意见。

12月15日 中共中央政治局常委、中央书记处书记、中央党校校长刘云山在北京会见出席第二届中美学术论坛的美国阿斯平研究所联合主席布伦特·斯考克罗夫特一行。刘云山说，前不久习近平主席与来华访问的奥巴马总统再次成功会晤，为构建中美新型大国关系注入新动力。中美学术论坛作为中共中央党校与美方研究机构合作举办的对话平台，在加强中美智库交流、推动两国各领域互利合作方面发挥了积极作用。希望论坛围绕双方共同关心的话题，加强交流，为促进中美关系长远发展提供有力支撑。美方代表感谢刘云山会见，对此次论坛和对话给予高度评价，表示将进一步加强与中方的合作，努力推进美中关系持续稳定发展。

12月15日 由中国海外交流协会、美国百人会、全球华人政治学家论坛联合举办的侨界“纪念中美建交35周年研讨会”在北京拉开帷幕，中国海外交流协会美国理事、美国百人会成员、全球华人政治学家论坛成员、国内外学者等约130多人参加了研讨会。研讨会上，中国海外交流协会常务副会长裘援平作主旨演讲时表示，中美建交35年来，两国关系风雨兼程、砥砺前行，发展成为当今世界最重要、最具活力的双边关系之一，进入共同构建新型大国关系的重要阶段。作为世界上最大的发达国家和最大的发展中国家，中美两国能否成功构建起新型大国关系，不仅关乎两国和两国人民的根本利益，也关乎世界的持久和平与繁荣发展，还关乎500万在美华侨华人的福祉安宁。中国海外交流协会、美国百人会、全球华人政治学家论坛在此之际，共同举办这个研讨会，共同探讨中美关系的未来发展和华侨华人在其中的促进作用，具有积极的现实意义。美国百人会会长关德铨、全球华人政治学家论坛召集人赵全胜代表主办单位致辞，财政部副部长朱光耀、外交部部长助理郑泽光分别介绍了中美经贸和外交关系的现状等。与会代表围绕“战略互信与中美关系”和“华侨华人与中美关系”话题进行了深入的研讨。

12月15日 中共中央政治局常委、全国政协主席俞正声在北京会见参加“纪念中美建交35周年研讨会”的侨界和专家学者代表。研讨会由中国海外交流协会、美国百人会、全球华人政治学家论坛联合举办。俞正声说，长期以来，广大海外侨胞为支持中华民族发展事业、促进祖国和平统一、增进中国人民同世界各国人民的友好合作作出了重要贡献。在美华侨华人经历和见证了中美关系不平凡的发展历程，在促进中美两国友好关系方面发挥了重要作用。当前，中国经济发展进入了新常态，更加需要广大侨胞的积极参与和支持。俞正声说，中美关系的顺利发展既造福于两国人民，也有利于世界的和平与发展。中美构建新型大国关系还有大量工作，需要广大海外侨胞的共同参与和努力。全国政协副主席李海峰参加了会见。

12月15日 由中国海外交流协会、美国百人会、全球华人政治学家论坛联合举办的“纪念中美建交35周年研讨会”在北京举行。国务委员杨洁篪在北京会见了前来参加侨界“纪念中美建交35周年研讨会”的与会代表。杨洁篪对研讨会的召开表示祝贺，赞扬和肯定了旅美华侨华人为推动中美关系发展、促进中美各领域交流合作作出的重要贡献。杨洁篪希望在美华侨华人努力进一步树立关爱社会、团结和谐、守法诚信的良好形象，继续推动中美关系不断向前发展。

12月15日 浙江省人大常委会副主任程渭山在杭州会见美国加利福尼亚州议员代表团一行。

12 月 16—18 日　第二十五届中美商贸联委会在美国芝加哥举行。国务院副总理汪洋与美国商务部长普里茨克、贸易代表弗罗曼共同主持。美国农业部长维尔萨克与会。汪洋表示，今年是中美建交35周年，也是构建中美新型大国关系迈出重要步伐的一年。联委会应把习近平主席与奥巴马总统北京会晤达成的重要共识及成果落到实处，巩固中美关系良好发展势头，为今年中美关系画上圆满句号，也为明年及未来两国经贸合作奠定坚实基础。中美两国共同利益远大于分歧，只要双方相互尊重、求同存异、互谅互让，中美经贸合作之路就会越走越宽广。美方表示，加强美中经贸合作对两国及世界经济具有重要意义。美方愿在相互尊重和互利基础上同中方加强合作，推动美中经贸关系迈上更高水平。联委会期间，中美双方围绕落实两国元首北京会晤共识，就出口管制、知识产权、创新政策、双向投资、竞争政策等双边经贸议题进行了深入讨论，还举办了以商业、投资、农业、旅游、城市合作等为主题的多个论坛，并邀请有关专家就产能过剩问题进行了研讨，增进了相互理解，达成多项共识。双方还发表了联合成果清单。

12 月 16 日　中国国家工商总局副局长马正其会见了来访的戴尔公司全球副总裁闵毅达一行。

12 月 16 日　上海市人大副主任吴汉民会见了来访的美国加利福尼亚州议员代表团一行。

12 月 16 日　中国国家创新与发展战略研究会会长郑必坚与来访的美国前总统国家安全事务助理哈德利等举行对话，就双方联合开展中美关系专题研究交换了意见。耶鲁大学法学院中国中心主任葛维宝、前参谋长联席会议副主席卡特莱特、前贸易代表巴舍夫斯基、前驻华大使芮效俭等参加了对话。

12 月 16 日　中国驻旧金山总领事罗林泉出席了在旧金山国

际机场举行的中国南方航空公司广州—武汉—旧金山首航仪式。

12月17日 中国国务院副总理刘延东在北京中南海紫光阁会见美国前国务卿马德琳·奥尔布赖特一行。

12月17日 北京市市长王安顺会见了到访的美国“百人会”会长关德铨一行。

12月17日 中国国务院副总理汪洋与美国商务部长普里茨克、贸易代表弗罗曼共同出席中美投资圆桌会，与中美企业家代表就推进两国投资合作进行深入交流。圆桌会由美国前财长保尔森主持，中美双方40多位企业家参加。汪洋表示，今年是中美商贸联委会的改革年。改革的一项重要举措，就是提高两国企业的参与度，由双方主席的“三重唱”变为工商业各界广泛参与的“大合唱”，把联委会办成务实合作的平台。中美双方正在开展投资协定谈判，并将在本届联委会重点讨论投资合作议题，努力解决企业的实际关切。普里茨克表示，本届美中商贸联委会举行由两国企业家参与的对话活动，相信将取得良好成效。美中两国经济都获益于不断增长的相互投资，美国在世界各国对华投资中居于领先地位，而中国是美国增长最快的外来投资来源地，为美国带来了商业机会和就业。美方欢迎中共十八届三中全会推出的促进外来投资政策，将与中方密切合作，推进两国投资协定谈判，推动双方企业开展投资合作。弗罗曼表示，美中加强相互投资，有利于促进两国贸易发展，实现互利双赢，也有助于拓展美中关系。美方愿同中方一道，通过商贸联委会等机制解决双方企业关切，促进投资合作发展。两国企业家表示，在对方国家投资取得良好经济效益，愿继续扩大投资规模，拓展互利合作。期待两国政府创造更好营商环境，提供更多便利条件。

12月17日 中国国务院副总理汪洋与美国商务部长普里茨

克、贸易代表弗罗曼共同出席中美商业关系论坛。汪洋发表题为《中美经济伙伴之路越走越宽广》的主旨演讲。汪洋指出，中美成为经济伙伴，开创了不同制度大国间互利合作的历史，不仅造福两国人民，而且造福世界。两国国情和发展阶段不同，社会制度和意识形态各异，但这阻挡不住中美两国成为互利共赢的经济伙伴。汪洋表示，中国的经济总量在变化，但发展中美经济关系的方针政策不会改变；中美经济关系的形式和内容可能有所变化，但互利共赢的本质不会改变。美国商务部长普里茨克在讲话中表示，美中经贸合作为两国各自经济社会发展作出重要贡献，也对全球经济稳定和增长产生重要影响。作为经济伙伴，中美虽然并非在所有问题上都看法一致，但重要的是双方能够发挥领导力，开展坦诚对话，加强战略互信，密切合作，共迎挑战，实现互利共赢。美国贸易代表弗罗曼在讲话中表示，美中经济伙伴关系建立在共同利益和相互尊重基础上，不断发展壮大的中国市场将给美国企业带来更多机遇。双方将通过商贸联委会共同展望未来合作，努力消除障碍和分歧，为两国企业创造更多合作机会。此次论坛由芝加哥全球事务委员会主办，中美双方 500 多名企业家参加。

12 月 17 日　中国国务院副总理汪洋与美国商务部长普里茨克、贸易代表弗罗曼共同出席中美旅游合作论坛。双方表示，愿意促进旅游相关行业发展，增进两国人民相互理解，促进美中关系发展。中美两国旅游部门负责人及旅游企业代表共 200 多人参加论坛活动。

12 月 17 日　中国国务院副总理汪洋出席中美农业与食品合作论坛，并发表题为《开创农业互利合作新局面》的致辞。汪洋说，农业合作一直是中美务实合作的重要组成部分。中美农业合作为两国企业和人民带来了实实在在的利益，成为双方经贸合作的“压舱石”和“推进器”。双方应扩大农产品贸易和投资合作，加强农产品质量安全交流，携手推动农业合作取得新的更大进展。中美两国农业部门负责人和100多位农业和食品企业代表参加论坛。出席论坛前，汪洋会见了美国农业部长维尔萨克，双方就加强中美农业合作深入交换了意见。

12月17日 正在美国芝加哥出席第25届中美商贸联委会的中国国务院副总理汪洋出席芝加哥市政府举办的中美城市间经贸合作主题活动，发表题为《做中美互利友好合作的领军者》的致辞。

12月17日 中国文化部部长蔡武会见了来访的美国百人会代表团关德铨、杨雪兰、汪大总、陈李琬若等一行15人。双方就如何促进中美文化交流等问题交换了意见。

12月19日 针对美国国会有关授权美国总统向台湾出售“佩里级”导弹护卫舰议案经奥巴马总统签署成法一事，中国外交部发言人秦刚指出，台湾问题事关中方核心利益，始终是中美关系中最重要、最敏感的问题。中方坚决反对美方售台武器，这一立场是坚定、明确和一贯的。上述法案严重违反中美三个联合公报特别是“八·一七”公报精神，粗暴干涉中国内政，损害中国主权和安全利益，与当前两岸关系和平发展趋势背道而驰。中方对此表示强烈不满和坚决反对，已在北京和华盛顿向美方提出严正交涉，并保留采取进一步行动的权利。我们敦促美方恪守一个中国政策和中美三个联合公报原则，停止美台官方往来和军事交流，停止售台武器，多做有利于中美关系大局和两岸关系和平发展的事，而不是相反。

12月19日 中国国防部新闻发言人耿雁生就美国总统签署售台“佩里舰”议案发表谈话指出，中方对此表示强烈不满和坚决反对。台湾问题事关中国主权和领土完整，涉及中国核心利益。美方上述行径粗暴干涉中国内政，严重损害中国主权和安全利益，严重违反中美三个联合公报特别是“八·一七”公报精神，与当前两岸关系和平发展趋势背道而驰，与当前中美两军关系良好发展势头背道而驰。中方坚决反对美售台武器，坚定捍卫国家主权、安全和领土完整。当前，中美两国两军关系正面临重要发展机遇。美方应与中方共同努力，相向而行，推动双边关系健康稳定发展。中方强烈敦促美方尊重中方的核心利益和重大关切，恪守在台湾问题上向中方作出的严肃承诺，停止售台武器和美台军事联系，停止损害和破坏中美两国两军关系发展大局。中方将密切关注形势发展，视情况做出进一步反应。

12月21日 中国外交部长王毅应约同美国国务卿克里通电话。双方就中美关系等问题交换了意见。王毅表示，上个月中美元首北京会晤取得了重要、丰硕成果，为中美新型大国关系建设注入了新的强劲动力。明年将迎来联合国成立70周年和二战结束70周年，这是总结回顾过去、规划展望未来的重要时机。希望中美双方认真落实两国元首达成的重要共识，加强交往、协调与合作，尊重彼此核心利益和重大关切，推动明年中美关系取得新的更大发展。王毅重申了中方在台湾问题上的原则立场。克里还向王毅介绍了索尼影业公司受到网络攻击一事的看法。王毅重申了中方有关立场，强调中方反对一切形式的网络攻击和网络恐怖行为，反对任何国家或个人利用他国境内设施对第三国发动网络攻击。

12月21日 由湖北博物馆、山西博物院、深圳博物馆、美国洛杉矶郡艺术博物馆共同主办的“印度的世界——美国洛杉矶郡艺术博物馆藏印度文物精品展”在湖北省博物馆开幕。展览展出洛杉矶郡艺术博物馆珍藏的从公元前3世纪到19世纪的石雕像、青铜造像、细密画等各类代表性文物127件（组）。

12月22日 针对有记者提出，美方称朝鲜应为索尼影业遭受网络黑客攻击负责，美方表示已寻求中方协助调查，因为美方认为朝鲜是通过中国境内的设施对美发动的网络黑客攻击，中方是否认同这一说法，是否就此与美方进行过沟通等问题，中国外交部发言人华春莹回答说，中方在维护网络安全方面的立场是明确的、一贯的。中方反对一切形式的网络攻击和网络恐怖行为，反对任何国家或个人利用他国境内设施对第三国发动网络攻击。中方愿在相互尊重、相互信任的基础上与国际社会就维护网络空间和平与安全开展建设性合作。下任何结论都要有充分的事实依据。中方将依据事实，按照相关国际法原则和中国国内法律处理。昨天晚上，王毅部长应约与美国国务卿克里通话。期间克里国务卿介绍了美方有关看法，王毅部长重申了中方有关立场。

12月25日 针对美国国务卿克里24日发表书面声明，要求中国政府释放刘晓波等人，并对中国人权表示关注之事，中国外交部发言人华春莹答记者问说，中国是法治国家，中国司法机关依法审理有关案件。我们奉劝美方好好反思和纠正自身存在的各种侵犯人权行为，而不是动辄借口人权问题干涉别国内政，充当别国法官，侵犯别国司法主权和独立。

12月29日 针对CNN报道，美国南卡罗来纳州1名参议员接受采访时称，朝鲜对索尼公司发动如此大规模的黑客攻击，没有中方参与是无法想象的，至少中方对此是知情的一事。中国外交部发言人华春莹指出，中方不允许任何外国或个人在中国境内或利用中国设施进行网络攻击。如发现此类行为，将依法严肃处理。美方有关人员的言论无助于问题的解决，也不利于在网络安全问题上的互信与合作。

12 月 30 日　中国驻旧金山总领事罗林泉夫妇拜会湾区知名侨领方李邦琴女士，双方进行了友好交谈。

12 月 31 日　中国驻纽约总领事章启月应邀出席了美国时报广场 2015 新年倒计时启动仪式。中国驻纽约旅游办事处主任薛亚平、云南省旅游发展委员会主任段跃庆、美中友好协会会长张锦平等出席了开幕式活动。